カラー版

一番よくわかる

神社と神々

國學院大學教授
平藤喜久子 監修
かみゆ歴史編集部 編著

西東社

もくじ

1章 はじめに知っておきたい！ 神道のギモン7

7▼22

2章 ぜひ実践したい！ 神社の参拝マナー

23▼56

3章　知らなかった！　八百万の神様たちの世界

57▼96

4章 思わず話したくなる! 神職と神社のヒミツ 97▼116

5章 意外なところで発見! 神道と日常生活のつながり 117▼150

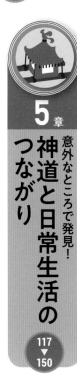

付章 一度は訪れたい！ 日本の神社30

- 神名や祝詞など、本来なら歴史的仮名遣いで表記すべき用語もありますが、本書では一般読者が読みやすいよう現代仮名遣いで表記しています。
- 本文中の神名表記は原則として『古事記』の表記に従っています。ただし付章、または特定の神社の祭神を説明する際は、その神社の表記に従っています。
- 神社名の表記は、基本的に神社の正式名称に従っています。ただし、伊勢の神宮（三重県）に限っては混乱を避けるため、正式名称の「神宮」ではなく、通称の「伊勢神宮」を用いています。
- 本書における人物の名前は、その人物がもっとも一般的に通用している呼び名で表記しています。ただし、特定の神社の祭神となっている場合は、神社の表記に従っています。
- 本書の情報は特別な記載がない限り2021年3月15日現在の情報です。

本書の見方

写真やイラスト、図版で気になる疑問をスッキリ解決！

神社や神様にまつわる疑問を説明！重要事項には太字やマーキングも

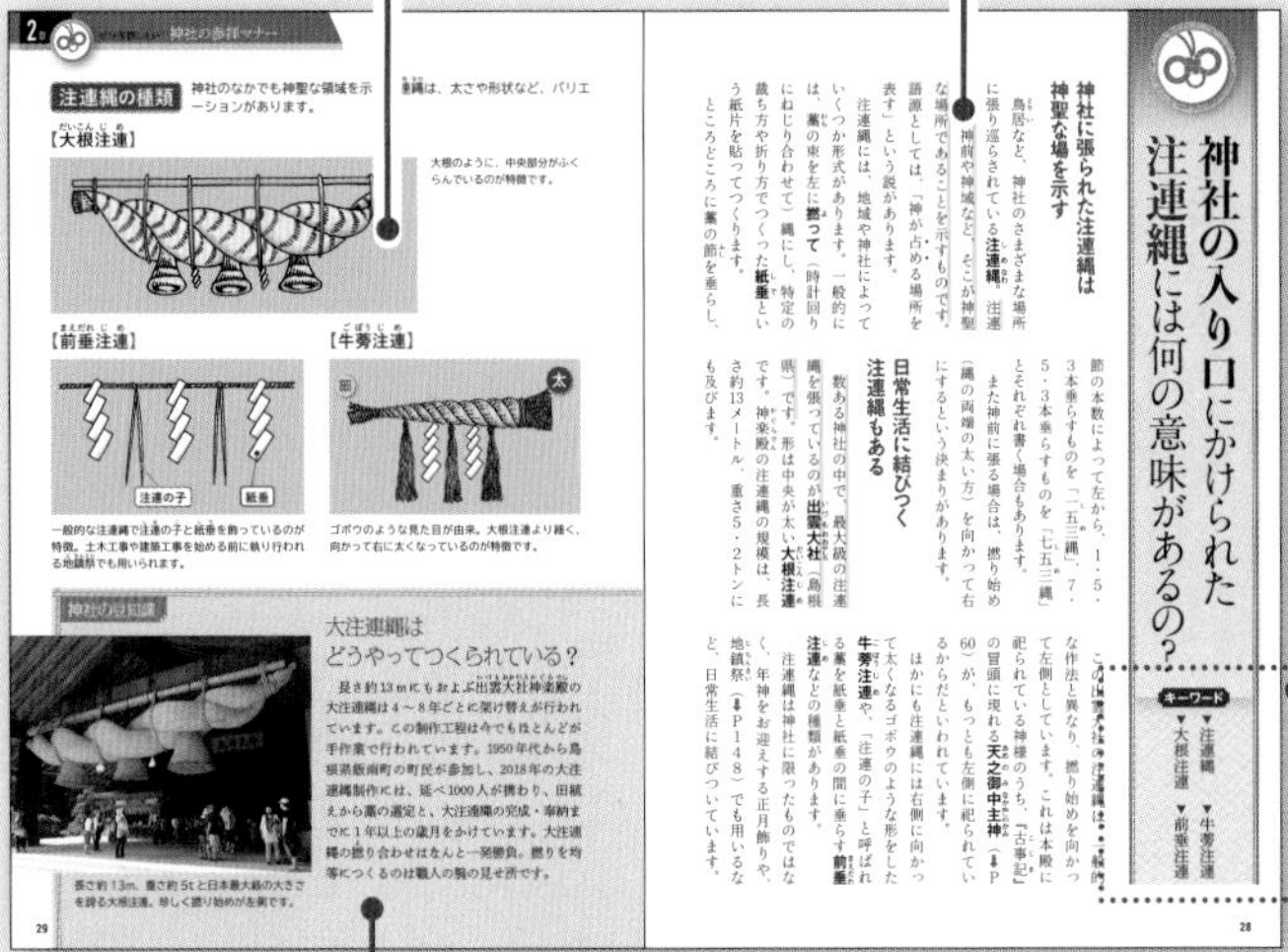

そのページで紹介している重要な単語をピックアップ

神社にまつわる一歩進んだエピソードや、神道と仏教の違いをコラムで説明

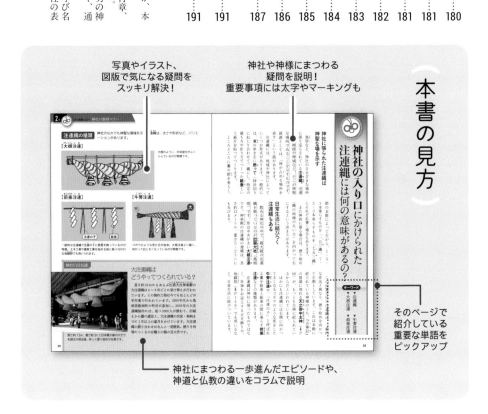

1章

はじめに知っておきたい！

神道のギモン7

そもそも神社とは、神様を祀る施設です。
では、その神様を祀る神道とは何なのか、
本書を読む前に知っておきたい基礎知識を
7つのテーマにまとめました。

神道のギモン❶

そもそも神道とは何か？

キーワード
▼神道
▼神様
▼神社
▼勧請

神様は当たり前にあるとても身近な存在

神社《じんじゃ》とは、端的にいうと**神様**《かみさま》を祀る施設です。

日本には神社が約8万社あります。コンビニエンスストアでも約5万店舗ですから、いかに多いかがわかります。神社は、日常生活で普段意識しないくらい、当たり前のように存在しているのです。

そして、その神社のすべてに神様が祀られています。つまり私たちは神様に囲まれて生活しているといってもよいでしょう。

日本人がいつから神様という存在を信じるようになったかはわかりません。いつの頃からか山や川などの自然界のさまざまなところに、何か人間を超えた神秘的な存在を感じ、それを「神様」と呼んできました。

やがて、人々は神様を祀る場を設けるようになります。これが発展していき、神社になったのです。

6世紀半ばに日本に**仏教**《ぶっきょう》が伝来すると、外来から入ってきた仏教に対して、日本古来の神様を祀る信仰を**「神道**《しんとう》**」**と呼ぶようになります。

神道という言葉自体は中国から伝わったものでした。日本では歴史書**『日本書紀**《にほんしょき》**』**（⬇P58）で初めて使用されているのがみられます。

もっとも祀られている神様は一体誰なのか

約8万社ある神社のなかで、もっとも多く祀られている神様は誰でしょうか。答えは全国に約8千社あるといわれる**八幡神社**《はちまんじんじゃ》です。2位は伊《い》勢《せ》神宮《じんぐう》（三重県）の信仰に由来する**神明社**《しんめいしゃ》で、全国に約4千5百社あるといわれています。

神様は、元の神社（**本社**《ほんしゃ》）から別の神社へと来ていただき、火を分けるように次々と増えていきました。これを**勧請**《かんじょう》（⬇P84）といいます。

こうして神社は全国各地に建てられるようになったのです。

神道という言葉のルーツ

神道《しんとう》という言葉は、６世紀に仏教が伝来した際、それと区別するために使われるようになった言葉です。『易経《えききょう》』など中国の文献で用いられていた言葉を引用したものだと考えられています。

『日本書紀《にほんしょき》』第31代・用明天皇《ようめいてんのう》の項目に書かれた「天皇は仏教を信じ、神道を尊びたもう」という記述が、日本における神道の初出です

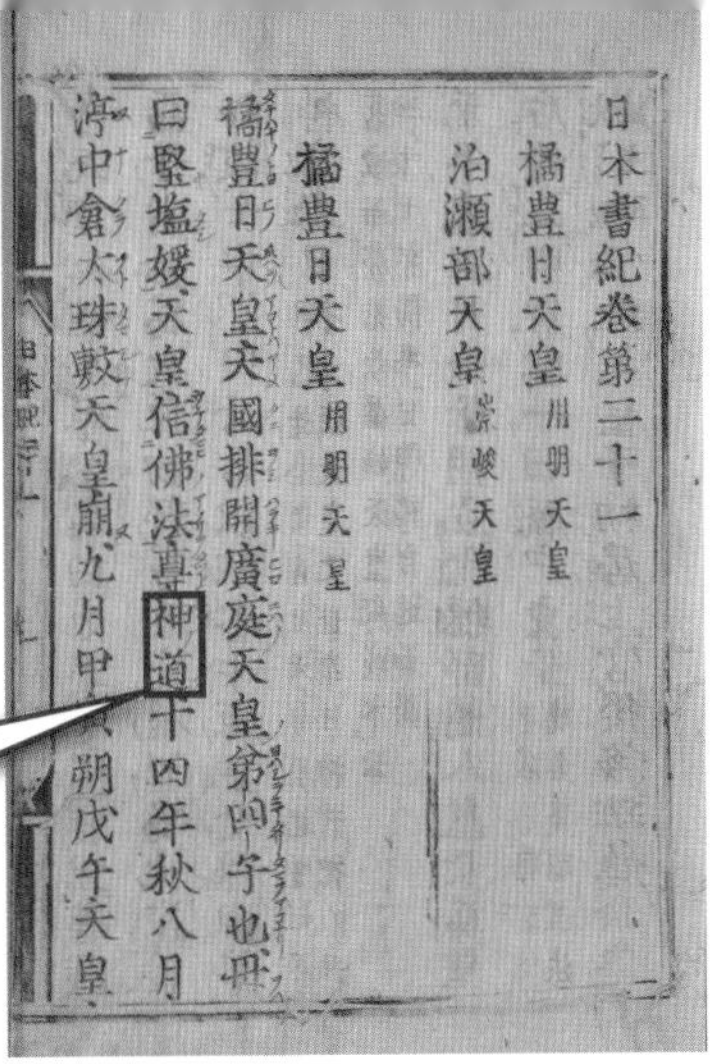

日本書紀巻第二十一
橘豊日天皇 用明天皇
泊瀬部天皇 崇峻天皇
橘豊日天皇
橘豊日天皇天國排開廣庭天皇第四子也母
曰堅塩媛天皇信佛法尊神道十四年秋八月
渟中倉太珠敷天皇崩九月甲午朔戊午天皇

『日本書紀』の江戸時代の写本。（国立国会図書館所蔵）

もっとも多い神社

神様は本社からの勧請《かんじょう》を受けることで、全国各地で祀られることが可能になります。

※神社の数は神社本庁『全国祭祀祭礼総合調査』（1995年）より引用。

【八幡神社《はちまんじんじゃ》】1位 7817社

八幡神の総本社・宇佐神宮《うさじんぐう》の社殿《しゃでん》。（宇佐神宮提供）

八幡神《はちまんしん》（応神天皇《おうじんてんのう》）を祀る神社。天皇の皇祖神《こうそしん》（先祖神）であること、武士から厚い信仰を集めたことなどで人気が高まりました。

【神明社《しんめいしゃ》】2位 4425社

伊勢神宮《いせじんぐう》の信仰に由来する神社。伊勢神宮は、天皇の皇祖神で日本神話の最高神・天照大御神《あまてらすおおみかみ》を祀る神社です。

天照大御神を描いた浮世絵。（三重県総合博物館所蔵）

【天神社《てんじんしゃ》】3位 3953社

総本社・北野《きたの》天満宮《てんまんぐう》（京都府）の由緒を描いた「北野天神縁起絵巻」。（メトロポリタン美術館所蔵）

天神《てんじん》（菅原道真《すがわらのみちざね》）を祀る神社。学問の神様として庶民からも人気を集めました。

【稲荷社《いなりしゃ》】4位 2970社

稲荷神《いなりしん》を祀る神社。神社と名のつくものの数は4位ですが、小さな祠《ほこら》なども足すと優に3万社を超えるともいわれ、もっとも祀られている神様です。

稲荷神の使いである狐。

神道は何を大切にしているのか？

キーワード
▼罪　▼穢れ　▼禊ぎ　▼祓い　▼大祓　▼手水舎

清浄な状態を汚す罪や穢れとは

神道では、**罪**《つみ》や**穢**《けが》**れ**を避けた清浄な状態を大切にします。

罪とは、規範や秩序を犯すことです。*『延喜式《えんぎしき》』などによると、人を傷つけたり、農耕の慣習を破ったりすること、さらに、病気を患うことも罪とされています。

自分の行動で発生する罪に対し、自然発生的に汚れがついて悪い状態になることを穢《けが》れといいます。穢れは動物の死骸を見たり、死に関わることなどでつきます。

日本最古の歴史書『**古事記**《こじき》』（⬇Ｐ58）には、亡くなって黄泉国《よみのくに》（死者の国）に行った伊邪那美命《いざなみのみこと》を、夫の伊邪那岐命《いざなきのみこと》が呼び戻そうとする場面があります。しかし伊邪那岐命は、変わり果てた伊邪那美命の姿を見て逃げ帰り、「黄泉国で穢れを得た」と考えます。このように死は、古代から穢れと考えられてきました。

また罪や穢れは日々の暮らしのなかで、意識していなくても身体の垢のように溜まっていくもの、とも考えられています。

罪・穢れを取り除くための「禊ぎ」と「祓い」

体についた罪や穢れを清める方法に**禊**《みそ》**ぎ**と**祓**《はら》**い**があります。

禊ぎとは、身体を洗ってすすぐことです。先述した伊邪那岐命が、黄泉国でついた死の穢れを落とすために、池で身を清めたことがルーツとされています。

現代でも、神社にお参りする際に**手水舎**《てみずや》（⬇Ｐ34）で手を洗うのは、簡略化した禊ぎといえるでしょう。

祓いとは、**祝詞**《のりと》（⬇Ｐ１０８）を唱えることなどで穢れを取り払うことです。

なかでも日常生活でついた罪穢れを取り払うために、年に2回神社で行われる**大祓**《おおはらえ》の儀礼は、よく知られています。

*『延喜式』：神道の祭祀や儀礼についてまとめられた平安時代の史料

罪と穢れ

神道では、日々の生活で罪や穢れが体につくと考えられています。

罪《つみ》	人を傷つけたり、病気を患うことなどで身につくもの。広義では虫を殺すことも罪にあたります
穢《けが》れ	死に関わることなどで身につくもの。血も穢れの一つとされ、古くは出産後、女性は時間を空けて穢れを取り除いてからでないと、神社に行ってはならないとされていました

（島根県観光連盟提供）

黄泉比良坂《よもつひらさか》（島根県松江市）

神話に登場する死者の国、黄泉国《よみのくに》と現世の境界とされる場所。伊邪那岐命《いざなきのみこと》はこの黄泉国で穢れを得たといいます。

禊ぎと祓い

神道では、禊ぎや祓いを行って罪・穢れを取り除き、常に清浄な状態でいることを大切にしています。

【禊《みそ》ぎ】

罪や穢れを水で洗い流し清めることを禊ぎといいます。

手水舎《てみずや》

神社に参拝する時は、手水舎で両手と口をすすいでからお参りします。これも心身の罪や穢れを水で洗い清める禊ぎの一種です。

（武蔵一宮氷川神社提供）

師走祭《しわすまつ》りの禊ぎ

比木神社《ひきじんじゃ》（宮崎県）の師走祭りなど、祭祀の前に海に入って禊ぎをする祭りもあります。

【祓《はら》い】

祝詞《のりと》などで身についた罪や穢れを取り払うことを、祓いといいます。

大祓詞（一部）

…祓へ給ひ
清め給ふ事を
天つ神　國つ神
八百萬神等共に
聞こし食せと白す

祓詞《はらえのことば》　祝詞の一種。神様に身についた罪・穢れを祓ってくださいとお願いする内容です。

大祓《おおはらえ》　神社で年に２回行われる儀式で、半年分の罪・穢れを祓い清めます。特に６月は「夏越《なごしの》大祓」と呼び、祝詞を唱えながら茅《ち》の輪《わ》をくぐることで祓います。

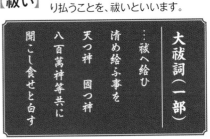

神道のギモン ③

神社はいつからつくられ始めたのか？

キーワード
- ▼祭祀遺跡
- ▼神祭り
- ▼沖ノ島
- ▼祭壇
- ▼社殿

古代の信仰を紐解く 鍵となる祭祀遺跡

神道の起源をはっきりと定めることは難しいです。しかし、神様を祀る**神祭《かみまつ》り**の儀式が行われ始めたのは、考古学の観点から、古墳《こふん》時代ではないかと考えられています。

これは日本各地で神祭りの儀式跡が発見されているからです。このような遺跡を**祭祀遺跡《さいしいせき》**と呼び、祭祀遺跡からは儀式に必要な道具やお供え物の跡が出土しています。

祭祀遺跡のなかでも特に有名なのが、**「神宿る島」**として世界遺産にも指定されている**沖《おき》ノ島《しま》**です。

玄界灘《げんかいなだ》に浮かぶ沖ノ島は、**宗像大社《むなかたたいしゃ》**（福岡県）の境内地です。島内にある4世紀の祭祀遺跡からは銅鏡《どうきょう》や鉄製の刀、勾玉《まがたま》が出土。また、5世紀の祭祀遺跡からはペルシャ産のガラスなどが出土し、古くから重要な聖地であったことがうかがえます。

神社の社殿は いつから建てられたのか

沖ノ島の祭祀遺跡は、時代がくだるにつれて**依代《よりしろ》**（⇒P20）となる岩の上から、岩の陰へと位置がずれていきます。8世紀頃の祭祀遺跡には、岩から少し離れたところに、**祭壇《さいだん》**（神祭りを行うための台）が設置されました。しかし、祭壇はあくまで神祭りの際に一時的に置かれたものでした。当時、神様は祭祀が始まるとどこからかやってきて、終わるとどこかへ去っていくという考えがあったため、常設の祭壇は必要なかったのです。

神社に常設の**社殿《しゃでん》**（建物）が建てられ始めたのは、仏教の伝来がきっかけのひとつです。仏教では、僧侶の修行のため、また仏像を安置するためにお寺に建物が必要でした。

その影響を受け、神社にも**本殿《ほんでん》**（神様がいらっしゃる建物）や**拝殿《はいでん》**（神様に拝するための建物）といった社殿がつくられ始めたのです。

社殿がてきるまで

古代の神祭《かみまつ》りは常設の社殿《しゃでん》（建物）を建てずに行われていました。

依代の側で行う

古代の祭祀は、依代《よりしろ》となる岩や木など、自然物の周囲で行われていました

▶

祭壇ができる

依代から一定の距離を置いたところに、一時的に祭壇《さいだん》を設けるようになりました

▶

社殿ができる

仏教の寺院建設の影響などにより、常設の建築物（＝社殿）がつくられ始めました

おもな祭祀遺跡

祭祀遺跡《さいしいせき》とは、古代の神祭りのあり方を今に伝える遺跡のことです。沖ノ島（福岡県）と三輪山（奈良県）がその代表例です。

【沖《おき》ノ島《しま》】

沖ノ島は宗像大社の境内地にあり、東アジア諸国との海上交通の要所として、古来より国家祭祀が行われていました。現在も上陸は宗像大社の神職のみが許されています。

（宗像大社提供）

金製指輪《きんせいゆびわ》

沖ノ島で執り行われていた祭祀で奉納されていた金製の指輪。さまざまな縁取りの装飾は鑞付《ろうづ》けという高度な接合技術で貼りつけられています。

【三輪山《みわやま》】

大神神社《おおみわじんじゃ》の御神体は三輪山そのもの。そのため、本殿はなく、拝殿から直接三輪山を拝することになります。社殿のなかった古代の神祭りの様相を今に伝えています。

（大神神社提供）

山《やま》ノ神《かみ》遺跡復元模型

三輪山の中や周辺一帯には、山ノ神遺跡をはじめ、多くの祭祀遺跡が存在します。写真は、山ノ神遺跡にある、祭祀の中心となっていた岩石の復元模型です。

（國學院大學博物館提供）

神道のギモン④

神社にはどんな神様がいるのか？

キーワード
▼祭神　▼人物神
▼日本神話　▼民俗神

大きく3つに分けられる日本の神様のカテゴリ

神社に祀られている神様を、**祭神**《さいじん》といいます。祭神は**「八百万の神」**《やおよろず》と呼ばれているように、数も多く、また多くの祭神は、その特徴ごとに大きく3種類に分けられます。

1つ目は**日本神話**に登場する神様です。日本神話はおもに日本最古の歴史書**『古事記』**《こじき》**『日本書紀』**《にほんしょき》（⬇P58）によって伝えられました。天皇家の祖先神のエピソードがつづられています。代表例として、伊勢神宮《いせじんぐう》（三重県）の祭神・天照大御神《あまてらすおおみかみ》や、出雲大社《いづもおおやしろ》（島根県）の祭神・大国主《おおくにぬしの》神《かみ》などが挙げられます。

2つ目は、実在の人物です。生前に偉業を成し遂げた人物は、それを称え、神社の祭神となるケースが多々あります。

一方で、非業の死を遂げた人物もまた、祭神となることがあります。平安時代頃から、恨みをもって亡くなった人物の**御霊**《ごりょう》（⬇P74）は災厄をもたらすと考えられ始めました（御霊信仰）。そのため御霊を祭神として丁重に祀ることで、恨みを鎮めようとしたのです。このように、神様になった実在の人物を**人物神**《じんぶつしん》と呼ぶこともあります。

3つ目は**民俗神**《みんぞくしん》（⬇P88）です。人々の間で自然発生的に生まれた神様で、五穀豊穣をつかさどる稲荷神《いなりしん》や、外部から集落を守る道祖神《どうそじん》などがこれに該当します。

バラエティに富んだ神社の祭神

先の3つのカテゴリーに分けるのは難しい祭神もいます。たとえば**習合神**《しゅうごうしん》（⬇P68）、神道と仏教が混ざり合った結果生まれた神様です。

人々に恐れられた鬼や妖怪の類が祭神になっている神社もあります。

このように、祭神は多種多様です。神社を参拝する際は、どんな神様が祭神か知っておくとよいでしょう。

神社に祀られている神様

神社の祭神の多くは、以下のように大さく分類できます。

天照大御神《あまてらすおおみかみ》

大国主神《おおくにぬしのかみ》

【日本神話に登場する神様】

歴史書『古事記』『日本書紀』に描かれた神様など、日本神話に登場する神様です。

例
- 天照大御神
  ➡伊勢神宮《いせじんぐう》（三重県）
- 大国主神
  ➡出雲大社《いづもおおやしろ》（島根県）

など

（左：東京都立中央図書館特別文庫室所蔵）
（右：出雲大社境内の大国主神像）

菅原道真《すがわらのみちざね》

徳川家康《とくがわいえやす》

【人物神《じんぶつしん》】

生前に歴史的な業績を成し遂げた人物や、恨みを抱えて亡くなった人物が神社の神様として祀られる場合があります。

例
- 菅原道真
  ➡北野天満宮《きたのてんまんぐう》（京都府）
- 徳川家康
  ➡日光東照宮《にっこうとうしょうぐう》（栃木県）

など

（左：東京都立中央図書館特別文庫室所蔵）
（右：東京大学史料編纂所所蔵）

稲荷神《いなりしん》

七福神《しちふくじん》

【民俗神《みんぞくしん》】

民間信仰で自然発生的に生まれた神様のことです。

例
- 稲荷神
  ➡伏見稲荷大社《ふしみいなりたいしゃ》（京都府）
- 弁財天（七福神の１柱）
  ➡江島神社《えのしまじんじゃ》（神奈川県）

など

（左：国立国会図書館所蔵）
（右：東京国立博物館所蔵）

蔵王権現《ざおうごんげん》

酒呑童子《しゅてんどうじ》

【そのほかの神様】

仏教との習合神や、鬼・妖怪の類などが祀られることも。神社には多種多様な神様が祀られています。

例
- 蔵王権現
  ➡大井蔵王権現神社《おおいざおうごんげんじんじゃ》（東京都）
- 酒呑童子
  ➡首塚大明神《くびづかだいみょうじん》（京都府）

など

（左：東京国立博物館所蔵）
（右：東京都立中央図書館特別文庫室所蔵）

神道のギモン 5

人々は神様に何を願ってきた？

キーワード
▼神徳　▼年中行事
▼人生儀礼　▼大祓

神様それぞれがもつ神徳とは何か

神社を訪れる理由は人それぞれです。受験を控え、学業成就の祈願をしたいと、学問の神様である**天神様**《てんじんさま》に参拝する人もいれば、恋人がほしいという人は、縁結びを願って**大国**《おおくに》**主神**《ぬしのかみ》を祀る神社に参拝することもあるでしょう。

神様がもたらす功徳《くどく》を、**神徳**《しんとく》といいます。神徳には、天神様にとっての学問、大国主神にとっての縁結びのように、神様によっては一層発揮される、言い換えると得意分野のようなものもあります。

人生の節目に神様に感謝を伝える

古来より、多くの日本人が人生の節目に、神社にお参りをしてきました（**人生儀礼**《じんせいぎれい》）。たとえば、生まれたばかりの子どもが神社に初めてお参りする**初宮詣**《はつみやもうで》（⬇Ｐ１１８）では、神様に子どもが無事に生まれたことを感謝し、健やかな成長を願います。

無事に成長すると、3歳・5歳・7歳を節目に、無事の成長を祝う**七五三**《しちごさん》（⬇Ｐ１２０）が行われます。**厄年**《やくどし》（⬇Ｐ１２２）の際は、身にかかる災いを防ぐために、神社へ**厄**《やく》**祓**《ばら》**い**をお願いする人もいます。

人生の節目だけでなく、一年の節目にも、神社に参拝することがあります（**年中行事**《ねんじゅうぎょうじ》）。

新年を祝い、新たな気持ちでその年初めてのお参りをする**初詣**《はつもうで》（⬇Ｐ１３８）や、邪悪な鬼を祓う**節分**《せつぶん》（⬇Ｐ１４０）などがあげられます。また毎年6月と12月には**大祓**《おおはらえ》の儀式が行われ、見ず知らずのうちについた半年分の罪《つみ》や穢《けが》れ（⬇P10）を祓います。

人々は神様にさまざまな願い事をしますが、このとき神様に一方的に願い事を聞いてもらうのではなく、神様への感謝や尊敬の気持ちを伝えることがとても大切です。

神様と神徳

神様のもたらす恩恵を神徳といいます。神様によっては特定の分野で一層神徳の力を発揮するとされることもあります。下の表はその代表的な例です。

神徳	神様	理由（諸説あり）	おもな神社
学問	天神《てんじん》（菅原道真《すがわらのみちざね》）	道真が生前、詩文にすぐれた学者であったため	北野天満宮《きたのてんまんぐう》（京都府）
縁結び	大国主神《おおくにぬしのかみ》	日本神話で初めて正式な妻をもち、妻と鎮座しているため	出雲大社《いづもおおやしろ》（島根県）
勝負	八幡神《はちまんしん》	源氏など武士から厚い信仰を受けたため	宇佐神宮《うさじんぐう》（大分県）
武道	建御雷神《たけみかづちのかみ》	日本神話で武勇にすぐれたエピソードが描かれているため  剣で鯰《なまず》を押さえる建御雷神（東京都立中央図書館特別文庫室所蔵）	鹿島神宮《かしまじんぐう》（茨城県）
商売繁盛 五穀豊穣	稲荷神《いなりしん》	日本神話に登場する食事の神と同一視されたため	伏見稲荷大社《ふしみいなりたいしゃ》（京都府）
疫病退散	牛頭天王《ごずてんのう》（須佐之男命《すさのおのみこと》）	もともと疫病神として祀られていたのが転じて防疫の神様に  疫病退散の授与品、蘇民《そみん》将来《しょうらい》。牛頭天王が祀られる神社で授与されます（東京都立中央図書館特別文庫室所蔵）	八坂神社《やさかじんじゃ》（京都府）
航海	住吉三神《すみよしさんしん》	海の中で生まれた神々であるため	住吉大社《すみよしたいしゃ》（大阪府）
	宗像三女神《むなかたさんじょしん》	玄界灘《げんかいなだ》に面した宗像に降り、祀られたため	宗像大社《むなかたたいしゃ》（福岡県）
安産	豊玉毘売《とよたまびめ》	日本神話のなかで出産の場が描かれているため	鵜戸神宮《うどじんぐう》（宮崎県）

神社は何をする場所なのか?

キーワード
▼神社
▼祭祀
▼神職
▼正式参拝

神社は私たちにとって身近な祈りの場所

神社は端的にいうと神々を祀る施設です。そして私たちにとって、神様の存在を体感できる、とても身近な祈りの場所です。

合格祈願や縁結びなど、神様にお願いしたいことがある時や、新年を迎え神様に最初のあいさつを行う**初詣**《はつもうで》（⬇Ｐ１３８）、子どもの健やかな成長を祈る**七五三**《しちごさん》（⬇Ｐ１２０）と、神社に参拝する理由、神様に祈る内容は人それぞれです。

神社では年間を通じて数々の儀礼・祭祀が行われています（⬇Ｐ１２８）。神社にとって重要な日に行われる**例祭**《れいさい》や、**天長祭**《てんちょうさい》（天皇誕生日）や**元始祭**《げんしさい》（建国記念日）といった天皇に関わる祭祀、**節分**《せつぶん》（⬇Ｐ１４０）や**節供**《せっく》（⬇Ｐ１４２）など身近な伝統行事が挙げられます。

また、神社では**授与品**《じゅよひん》（⬇P48）の頒布《はんぷ》も行っています。

神社の参拝の流れ 一般参拝と正式参拝

神社での参拝の流れは、拝殿《はいでん》の手前で賽銭箱《さいせんばこ》にお賽銭（⬇P44）を入れ、拍手《はくしゅ》（⬇P40）をするのが一般的でしょう。しかし、神社に申し込めば拝殿の中に入って祈りを捧げることができます。これを**正式参拝**《せいしきさんぱい》などと呼称します。

正式参拝では、**神職**《しんしょく》（⬇P98）が**大麻**《おおぬさ》を振って参拝者の身体を祓《はら》う**修祓**《しゅばつ》や、神様に捧げる唱え言葉である**祝詞**《のりと》（⬇Ｐ１０８）の奏上《そうじょう》、神様へのお供え物である**玉串**《たまぐし》の拝礼《はいれい》を行います。

正式参拝は誰でも受けることができます。ただし、正式参拝の際は男性ならジャケットにネクタイ、女性ならそれに準ずる服装と、正装で臨むことが好ましいとされます。

また、一般・正式に関わらず、参拝の前は**手水舎**《てみずや》（⬇P34）で手と口をすすぎ、身を清めましょう。

神社で行われる活動

神社は神様が住む神聖な家のようなもの。神社に参拝することで、神様に祈りを捧げ、感謝を伝えられます。

【正式参拝《せいしきさんぱい》】

拝殿《はいでん》の外で行う一般参拝と異なり、拝殿の中に入って行う参拝です。神様に特別祈願したいことがある場合や、神前結婚式《しんぜんけっこんしき》（➡P124）、初宮詣《はつみやもうで》（➡P118）といった人生儀礼など、予約すれば誰でも受けることができます。

神前結婚式で正式参拝を行う様子。

【正式参拝で行われること】

（皇學館大学佐川記念神道博物館提供）

修祓《しゅばつ》

身についた罪・穢れを、大麻を振るなどして祓うことです。
大麻とは棒に細く切った紙がたくさんついた神具です。

祝詞奏上《のりとそうじょう》

神職が祈願内容などを記した祝詞を神様に奏上します。

玉串拝礼《たまぐしはいれい》

玉串とは榊や杉など常緑樹の葉に紙垂《しで》（紙製の飾り）などをつけたお供え物です。正式参拝の際はこの玉串を神様に捧げます。

【授与品の頒布】

神社では、神札《しんさつ》やお守り、御朱印《ごしゅいん》（➡P52）など、数多くの授与品をいただけます。神様からいただいたものなので、大切に扱いましょう。

【さまざまな祭祀・儀礼】

（大宮八幡宮提供）

神社では年間を通じて数多くの祭祀・儀礼が行われます。写真は、一年間の農作物を神様に奉納し豊作を感謝する新嘗祭《にいなめさい》の様子です。

神道のギモン 7

神様が宿る依代とは何か？

キーワード
- 御神体
- 神籬
- 依代
- 磐座
- 神奈備

神社の本殿の中には依代となる御神体がある

神社の境内《けいだい》で特に目につきやすい建物が、参拝者が拝する**拝殿**《はいでん》です。そして、一般的にはその奥にある建物が**本殿**《ほんでん》です。

本殿は、神社のなかでもっとも神聖な場所、つまり神様がいらっしゃるところで、一般の参拝者は入ることができません。

本殿の中には**依代**《よりしろ》である、**御神体**《ごしんたい》が鎮座していることが多いようです。

依代の「代」とは、「社（やしろ）」の「しろ」と同じ、清められた場所という意味。依代とは、神様が依りつく神聖な場所ということです。

本殿の中にある御神体としては、鏡や剣、玉（貴重な石など）が多いようです。これらは古来より祭祀の際に特別な役割をもって丁重に扱われてきた道具です。

熱田神宮《あつたじんぐう》（愛知県）の御神体は、日本神話にも登場する神様の剣、**草薙剣**《くさなぎのつるぎ》です。草薙剣は皇位継承の証である三種の神器のひとつとして、歴代天皇に受け継がれています。

このとき、天皇が継承しているものは、熱田神宮に祀られている草薙剣の**形代**《かたしろ》（神様の霊を遷したもの）であり、現物は熱田神宮の本殿に祀られています。

道具のほかにも依代になるものはさまざま

依代になるものは道具に限りません。古くは美しい山や常緑樹、大きな岩などの自然物が依代になると考えられており、依代となる山を**神奈備**《かんなび》、樹木を**神籬**《ひもろぎ》、岩を**磐座**《いわくら》または**磐境**《いわさか》と呼称します。

大神神社《おおみわじんじゃ》（奈良県）は、美しい円錐形をした**三輪山**《みわやま》を依代としています。そのため境内には御神体を納める本殿がなく、参拝者は拝殿から直接三輪山を拝むことになります。

ほかにも、**巫女**《みこ》（⬇100）など人が依代になる**依坐**《よりまし》もあります。

神様が宿る依代

古来の祭祀では神様を山などの自然物や、鏡などの道具に招いていました。それを依代《よりしろ》と呼び、代表的な物がいくつかあります。

【依代になった自然】

本殿や拝殿がなかった頃は、神様を清められた自然物にお招きしていました。

（静岡県観光協会提供）

神奈備《かんなび》

神様が宿るとされる山。日本一高い山である富士山も神奈備の一つです。

（宮崎県観光協会提供）

神籬《ひもろぎ》（➡P80）

依代となる樹木。常緑樹であることが多く、よく注連縄《しめなわ》（➡P28）がつけられています。

磐座《いわくら》（➡P82）

依代となる岩石で、形や大きさはさまざま。磐境《いわさか》と呼ばれることもあります。

【依代となった道具】

祭祀に使用する道具や神像も、神様をお招きする依代と考えられています。

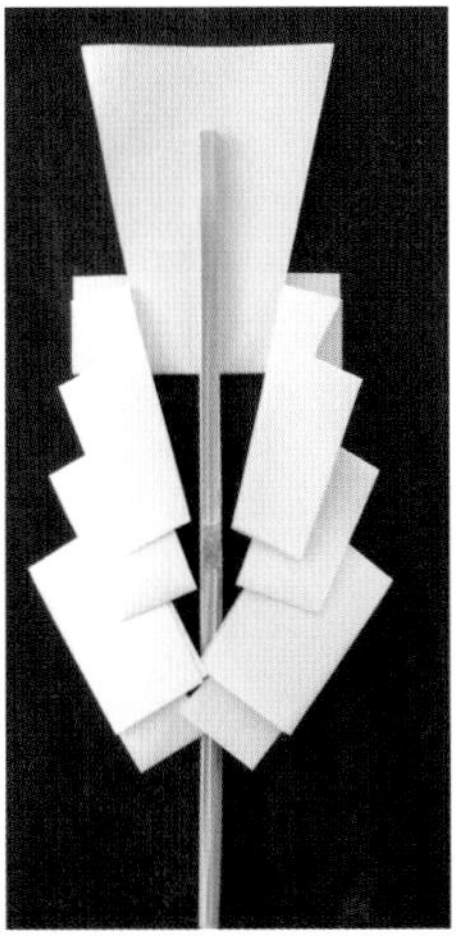

御幣《ごへい》

金銀、もしくは白色の紙を竹や木の串に挟んだもの。もともとは神様に捧げるお供え物でした。

（東京国立博物館所蔵）

鏡《かがみ》 万物を映し出す鏡は、古代より祭祀道具として扱われ、神体としても扱われていました。

（奈良国立博物館所蔵）

神像《しんぞう》（➡P69）

奈良時代後期以降には仏教の仏像の影響を受けて、神様をかたどった神像もつくられました。

剣《つるぎ》

剣もまた祭祀で使う重要な道具です。写真は石上神宮《いそのかみじんぐう》（奈良県）に伝わる宝剣、七支刀《しちしとう》。

（石上神宮提供）

もっと知りたい！
神道豆知識
1

名字と神道のつながり

名字で自分の家のルーツを知ることがありますが、そのなかには神道に由来するものもあります。「鈴木」は、神が降りてくる依代《よりしろ》（➡P20）の木と、神が宿った時に鳴る鈴の意味ともいわれ、藤白神社《ふじしろじんじゃ》（和歌山県）の神官が「鈴木」を名乗ったことに由来するといわれています。「斎藤」は**伊勢神宮**《いせじんぐう》（三重県）の祭祀を行う斎宮《さいぐう》がルーツだといわれています。「高橋」は、天と地を繋ぐ架け橋の意味で、**高橋神社**《たかはしじんじゃ》（奈良県）の神官の系統があるとされています。「渡辺」のルーツは、大阪の渡辺という土地にあった**坐摩神社**《いかすりじんじゃ》といわれています。初めて渡辺姓を名乗ったのは、この地域に住み、**頼光四天王**《らいこうしてんのう》の一人として**酒呑童子**《しゅてんどうじ》（➡P92）討伐にあたった武将・**渡辺綱**《わたなべのつな》といわれています。「吉田」のルーツのひとつは、**吉田神社**《よしだじんじゃ》（京都府）の神官で、**天児屋根命**《あめのこやねのみこと》という神様を祖とする**陰陽師**《おんみょうじ》（➡P86）の卜部《うらべ》氏だといわれています。

❖名字とその由来のある神社❖

名字	由来のある神社	おもな由来
鈴木	藤白神社	熊野信仰を広めた神社。全国の鈴木さんが集まる鈴木サミットが行われています
斎藤	伊勢神宮	伊勢神宮の斎宮という役所の長官・藤原叙用《ふじわらののぶもち》がルーツ
高橋	高橋神社	天と地をつなぐ架け橋という意味。天皇の料理人の系統も
渡辺	坐摩神社	鬼を退治した武将・渡辺綱がルーツ
吉田	吉田神社	陰陽師の卜部氏がルーツ

2章

ぜひ実践したい！

神社の参拝マナー

いざ神社に行ってみると、
まずどこへ行けばいいのか、何をすればよいのか、
わからないことはありませんか。
2章ではそんな神社の参拝方法を詳しく説明します。

神社の境内をのぞいてみよう

一般的な神社の境内とそこにあるものとは？

神社の参拝マナーを知るにあたり、まずは一般的な神社の境内についてご紹介します。神社に参拝しているつもりで、**拝殿**《はいでん》までの道のりを想像してみるとよいかもしれません。

最初に見えるのは**鳥居**《とりい》（⬇P26）です。鳥居のそばに、その神社の名前（社号《しゃごう》）を示す**社号**《しゃごう》**標**《ひょう》があります。また神社のいわれを記した看板がある場合も多く、その神社のルーツを知ることができるので、ぜひ探してみてください。

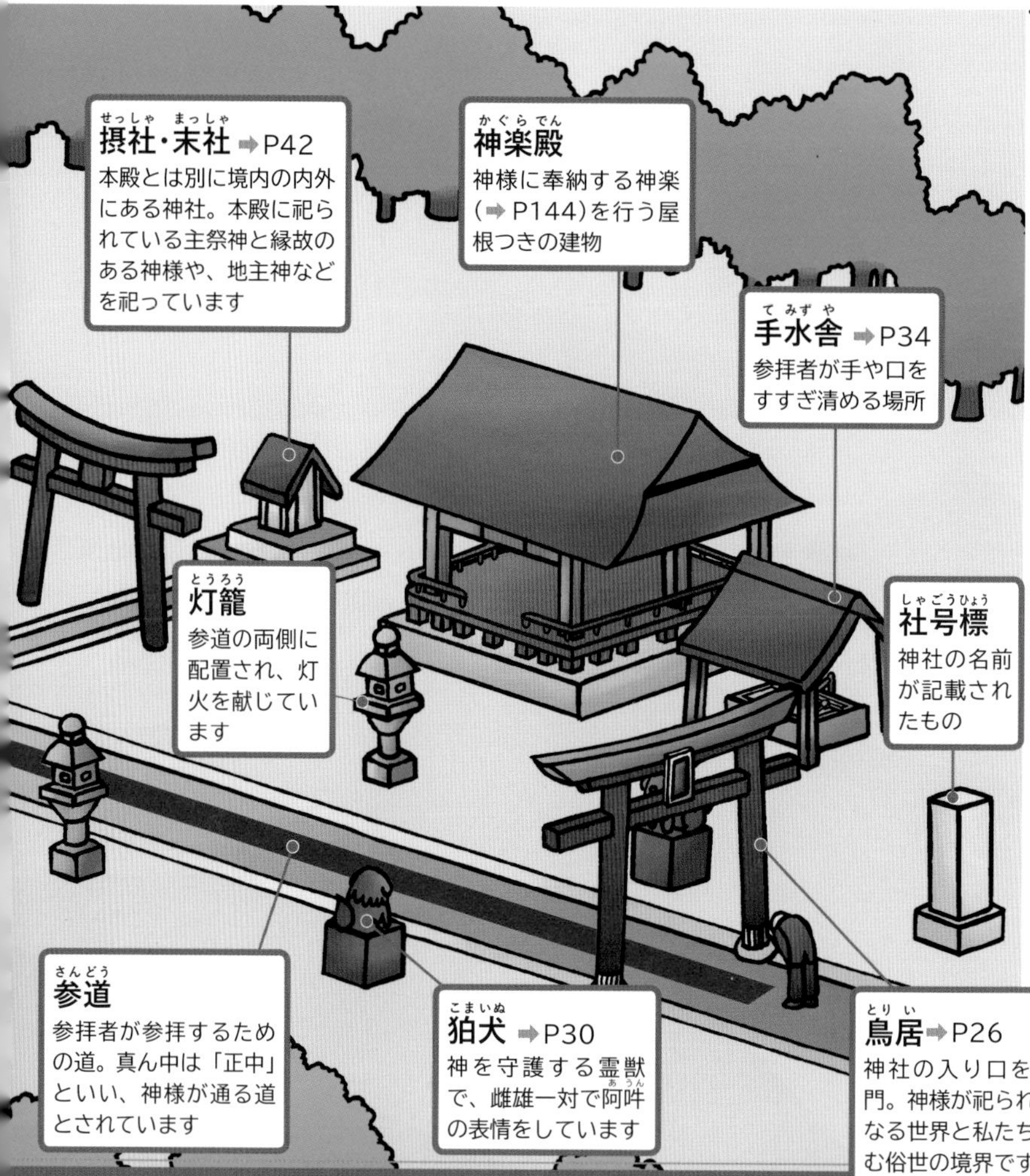

摂社《せっしゃ》**・末社**《まっしゃ》 ➡P42
本殿とは別に境内の内外にある神社。本殿に祀られている主祭神と縁故のある神様や、地主神などを祀っています
神楽殿《かぐらでん》
神様に奉納する神楽（➡P144）を行う屋根つきの建物
手水舎《てみずや》 ➡P34
参拝者が手や口をすすぎ清める場所
灯籠《とうろう》
参道の両側に配置され、灯火を献じています
社号標《しゃごうひょう》
神社の名前が記載されたもの
参道《さんどう》
参拝者が参拝するための道。真ん中は「正中」といい、神様が通る道とされています
狛犬《こまいぬ》 ➡P30
神を守護する霊獣で、雌雄一対で阿吽《あうん》の表情をしています
鳥居《とりい》➡P26
神社の入り口を示す門。神様が祀られる聖なる世界と私たちが住む俗世の境界です

鳥居をくぐると、そこから先が**境内**《けいだい》です。鳥居から神社の拝殿に向かう道を**参道**《さんどう》といい、中央は**正中**《せいちゅう》（下図の赤い線）と呼ばれる神様の通り道とされています。極力避けて通りましょう。横切らなくてはならない場合は、本殿に向かって軽く一礼するのがよいとされています。

参道沿いには、参拝前に身を清める**手水舎**《てみずや》（➡P34）や、神社の事務を執り行ったり正式参拝の受付をする**社務所**《しゃむしょ》、神前をお守りする**狛犬**《こまいぬ》（➡P30）などが並んでいます。これらを通り過ぎると、拝殿が見えてきます。

神様がいらっしゃるのは、拝殿のさらに奥にある**本殿**《ほんでん》ですが、多くの神社では、直接本殿を目にすることはなく、拝殿で参拝やご祈祷などを行っています。

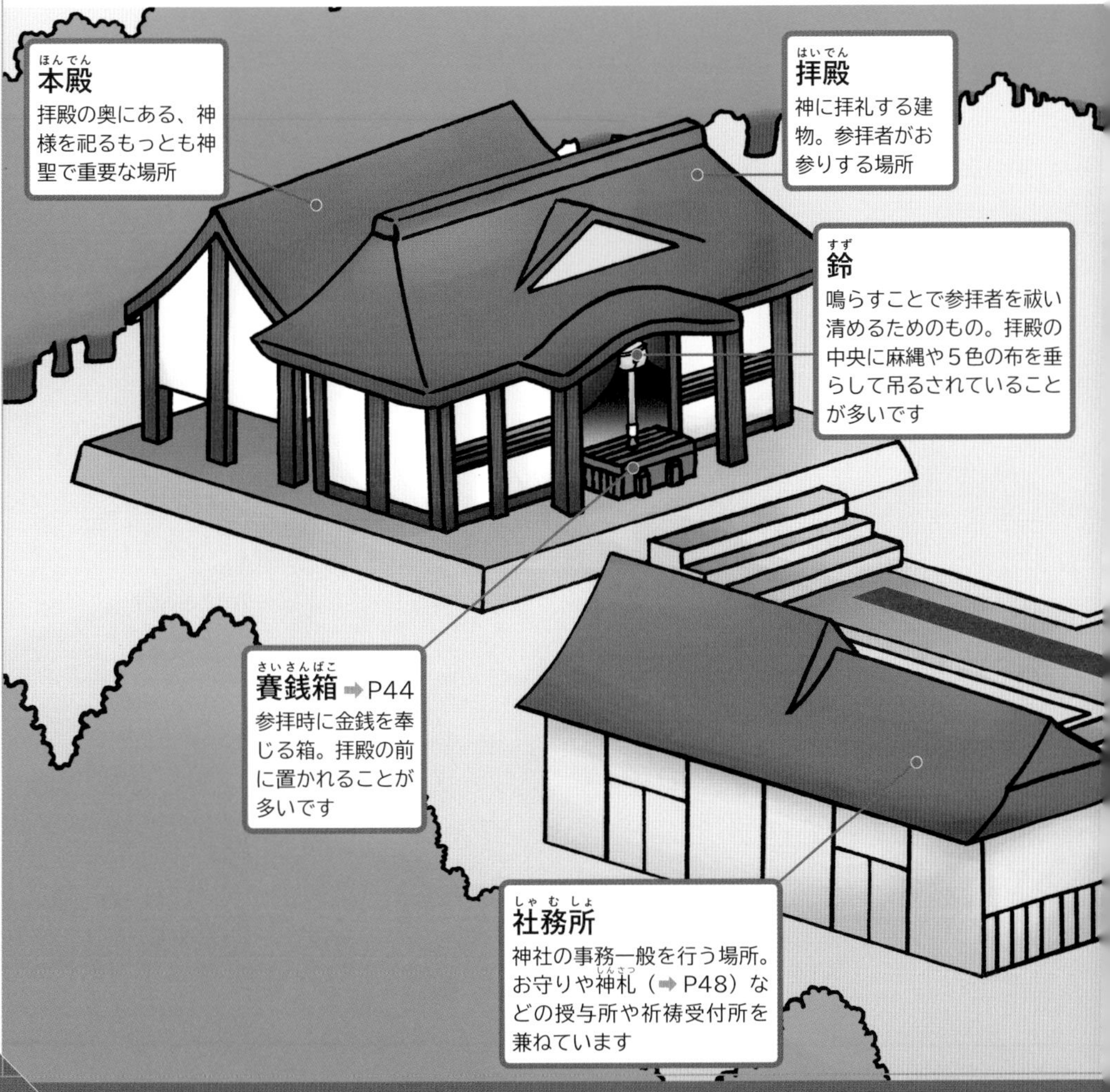

本殿《ほんでん》
拝殿の奥にある、神様を祀るもっとも神聖で重要な場所
拝殿《はいでん》
神に拝礼する建物。参拝者がお参りする場所
鈴《すず》
鳴らすことで参拝者を祓い清めるためのもの。拝殿の中央に麻縄や5色の布を垂らして吊るされていることが多いです
賽銭箱《さいせんばこ》 ➡P44
参拝時に金銭を奉じる箱。拝殿の前に置かれることが多いです
社務所《しゃむしょ》
神社の事務一般を行う場所。お守りや神札《じんさつ》（➡P48）などの授与所や祈祷受付所を兼ねています

神社のメインゲート 鳥居をくぐるにもマナーがある？

キーワード
▼鳥居
▼明神鳥居
▼神明鳥居

神社の入り口・鳥居 その種類について

鳥居《とりい》は、神社を訪れた参拝者がまず目にする建造物で、この先が神聖な場所であることを示しています。神社のシンボルであり、地図記号でも鳥居のマークが採用されています。

鳥居の語源は、「鳥が居る」「通り入る」など、複数の説がありますが、はっきりとはわかっていません。

2本の柱の最上部に横材の**笠木**《かさぎ》（冠木《かぶき》）をわたし、その下に**貫**《ぬき》を通して柱と柱をつなぐのが一般的な鳥居の構造です。鳥居の種類は大きく分けて2種類あり、笠木の両端の反り具合や、**島木**《しまぎ》というもう一つの横材の有無、貫が柱を貫通しているか否かなどにより、**明神鳥居**《みょうじんとりい》か**神明鳥**《しんめいとり》**居**《い》に分類できます。

全国的には明神鳥居を使用する神社が多いようです。素材は木材、石材、コンクリートなどさまざまで、色も白木や朱塗りなどがあります。

鳥居をくぐる時は一礼するのがマナー

鳥居は神聖な場所への入り口ですから、くぐる前には、神様に対して一礼することが望ましいとされています。また、参拝を終えて帰る際にも、感謝の意を込め、鳥居をくぐってから振り返り、一礼するのがよいでしょう。

もちろん、すべての神社で、この一礼のマナーを厳守しなければならないわけでもありません。たとえば千本鳥居《せんぼんどりい》（実際は約5千基）で有名な、**伏見稲荷大社**《ふしみいなりたいしゃ》（京都府）をはじめとする稲荷神社は、総じて多くの鳥居を構えていますが、これらすべての鳥居に一礼するのはとても大変です。複数の鳥居を持つ神社の場合は、もっとも大きな鳥居に一礼すれば大丈夫です。

繰り返しになりますが、鳥居をくぐる際に神様に感謝の意を示すことが何より大切なのです。

鳥居のパーツ

鳥居の部位には名前がついており、その形や色は神社によってさまざまです。

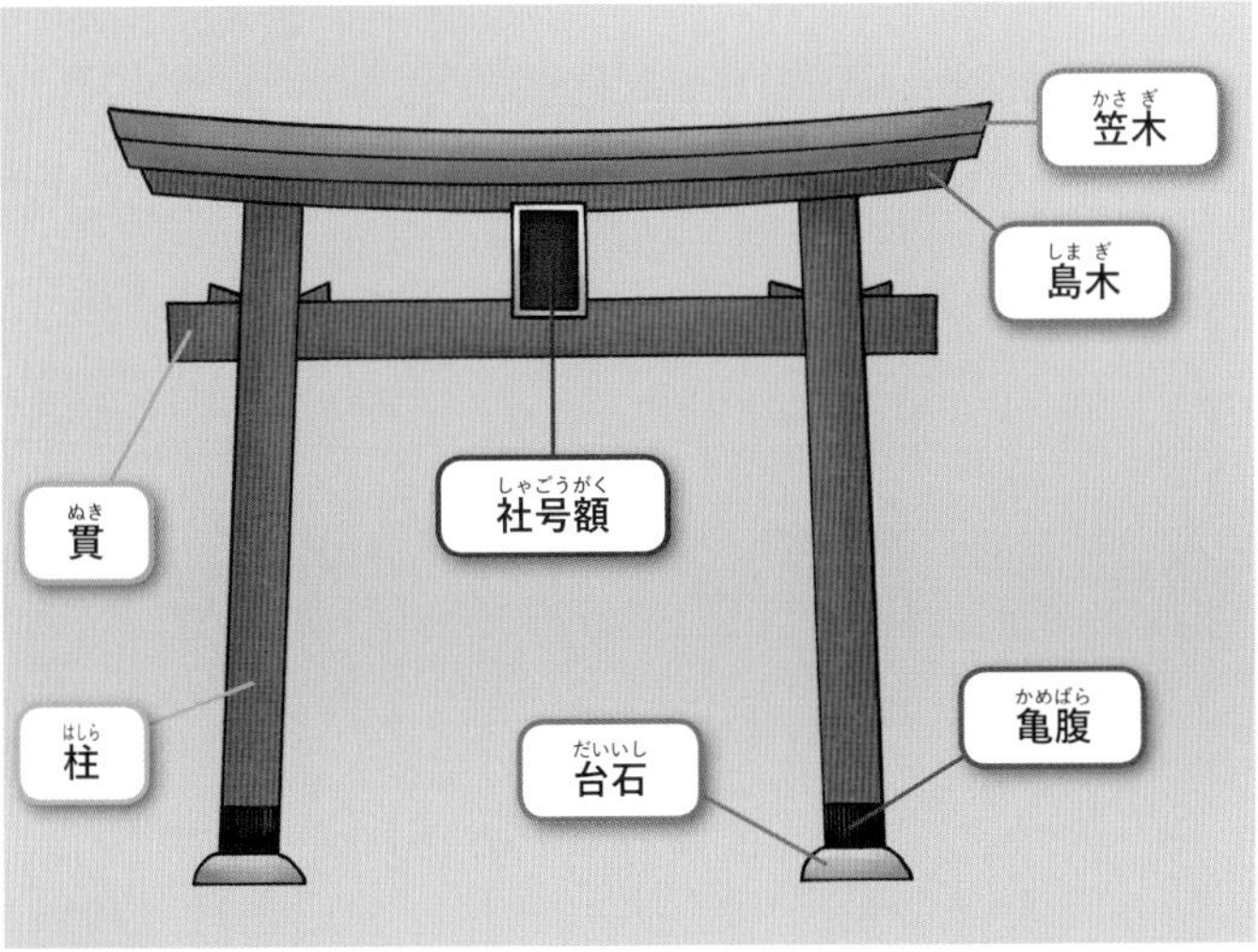
笠木《かさぎ》
島木《しまぎ》
社号額《しゃごうがく》
貫《ぬき》
柱《はしら》
台石《だいいし》
亀腹《かめばら》

明神鳥居と神明鳥居

鳥居の種類は大きく「明神鳥居」と「神明鳥居」に分類できます。

【明神鳥居《みょうじんとりい》】

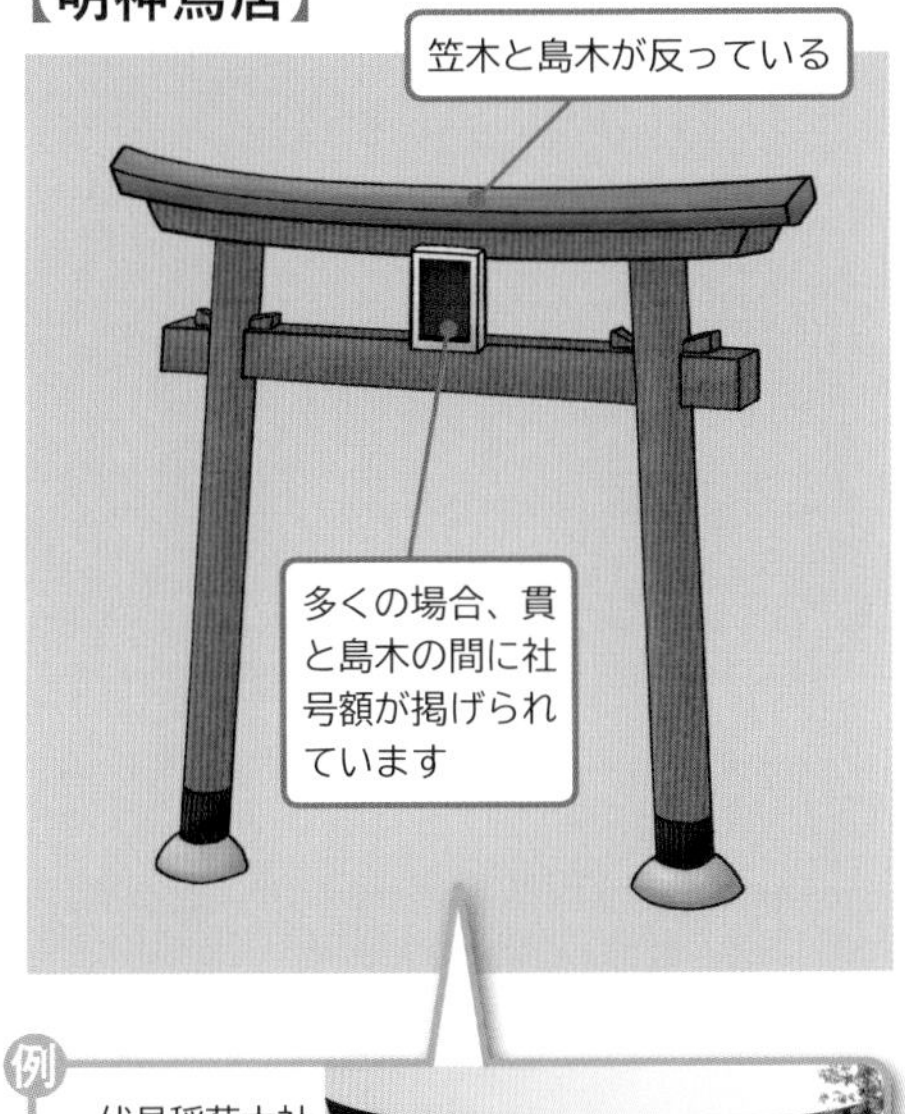
笠木と島木が反っている
多くの場合、貫と島木の間に社号額が掲げられています

例
- 伏見稲荷大社（京都府）
- 厳島神社（広島県）など

伏見稲荷大社の大鳥居

【神明鳥居《しんめいとりい》】

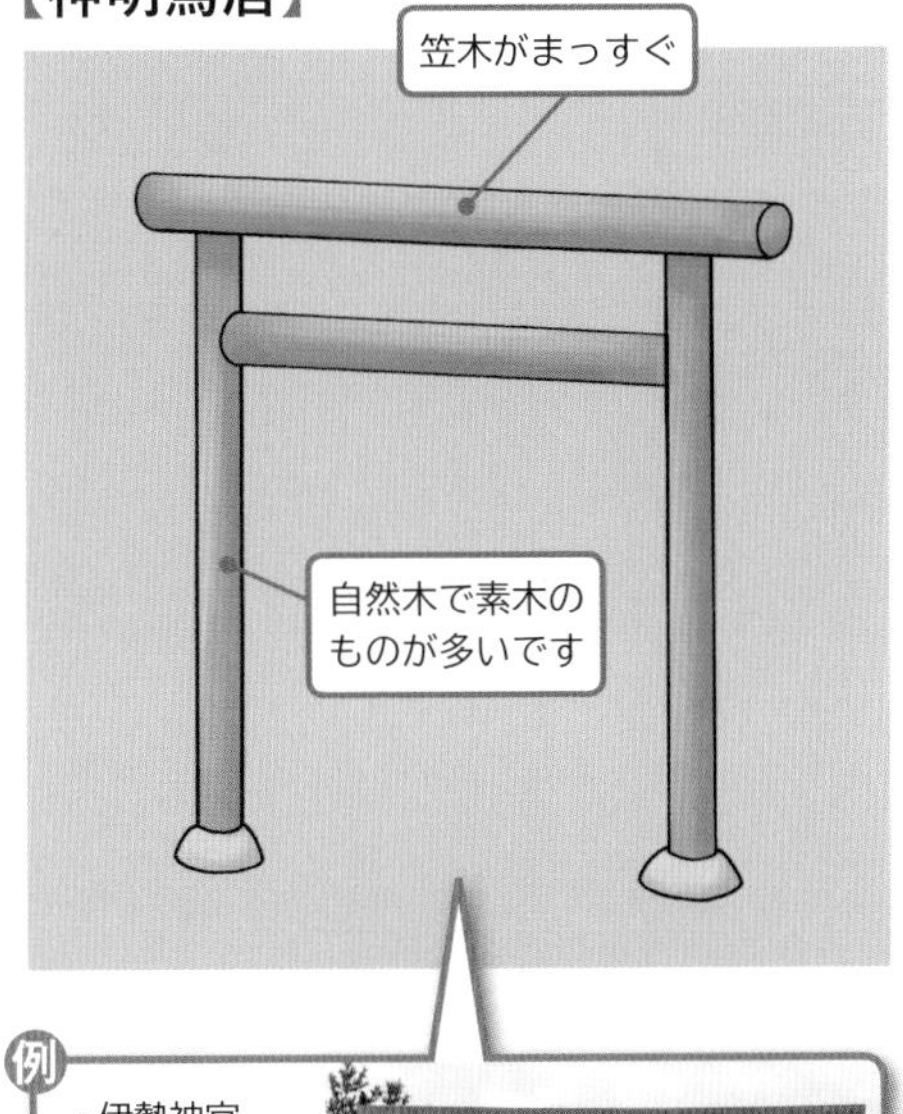
笠木がまっすぐ
自然木で素木のものが多いです

例
- 伊勢神宮（三重県）
- 靖国神社（東京都）など

伊勢神宮の鳥居

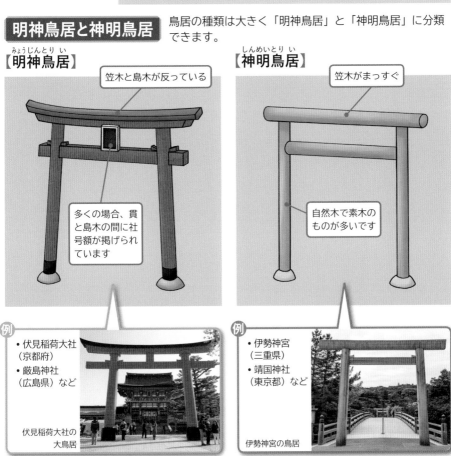

神社の入り口にかけられた注連縄には何の意味があるの？

キーワード
▼注連縄
▼牛蒡注連
▼大根注連
▼前垂注連

神社に張られた注連縄は神聖な場を示す

鳥居《とりい》など、神社のさまざまな場所に張り巡らされている**注連縄《しめなわ》**。注連縄は、神前や神域など、そこが神聖な場所であることを示すものです。語源としては、「神が占める場所を表す」という説があります。

注連縄には、地域や神社によっていくつか形式があります。一般的には、藁《わら》の束を左に**撚《よ》って**（時計回りにねじり合わせて）縄にし、特定の裁ち方や折り方でつくった**紙垂《しで》**という紙片を貼ってつくります。

ところどころに藁の節《ふし》を垂らし、節の本数によって左から、1・5・3本垂らすものを「一五三《しめ》縄」、7・5・3本垂らすものを「七五三《しめ》縄」とそれぞれ書く場合もあります。

また神前に張る場合は、撚り始め（縄の両端の太い方）を向かって右にするという決まりがあります。

日常生活に結びつく注連縄もある

数ある神社の中で、最大級の注連縄を張っているのが**出雲大社《いづもおおやしろ》**（島根県）です。形は中央が太い**大根注連《だいこんじめ》**です。神楽殿《かぐらでん》の注連縄の規模は、長さ約13メートル、重さ5・2トンにも及びます。

この出雲大社の注連縄は、一般的な作法と異なり、撚り始めを向かって左側としています。これは本殿に祀られている神様のうち、『古事記《こじき》』の冒頭に現れる**天之御中主神《あめのみなかぬしのかみ》**（➡P60）が、もっとも左側に祀られているからだといわれています。

ほかにも注連縄には右側に向かって太くなるゴボウのような形をした**牛蒡注連《ごぼうじめ》**や、「注連の子」と呼ばれる藁を紙垂と紙垂の間に垂らす**前垂《まえだれ》注連《じめ》**などの種類があります。

注連縄は神社に限ったものではなく、年神をお迎えする正月飾りや、地鎮祭《じちんさい》（➡P148）でも用いるなど、日常生活に結びついています。

注連縄の種類

神社のなかでも神聖な領域を示す注連縄《しめなわ》は、太さや形状など、バリエーションがあります。

【大根注連《だいこんじめ》】

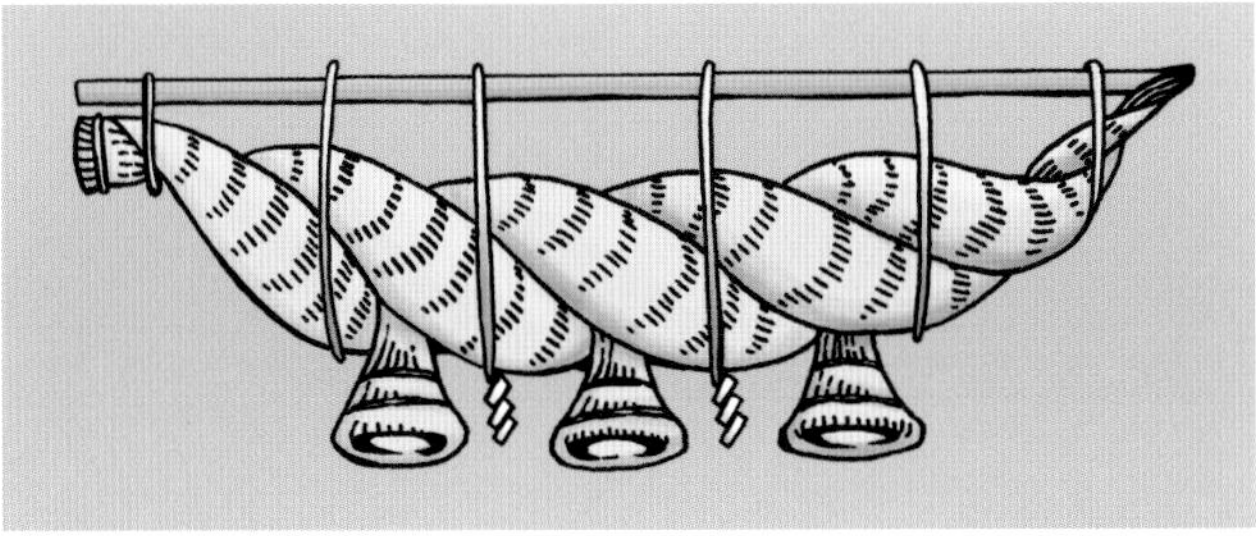

大根のように、中央部分がふくらんでいるのが特徴です。

【前垂注連《まえだれじめ》】

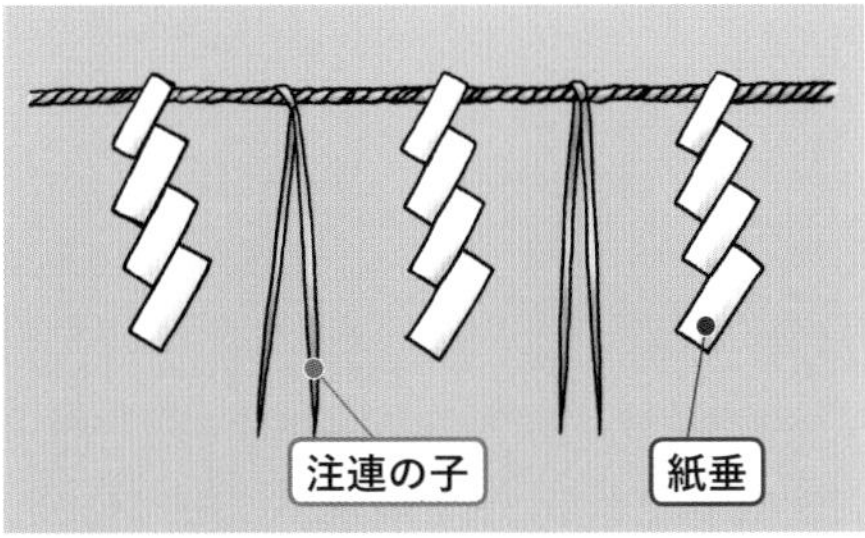

一般的な注連縄で注連の子《しめのこ》と紙垂《しで》を飾っているのが特徴。土木工事や建築工事を始める前に執り行われる地鎮祭《じちんさい》でも用いられます。

【牛蒡注連《ごぼうじめ》】

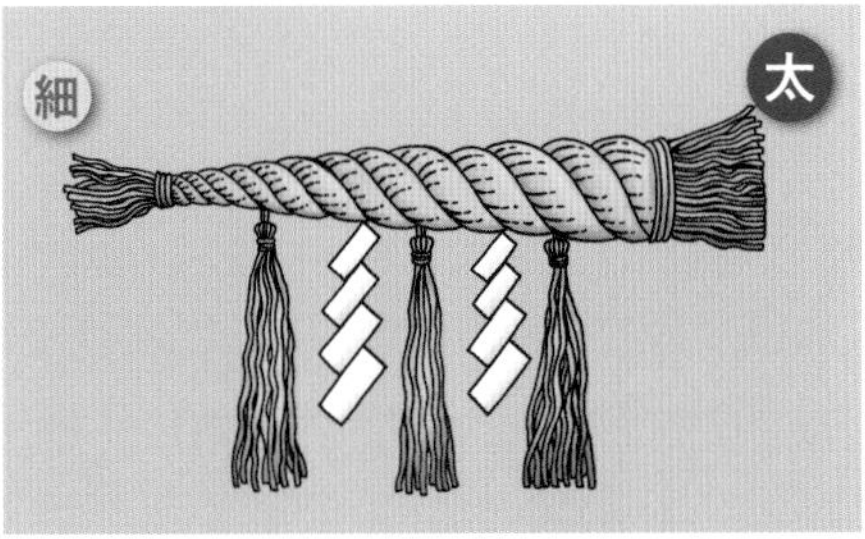

ゴボウのような見た目が由来。大根注連より細く、向かって右に太くなっているのが特徴です。

神社の豆知識

大注連縄はどうやってつくられている？

長さ約13m、重さ約5tと日本最大級の大きさを誇る大根注連。珍しく撚り始めが左側です。

長さ約13ｍにもおよぶ出雲大社神楽殿《いづもおおやしろかぐらでん》の大注連縄は4～8年ごとに架け替えが行われています。この制作工程は今でもほとんどが手作業で行われています。1950年代から島根県飯南町の町民が参加し、2018年の大注連縄制作には、延べ1000人が携わり、田植えから藁の選定と、大注連縄の完成・奉納までに1年以上の歳月をかけています。大注連縄の撚《よ》り合わせはなんと一発勝負。撚りを均等につくるのは職人の腕の見せ所です。

神社の入り口にある狛犬は何を意味している？

キーワード
▼狛犬　▼阿形
▼唐獅子　▼吽形

神社を守っている狛犬その起源と歴史

狛犬《こまいぬ》とは、神社の参道の脇に二体一対で設置されている像で、神前の守護や魔除けの役割をもちます。石でつくられたものが多いのですが、鉄や銅、木製の狛犬もあります。「犬」と呼ばれていますが、見た目は伝説上の動物である獅子《しし》に近いです。

その起源は古代オリエントやインドにあるといわれ、日本へは、中国・唐《とう》王朝より初めて伝わったと推測されています。狛犬は**胡麻犬**《こまいぬ》あるいは**高麗犬**《こまいぬ》と書く場合もありますが、これは高麗《こうらい》（10～14世紀頃の朝鮮の王朝）経由で日本にもたらされたことの名残のようです。

中国で唐が滅んだあと、宋《そう》王朝では新しい形式の狛犬が生まれ、こちらは鎌倉時代に日本に伝来しました。この新しい形式の狛犬のことを、特に**唐獅子**《からじし》と呼びます。

狛犬の一般的な形態とバリエーション

狛犬は雌雄《しゆう》で一対を成しており、片方が口を開け、もう片方が口を閉じているのが一般的です。阿吽《あうん》の呼吸という言葉がありますが、口を開けているほうを**阿形**《あぎょう》、閉じている方を**吽形**《うんぎょう》と呼び、合わせて**阿吽**の形と称されています。

しかしなかには両方とも口を開けている狛犬もあります。また、片方に角が生えているタイプもあり、この場合は角のある方だけを「狛犬」と呼び、ない方は「獅子」と呼ぶこともあります。

ほかにも狛犬には、懐に玉を抱えた**玉乗り型**や、後ろ足を真上に上げた**逆立ち型**など、バリエーションがあります。

また狛犬それ自体に御利益があるとされる場合も。たとえば、「**子抱き狛犬**」と呼ばれる懐に子どもを抱えた狛犬は、安産祈願の対象として信仰を集めています。

狛犬の基本形

狛犬《こまいぬ》は一般的に二体一対で配置されます。口を開けているのを阿形《あぎょう》といい、雄の狛犬。口を閉じているのを吽形《うんぎょう》といい、雌の狛犬です。

拝殿
吽形《うんぎょう》
口を閉じた姿を吽形といい、雌の狛犬です
阿形《あぎょう》
口を開けた姿を阿形といい、雄の狛犬です
拝殿の前や参道の両脇に二体一対で向かい合って配置されるのが基本形です。

個性豊かな狛犬

子どもを抱いてあやしていたり、宝玉を持っていたりするなど、狛犬のデザインは神社によってさまざまです。

【子抱き狛犬】

子犬を抱きかかえている狛犬。安産祈願の対象となることも。
例 岡崎天満宮《おかざきてんまんぐう》（愛知県）など

【玉乗り狛犬】

宝玉を掴んでいる狛犬。家運隆盛祈願の対象となることも。
例 大鳥神社《おおとりじんじゃ》（東京都）など

【和犬狛犬】

一般的な獅子に近い姿ではなく、和犬のような毛並みが穏やかな狛犬。
例 目黒不動尊《めぐろふどうそん》（東京都）など

図鑑 1

神様の使いになった動物図鑑

神様の意志を伝える動物・神使

神社の境内《けいだい》では、**狛犬《こまいぬ》**以外にも動物の像を見ることがあります。これらの動物は神様に私たちの願いを伝えてくれるとされる動物で、**「神使《しんし》」**などと呼ばれています。

また、神使を含め、神様と関係が深い動物のことを**眷属《けんぞく》**とも呼びます。

有名な**春日大社《かすがたいしゃ》**（奈良県）のシカのように、実際に神使とされる動物が保護・飼育されている例もあります。また、**稲荷神社《いなりじんじゃ》**のキツネのように、神使があたかも神様と同じであるかのように崇められていることもあります。

ウサギ

▲岡崎神社（京都府）では創建当初よりウサギが神使として考えられ、境内の随所に姿をみせています。

住吉大社《すみよしたいしゃ》（大阪府）の祭神である底筒之《そこつつの》男命《おのみこと》・中筒之《なかつつの》男命《おのみこと》・表筒之《うわつつの》男命《おのみこと》・神功皇《じんぐうこう》后《ごう》の神使として有名。また、白兎神社《はくとじんじゃ》（鳥取県）では、因幡《いなば》の白兎《しろうさぎ》が祭神として祀られています。

おもな神社
岡崎神社《おかざきじんじゃ》（京都府）

シカ

春日大社《かすがたいしゃ》（奈良県）の祭神、武甕槌命《たけみかづちのみこと》の神使。鹿《か》島《しま》（茨城県）から春日大社まで、この神様を乗せてこられたとされています。

▲春日大社の伏鹿の手水。2021年3月現在はひしゃくの使用中止。（春日大社提供）

おもな神社
春日大社《かすがたいしゃ》（奈良県）

オオカミ

▲三峯神社を守護するオオカミの像。（三峯神社提供）

武蔵御嶽神社《むさしみたけじんじゃ》（東京都）や、秩父の三峯《みつみね》神社《じんじゃ》（埼玉県）では、ニホンオオカミが眷属として祀られています。「お犬様」と呼ばれ、盗難除けなどの御利益があるとされます。

おもな神社
三峯神社《みつみねじんじゃ》（埼玉県）

カラス

カラス、とくに３本の足を持つ八咫烏《やたがらす》は家津美御子大神《けつみみこのおおかみ》（素戔嗚尊《すさのおのみこと》）の神使とされています。サッカー日本代表のエンブレムとしても有名です。

◀熊野本宮大社《くまのほんぐうたいしゃ》の社殿《しゃでん》付近には、神使の八咫烏がデザインされた旗がなびいています。

おもな神社
熊野本宮大社《くまのほんぐうたいしゃ》
（和歌山県）

イノシシ

護王神社《ごおうじんじゃ》（京都府）など、和気清麻呂《わけのきよまろ》を祀る神社では、イノシシが眷属とされることが多いです。宇佐神宮《うさじんぐう》に向かう清麻呂を、イノシシが助けたという伝承によります。

おもな神社
護王神社《ごおうじんじゃ》（京都府）

▲護王神社の表門にある猪像。（護王神社提供）

ハト

ハトは、宇佐神宮《うさじんぐう》（大分県）を本宮とする八幡宮の神使とされています。神奈川県鎌倉市の土産として有名な「鳩サブレ」は、この地にある鶴岡八幡宮《つるがおかはちまんぐう》（神奈川県）にあやかったものです。

◀石清水八幡宮の本殿正面の蟇股《かえるまた》にある鳩の彫刻。（石清水八幡宮提供）

おもな神社
石清水八幡宮《いわしみずはちまんぐう》
（京都府）

ヘビ

大物主大神《おおものぬしのおおかみ》の化身とされており、この神様を祀る大神神社《おおみわじんじゃ》（奈良県）では「巳《み》さん」として親しまれ、ヘビの好物である卵とお酒が供えられています。

おもな神社
大神神社《おおみわじんじゃ》（奈良県）

▲ヘビをモチーフにした大神神社の手水舎。（大神神社提供）

ウナギ

三嶋神社《みしまじんじゃ》（京都府）では、水神の化身としてウナギが眷属の扱いを受けています。かつて本殿北面の川に多くのウナギが生息していましたが、食することは禁じられていたそうです。

▲三嶋神社の絵馬には御利益のあるウナギが描かれています。（三嶋神社提供）

おもな神社
三嶋神社《みしまじんじゃ》（京都府）

ネズミ

大国主命《おおくにぬしのみこと》は、火に囲まれた時にネズミに助けられたという伝説があり、この神様を祀る大豊神社《おおとよじんじゃ》（京都府）では、ネズミが眷属として鎮座しています。

おもな神社
大豊神社《おおとよじんじゃ》（京都府）

▲大豊神社の境内には、かわいらしい狛鼠が鎮座。（大豊神社提供）

どうして参拝前に手水舎で手や口を洗う必要があるのか？

キーワード
▼手水舎
▼禊ぎ

参拝する際に手を洗うのは体を清める「禊ぎ」の意味

神社の境内《けいだい》に入ると、参道の脇に水場が見つかると思います。ここは**手水舎《てみずや》**と呼ばれる場所で、参拝者は、まずここで手や口を洗わなければなりません。

水で体の汚れを落とすことは**禊ぎ《みそ》**（➡P10）と呼ばれ、神様のいる神聖な場所におもむく前に、必ずしなければならないことです。そのため、手水舎はほぼすべての神社に設置されており、なかには、**伊勢神宮《いせじんぐう》**（三重県）のように、境内を流れる川で禊ぎを行う神社もあります。

ただし、同じひしゃくを使いまわすのは、感染症が流行しているような時期には、抵抗を感じる人も多いので、最近は柔軟に対応している神社も増えています。

日本神話が伝える禊ぎの始まりとは？

8世紀に編纂された『古事記《こじき》』と『日本書紀《にほんしょき》』（➡P58）の記述によれば、禊ぎの起源ははるか昔、神話にまでさかのぼるとされています。

神話によると、日本の島々は、**伊邪那岐命《いざなきのみこと》**と**伊邪那美命《いざなみのみこと》**という夫婦神が我が子としてつくったとされ、ふたりはその後も、多くの神々を産み出しました。しかし**火之迦具土神《ひのかぐつちのかみ》**という火の神を産んだ際、伊邪那美命は大火傷を負い、亡くなってしまいます。伊邪那岐命は大いに悲しみ、黄泉国《よみのくに》から妻を連れ戻そうとしますが、失敗してしまいます。

その際、帰還した伊邪那岐命は、黄泉国の死の穢れを落とすため、身につけていた衣服をすべて脱ぎ、水に入り全身を洗い清めたといわれています。

つまり、この行為を簡略化したものが、禊ぎということになります。伊邪那岐命という、神様の事績をなぞる大切な儀式ですから、決しておろそかにしないようにしましょう。

手水舎の作法手順

拝殿に参拝をする前に手水舎《てみずや》に立ち寄り、手や口を清めます。作法はどの神社でも共通のものとなっています。水は何度も汲むのではなく、一杯の水で全工程を行いましょう。

❶
右手に持ち
左手をすすぐ

手水社の前で心を落ち着けて一礼。その後、右手でひしゃくを持ち、水を汲みます。そして全体の３割程度の量で左手をすすぎます。

❷
左手に持ち替え
右手をすすぐ

左手にひしゃくを持ち替えて、３割程度の量で右手をすすぎます。

❸
口を
すすぐ

再び右手にひしゃくを持ち替え、左手をコの字状に丸めて水を受け、口をすすぎます。ひしゃくには水が２割程度残るようにします。この時、ひしゃくに口をつけてゆすがないように注意。すすいだ水はそっと排水場所に吐き出しましょう。

❹
もう１度
左手をすすぐ

残りの半量（１割分）の水を使って、口をゆすいだ左手を、もう１度清めます。

❺
ひしゃくを
清める

ひしゃくを立て、残った水でひしゃくの柄を清めます。最後にひしゃくを元の位置に戻し、一礼してから手水舎を去ります。

神社の建物はみんな同じ形なのか？

キーワード
▼切妻造　▼千木
▼入母屋造　▼鰹木

屋根にみられる神社建築の特徴

一般的な神社建築の屋根の形として、**棟**《むね》（屋根の頂点のライン）から左右に流れる**切妻造**《きりづまづくり》と、切妻造の下に四方へ流れる屋根を重ねた**入母屋造**《いりもやづくり》があります。神社の屋根としては切妻造が多いようです。

また、棟の両端側の面は**妻面**《つまめん》と呼ばれ、この面に入り口があれば**妻入**《つまい》**り**、妻ではない面に入り口があれば**平入**《ひらい》**り**となります。

千木《ちぎ》と**鰹木**《かつおぎ》という装飾も、神社の屋根の特徴です。千木は棟の両端につくV字型の装飾で、先端が地面に対して水平のものを**内削**《うちそ》**ぎ**、垂直のものを**外削**《そとそ》**ぎ**と呼びます。

鰹木は、棟に対して直角に交わる丸太で、鰹木の数が奇数の神社では男神が、偶数ならば女神が祀られているケースが多いです。

神社建築の代表的な5種類の様式

切妻造の代表的な神社建築には、**神明造**《しんめいづくり》、**流造**《ながれづくり》、**住吉造**《すみよしづくり》、**春日造**《かすがづくり》、**大社造**《たいしゃづくり》などがあります（➡P38）。神明造と流造が平入り、住吉造と春日造と大社造が妻入りに属します。

前者のうち、屋根の正面側が長く曲線的に伸びた流造は、神社建築のなかではもっとも多くみられる造りでもあります。

後者のうち、住吉造は屋根が直線的で、扉《とびら》が中央にあり、柱などが丹《に》塗《ぬ》りになっています。

春日造は、正面に**向拝**《こうはい》（庇《ひさし》）がついているのが特徴で、曲線的な屋根には千木と鰹木がのります。春日造は流造の次に多くみられます。

出雲地方に多いのが大社造。千木、鰹木があり、左右のどちらかに入り口が寄っています。

このように神社の建築様式には、多くの特徴があります。奥深い神社建築への理解を深めてみてはいかがでしょうか。

神社建築の特徴

神社の建築様式は、千木や鰹木といった屋根の装飾など、特徴があります。

【千木《ちぎ》】
棟の両端につく装飾
外削ぎ
地面に対し先端が垂直の千木。男神が祀られていることが多いです
内削ぎ
地面に対し先端が水平の千木。女神が祀られていることが多いです
【鰹木《かつおぎ》】
棟に対して直角に交わる丸太のこと。置かれている数が奇数なら男神、偶数だと女神が祀られています
【妻面《つまめん》】
屋根の下に直角に置かれる面。妻面に扉があると「妻入り」といわれます
【棟《むね》】屋根の上部
【妻《つま》】
屋根の端の部分
【棟持《むねも》ち柱《ばしら》】
神明造の特徴で、両側の妻面で棟を支える柱のこと
【平面《ひらめん》】屋根の棟と並行する面のこと。本図のように平面に入口がある建物を「平入り」と呼びます

社殿の屋根の形

神社の建築の屋根の形は切妻造《きりづまづくり》と入母屋造《いりもやづくり》の２種類に分類されます。屋根の勾配がどの方向に広がるかで形が変わります。

【切妻造】

棟を境に２方向に勾配をもつ屋根の形です。

例 伊勢神宮（三重県）、住吉大社（大阪府）など

【入母屋造】

二方向に勾配をもつ切妻造の下に四方向に流れる屋根が合わさった形です。

例 八坂神社（京都府）、日光東照宮（栃木県）など

図鑑 2

代表的な 神社建築

各様式の特徴とは

神社建築は切妻造《きりづまづくり》が一般的です。

さらに切妻造のなかに、「**神明造**《しんめいづくり》」「**流造**《ながれづくり》」「**住吉造**《すみよしづくり》」「**春日造**《かすがづくり》」「**大社**《たいしゃ》**造**《づくり》」と呼ばれる5つの建築様式があります。

それぞれ屋根の形や装飾などに、奥深い特徴がみられます。

平入り

神明造《しんめいづくり》

おもな神社

伊勢神宮《いせじんぐう》（三重県）

高床式で棟の上には鰹木《かつおぎ》と千木《ちぎ》の装飾がみられます。

伊勢神宮（三重県）の別宮《べつぐう》である伊雑宮《いざわのみや》。

平入り

流造《ながれづくり》

おもな神社

下鴨神社《しもがもじんじゃ》（京都府）

入口側の屋根が長く、反りが大きいのが特徴です。

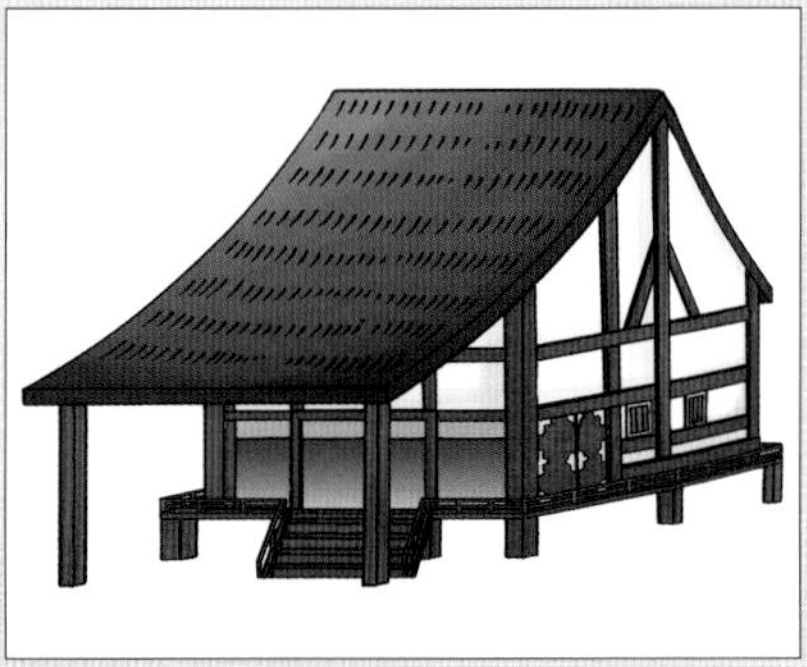

下鴨神社（京都府）の摂社《せっしゃ》である三井神社《みついじんじゃ》。

妻入り

春日造《かすがづくり》

入り口となる部分に向拝《こうはい》（庇《ひさし》）を設けています。

おもな神社

春日大社《かすがたいしゃ》（奈良県）

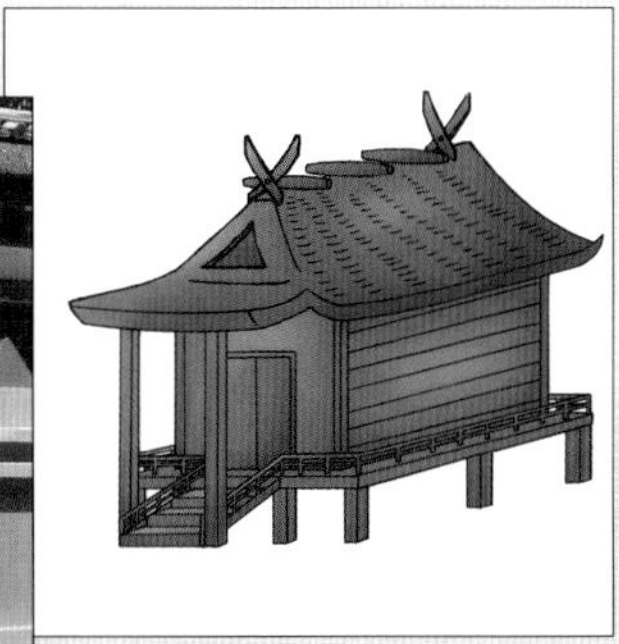

春日大社（奈良県）の末社《まっしゃ》である椿《つばき》本神社《もとじんじゃ》。

妻入り

住吉造《すみよしづくり》

内部は前後２部屋に分かれており、柱は朱色、壁は白色で塗られます。

おもな神社

住吉大社《すみよしたいしゃ》（大阪府）

住吉大社（大阪府）の本殿。

妻入り

大社造《たいしゃづくり》

最古の神社建築様式といわれ、両屋根が曲線を描いています。

おもな神社

出雲大社《いづもおおやしろ》（島根県）

須佐之男命《すさのおのみこと》の御魂《みたま》を祀る須佐神社。（島根県観光連盟提供）

拝殿にお参りをした際に手を叩くのはなぜか？

キーワード
▼二拝二拍手一拝
▼柏手
▼拍手
▼合掌

「拍手」は神様への敬意と感動の心をあらわす

神様にお参りする基本の作法は、2回お辞儀をして2回手を叩き、最後に1回お辞儀をする**二拝二拍手一拝**《にはいにはくしゅいっぱい》（二礼二拍手一礼）です。

お辞儀は私たちの日常にも深く根づいている礼儀作法ですが、ではなぜ手を叩くのか、不思議に感じる人も多いでしょう。

手を叩く作法、**拍手**《はくしゅ》については、卑弥呼《ひみこ》の名があることで知られる中国の歴史書『魏志倭人伝《ぎしわじんでん》』にすでに記述があります。そこには「大人の敬する所を見れば、ただ手をうち以《もっ》て跪拝《きはい》に当《あ》つ」とあります。拍手は元来、目上の人への感激や歓喜、喝采の気持ちを表す表敬作法だったと考えられています。

つまり、拍手は神様への敬意を示す行為として行われているのです。

神前での拍手を「柏手」と呼ぶ理由

ではなぜ二拝二拍手一拝なのでしょうか。これは明治時代に神社本庁が定めた『神社祭式行事作法《じんじゃさいしきぎょうじさほう》』のなかの宮司《ぐうじ》拝礼（宮司は神社祭祀《さいし》の責任者）の作法、再拝二拍手一拝にならったものとされています。

多くの神社が二拝二拍手一拝の形をとっていますが、神社によって違いもありますので、各神社の作法に従いましょう。

なお、拍手はよい音を出せば効果が得られるという訳ではなく、拍手という作法であれば問題ありません。ちなみに、右手を少し手前にずらして叩くとよい音が鳴ります。

また、神前での拍手を**柏手**《かしわで》とも呼びます。これはかつて食物を盛る木の葉を「かしわ」と呼び、そこから宮廷の食事をつかさどる人を「かしわで」と呼称、それゆえ饗膳《きょうぜん》を前に手を打つ作法も柏手と呼ぶようになった、とされます。また、拍と柏を混乱したという説もあります。

二拝二拍手一拝の手順

多くの神社で作法として採用されている二《に》拝《はい》二《に》拍手《はくしゅ》一拝《いっぱい》は、邪気を祓い、神様への敬意をあらわす行為だったと考えられています。神前で心を込めて丁寧に行いましょう。

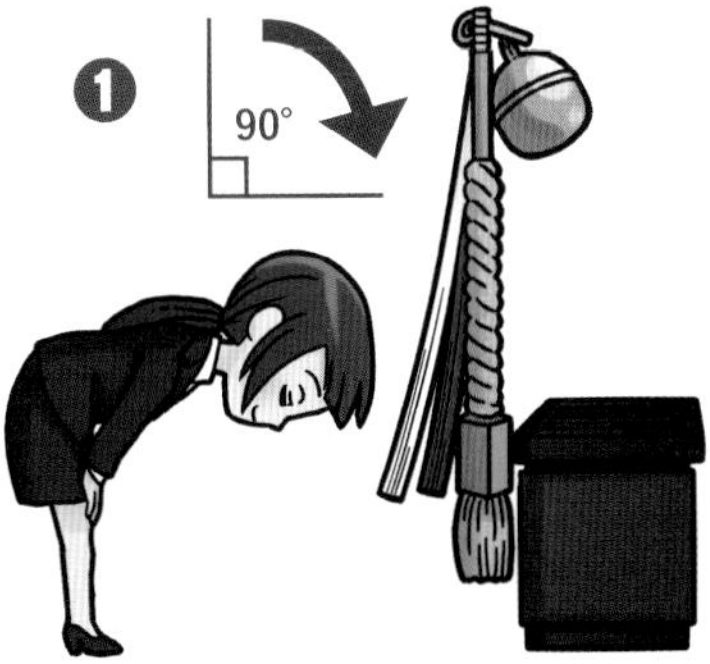
❶
90°

賽銭を入れて鈴を鳴らし、そのあとに背筋を伸ばし最敬礼（90 度腰を曲げる）を 2 回行います。

この時に手を上下にずらし、少し間を膨らませるようにすると大きなよい音が出ます
❷

次に正面を向き、拍手を 2 回叩き、手を合わせたまま祈りを捧げます。拍手の音はよい音を出した方がよい効果を得られるという訳ではありません。

❸
90°

祈りを終えたら、もう 1 回最敬礼をし、拝殿をあとにします。

仏教との違い

拍手と混同しがちな合掌《がっしょう》

お寺では手を合わせる合掌を行います。合掌は左手を仏様、右手を自分に見立てて、ぴったりと合わせることで仏様と一つになり、救い導かれることを願うという意味があります。拍手は手を叩くことで神様への敬意や感謝の気持ちを表しますが、合掌は手を合わせることで心をしずめ、仏様と向き合う真摯な気持ちを表現しているのです。

合掌する千手観音菩薩像。（東京国立博物館所蔵）

神社の境内の中に小さい神社があるのはなぜ？

キーワード
▼本社
▼摂社
▼末社
▼主祭神
▼荒魂
▼和魂

主祭神と近い関係の神様が摂社・末社に祀られている

神社の境内《けいだい》に入り参道を進むと、その途中に小さな社を見かけることがあるでしょう。こういった神社のなかにある神社を**摂社**《せっしゃ》、または**末社**《まっしゃ》と呼びます。これらは境内の外にある場合もあります。

摂社・末社には、**本社**《ほんしゃ》（神社の中心となる場所）に祀られている**主祭**《しゅさい》**神**《じん》と関係のある神様や、本社が建っている土地にゆかりのある神様などが祀られています。前者の場合は主祭神の妻や子どもにあたる神様が祀られていることが多いです。

ほかにも、**勧請**《かんじょう》（⬇P84）を受けた神様が祀られているケースや、現在より前に鎮座していた神様の神社がそのまま残っているケースもあります。

摂社と末社の呼び分けについては、特に決まりはなく、主祭神と近い関係にある神様を祀るものを摂社、それ以外を末社と呼ぶ神社が多いようです。また、本社と同じ境内にあるものを**境内摂社**と呼び、境内の外のものを**境内外摂社**と呼んで区別することがあります。

いずれにしても本社を参拝したあとは、ぜひ摂社・末社の神様にもごあいさつをしましょう。

主祭神の別の顔「荒魂」が祀られていることも

伊勢神宮《いせじんぐう》（三重県）や**石清水八幡宮**《いわしみずはちまんぐう》（京都府）では、**別宮**《べつぐう》と呼ばれる社《やしろ》があります。意義としては、摂社・末社と同じようなもので、厳密な区別はありません。

しかし、伊勢神宮内宮の荒祭宮《あらまつりのみや》には、伊勢神宮の主祭神・天照大御神《あまてらすおおみかみ》の**荒魂**《あらみたま》が祀られています。荒魂とは神様の荒々しく厳しい面のことで、反対に穏やかで優しい側面を**和魂**《にぎみたま》といいます。このように同じ主祭神でもその性格により、別々の社に祀られるケースもあるのは興味深い所です。

本社と摂社・末社

神社の境内には主祭神《しゅさいじん》を祀る本社のほかに、摂社《せっしゃ》・末社《まっしゃ》と呼ばれる小さな神社があることが多いです。

例 宇佐神宮《うさじんぐう》の祭神

本社
その神社の主祭神を祀る中心的な場所。

本社 ＝八幡大神《はちまんおおかみ》

宇佐神宮の本社では15代・応神天皇《おうじんてんのう》の神霊である八幡《はちまん》大神《おおかみ》を主祭神のひとりとしています。

宇佐神宮本社

親子

摂社・末社
神社の境内にある小さな神社。主祭神と関係のある神様や、神社が建つ土地にゆかりのある神様などが祀られています。

摂社

若宮神社《わかみやじんじゃ》＝大鷦鷯命《おおささぎのみこと》

宇佐神宮の摂社には主祭神・応神天皇の子である、16代・仁徳天皇《にんとくてんのう》を祀っています。

若宮神社

末社

北辰神社《ほくしんじんじゃ》＝造化三神《ぞうかさんしん》

宇佐神宮の本社が建つ土地の神様である造化三神が、末社に祀られています。

北辰神社

（天皇の肖像画は早稲田大学図書館所蔵、社殿の写真は宇佐神宮提供）

荒魂と和魂

神様は和魂《にぎみたま》と荒魂《あらみたま》の、二面性をもっています。同じ神様ですが、別々の神社に祀られていることもあります。

（東京都立中央図書館特別文庫室所蔵）

おだやかな時 → 【和魂】
普段のおだやかな状態。

荒々しい時 → 【荒魂】
たけだけしい一面。

別宮《べつぐう》 本社と関わりのある神様を祀る神社で、摂社・末社と同義とされることも。伊勢神宮（三重県）には天照大御神の荒魂を祀る別宮・荒祭宮《あらまつりのみや》があります

神様に捧げるお賽銭は古代から始まっていた？

キーワード
▼お賽銭　▼散銭
▼散米　▼神饌

もとはお米のお供え物が起源だったお賽銭

神前まで来たら、お賽銭《さいせん》を納めて鈴を鳴らしてお参りをします。このお賽銭は、もとはお米のお供え物に由来しています。

農耕が盛んになった頃から人々は五穀豊穣を与えてくれる神様への感謝の気持ちとして農作物などの食べ物を**神饌**《しんせん》（⬇Ｐ１４６）として捧げていました、そのなかでも米は特別視されており、神前でふりまく**散米**《さんまい》が行われていました。

中世後期になると、社寺参拝が盛んになり、また一般庶民に貨幣が流通したことによって、お米の代わりに貨幣がお供え物として使用されるようになりました。

散米から**散銭**《さんせん》と変化し、江戸期には「賽銭」と呼び方が変化するようになったといわれています。

金額の高さよりも神様への気持ちが大切

お賽銭の金額は自由で構いません。キリのよい金額だけでなく、ご縁があるように5円、よいご縁（45円）、いいご縁（１１５円）など、語呂合わせで決める人もいるようです。

お賽銭は神様にお願い事を叶えてもらうための対価ではなく、あくまで神様への捧げもの、神様とのご縁に感謝する気持ちをもって、自分がよしとする金額を納めましょう。

またお賽銭は投げ入れるよりも、できる限り丁寧に、心を込めて入れることが望ましいとされています。なかにはぽち袋や御祝儀《ごしゅうぎ》袋に包んで賽銭箱に納める人もいます。

納められたお賽銭は、神社の運営、維持管理費として使われることが多いようです。大きな神社であればあるほど、社殿の修繕や文化財の管理などに、莫大なお金がかかります。

私たちの心のより所となる大切な神社を末永く残していくために、お賽銭は使われているのです。

お賽銭の歴史

お賽銭《さいせん》は古代において五穀豊穣の感謝としてお米を神前にふりまいていたことを始まりとしています。

【農作物】 かつて、お米などの農作物を神前でまいたり、器などに盛って献じたことが、現在のお賽銭の原型とする説があります。これらは個人的な祈願の神供《じんく》（お供え物）として行われていました。

神饌《しんせん》

神様に供える飲食を総称して神饌と呼びます。野菜や米、魚などの収穫物を供物として神前に捧げ、祈願がされてきました。特に米は呪術的な力を持つと考えられていたようです。

（皇學館大学佐川記念神道博物館提供）

散米《さんまい》

農耕が盛んになると、神様へ五穀豊穣の感謝を伝えるために、神前に米をふりまくようになりました。現在では地鎮祭《じちんさい》（➡ P148）や神楽《かぐら》（➡ P144）の一部で散米を行っていますが、これらは邪気を祓うために執り行うものです。

⬇

【貨幣】

江戸時代に「お賽銭」と呼ばれるようになって以降、神様へのご縁の感謝として、貨幣を納めています。ご縁があるように（5円）、五重の縁があるように（50円）、十分に五円があるように（105円）など、語呂合わせに願いを託す人も多いようです。

現代の神社事情

キャッシュレスお賽銭

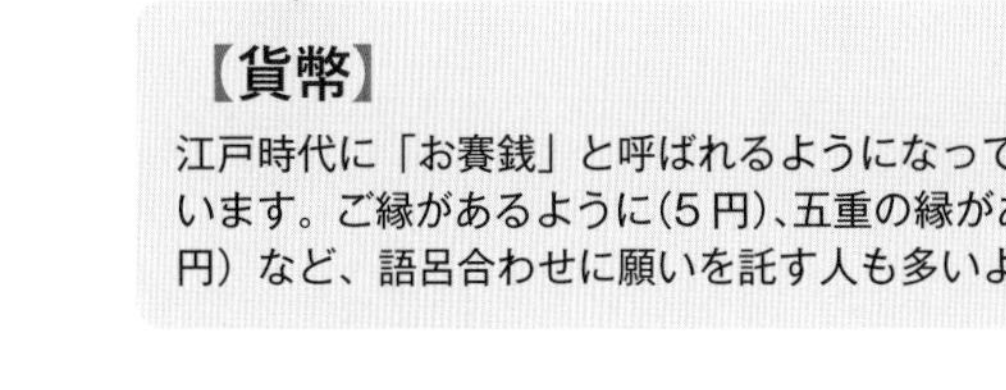

愛宕神社《あたごじんじゃ》（東京都）のキャッシュレスお賽銭。（株式会社ポイ探提供）
※2021年3月現在は実施してません。

日本でも徐々に広まっているキャッシュレス決済。神社でも授与品《じゅよひん》（➡ P48）をいただくのに電子決済が使えるケースが増えているそうです。また世界遺産にも指定されている日《にっ》光二荒山神社《こうふたらさんじんじゃ》（栃木県、2021年3月現在は中止）をはじめ、お賽銭も電子決済で行える神社が登場。さらに近年は新型コロナウイルス感染症の拡大で、キャッシュレス決済の動きが増加。神社側でも管理のしやすいキャッシュレスお賽銭は今後増えていきそうです。もちろんキャッシュレスであっても、神様への感謝の気持ちは忘れないようにしましょう。

運勢が書かれたおみくじはもらったらどうしたらいいの？

キーワード
▼おみくじ　▼授与品

おみくじは占いの一種 神社によってさまざまな工夫が

　神社に参拝した時、運試しとして**おみくじ**を引く人も多いでしょう。今や将来の運勢を知りたい時、決めかねる事案がある時など、神様にヒントを頂く占いの一種として、広く親しまれています。

　その多くは大吉や凶といった運勢や、仕事、恋愛、失せ物など、生活に関わる項目の解説が書かれています。なかには和歌が書かれていることもあります。明治神宮《めいじじんぐう》（東京都）のおみくじには運勢の表記はなく、主祭神《しゅさいじん》の明治天皇と昭憲皇太后《しょうけんこうたいごう》の和歌を**大御心**《おおみこころ》として載せています。

　昨今では神社によってさまざまな工夫を凝らしたおみくじがあります。おみくじの紙と一緒に小さなお守りがついてくるものや、海外の観光客の増加に合わせて外国語で書いたおみくじも登場しています。

木に結ばなくてもOK 授与品として大切にしよう

　おみくじを引いたあと、境内《けいだい》の定められた木の枝などに結びつけることがあります。一般的に悪い結果が出たら結ぶといわれますが、どちらでも構いません。よい結果であっても神様との縁を結ぶという意味で結びつける人もいれば、お守りとしてお財布に入れたり、神棚（⬇P146）に供えたりする人もいます。

　最近ではおみくじを保管するためのおみくじ帖や小さな神棚を模したおみくじ入れも人気です。ただしおみくじも神様からの**授与品**《じゅよひん》ですから、ゴミ箱へ捨てるのは控えましょう。古いおみくじは、神社でお焚き上げしていただきます。

　神社には、おみくじを結びつけてよいとされている木が決まっていることもあります。木の保全や景観維持の関係上、専用の場所を設けていることも多いので、指定された場所でくくりましょう。

おみくじの結果

おみくじには全体の運勢のほか、恋愛や失せ物、旅行などの運勢が書いてあります。

おみくじを引いた時点で一番運勢がよいことを表します。これから下がっていく、という忠告の意味も込められています

大吉の次によい運勢であることを表し、波乱がないとされています

おみくじを引いた時点で一番運勢が低いことを表します。しかしこれ以上下がることはなく運気が上がっていく、という意味も込められています

引いたおみくじの使い方

引いたおみくじは持ち帰るか、所定の場所に結びましょう。

所定のところに結ぶと効果がよくなる、という噂をよく耳にしますが、その出どころはよくわかっていません。もしかしたら悪い結果のものをずっと持っていたくないという気持ちの表れからくるものなのかもしれません

神社の豆知識

神社ごとの特色が反映されるおみくじ

シマエナガみくじ
（帯廣神社提供）

鷽鳥《うそどり》みくじ
（太宰府天満宮提供）

紙に運勢や和歌が書かれているもののほか、神社やその地域にゆかりのある動物とセットになっているおみくじがあります。帯廣神社《おびひろじんじゃ》（北海道）には、北海道の冬の時期にしか見ることのできないシマエナガという野鳥をモチーフにした「シマエナガみくじ」があります。可愛らしい木製のシマエナガは、持ち帰って自宅に飾ることもできます。また、太宰府天満宮《だざいふてんまんぐう》（福岡県）には、祀られている菅原道真《すがわらのみちざね》にゆかりのある鷽《うそ》がおみくじとして登場しています。

お守りを開けたら御利益のパワーが薄れてしまう？

キーワード
▼お守り ▼護符
▼神札 ▼破魔矢

お守りは神様の分身を納めた携帯型のお札

神社の社務所《しゃむしょ》（授与所）では、おみくじのほか、**神札**《しんさつ》や**お守り**などの**授与品**《じゅよひん》が頒布《はんぷ》されています。神札は**護符**《ごふ》とも呼ばれ、その神社の神霊を家でお祀《まつ》りできるようにしたもの。紙や木、金属片などに**神号**《しんごう》（神様の名）が記され、家の神棚に納めたり、玄関や門などに貼ったりします。

神札を携帯できるようにしたものがお守り。紙や木などに神様の姿や象徴物が記されたもの（**御神璽**《ごしんじ》）が、錦の小袋に納められています。

お守りは学業成就や安産祈願など、個人のニーズに対応しており、バラエティ豊かなのが特徴です。それゆえ各神社のお守りをたくさん持ち歩きたくなります。

神様同士でケンカしないかと不安になる人もいるかもしれません。しかし、日本にはもともと**八百万**《やおよろず》**の神**様が仲良くお住まいですので、複数持っていても問題ありません。

お守りを開けても問題はないが……

よく「お守りの中身を開けるのはよくない」といわれます。開けてしまうと神様のパワーが薄れてしまう、バチが当たる、などともいわれます。

お守りの袋そのものはあくまでも御神璽を携帯するためのケースなので、中身を開けたからといって、なにか悪いことが起こるというわけではありません。実際屋内では神札をむき出しのまま飾ります。

とはいえ、御神璽は神様の分身を納めたもの。興味本位で中身を暴いて御神璽が破損してしまった、などということを避けるためにも、むやみやたらに開封しないに越したことはありません。

神様が神社の本殿で大切に祀られているように、お守りの中にいらっしゃる神様を敬い、大切にする気持ちで身につけたいものです。

神社で頂けるもの

神社ではお守りや神札をはじめ、さまざまな授与品をいただくことができます。神札は自宅の神棚などに祀り、お守りは大切に身につけるとよいでしょう。

【神札《しんさつ》】

お札《ふだ》、護符《ごふ》とも呼ばれます。神社で発行される神札は木や紙、金属片などに神霊や象徴物を記されています。神棚に収めたりするため、比較的大きなものが多いです。

神宮大麻《じんぐうたいま》

伊勢神宮《いせじんぐう》から年ごとに全国頒布《はんぷ》される神札。家庭の１年の無事と幸福を祈ります。現在たいていの神社でいただけます。

（東京大神宮提供）

【お守り】

神札を小さくし、身につけて持ち歩けるようにしたもので、守札《もりふだ》とも呼ばれます。厄除けや学業成就など、さまざまな種類があります。

（太宰府天満宮提供）

【破魔矢《はまや》】

除魔開運の飾り矢で、よく正月の縁起物として授与されます。もともとその年の豊作や凶作を占う際に、矢が使われていたことを起源とする説があります。

（東京大神宮提供）

熊野牛王神符《くまのごおうしんぷ》

神札のひとつ。八《や》咫烏《たがらす》に縁故がある熊野三山《くまのさんざん》特有のものです。カラス文字で書かれており、さまざまな災厄から守るものとされました。

（熊野本宮大社提供）

神社の豆知識

お守り返納の作法

お守りは1年で効果が切れてしまうといわれていますが、実際は期限などが定められている訳ではありません。長期間持っていても、粗末にしていなければ問題ないでしょう。そのうえで、古くなってしまったお守りを処分したいと思った場合は、ゴミとして出さず、授与された神社にお返ししましょう。返納所（納札所）に納め、お焚き上げをしてもらいます。遠方の神社で返納に行くのが難しい場合は、郵送対応をしている神社もあるので、ホームページを確認しましょう。

境内には返納所（納札所）が設けられているのでここにお守りや破魔矢を納めましょう。

絵馬がなかった頃は本物の馬を奉納していた？

キーワード
▼絵馬　▼小絵馬
▼神馬　▼算額

馬は神様の乗り物として奉納されていた

五角形の木札に願い事を書く**絵馬**《えま》。その名の通り、もとは生きた馬を神社に奉納したことから始まったとされています。

古来より馬は神様の乗り物とされ、「**神馬**《しんめ》」と呼んで神聖視されてきました。祈願や祭りの際、神様を地上にお招きするために、生きた馬を奉納したといわれています。

やがて生きた馬の代わりに、馬をかたどった土偶《どぐう》や、木製の馬が奉納されるようになりました。それも徐々に簡略化され、木の板に馬の絵を描いたものが奉納されるようになりました。これが絵馬の原型だといわれています。

古くは奈良時代から始まったとされ、この時代の遺跡からも絵馬が出土しています。

小絵馬は庶民の間で大流行時代とともに個性豊かに

室町時代になると、馬以外の絵も描かれるようになります。やがて絵馬の形も大きくなり、絵馬を飾る額つきのものも現れました。一方で吊るすタイプの**小絵馬**《こえま》（小型の絵馬）も発展し、民衆の間に広まっていきました。

江戸時代には**算額**《さんがく》といわれる絵馬が流行しました。算額とは、和算《わさん》という日本の数学の問題とその答えが描かれた絵馬のことで、今も美しく彩色された図形が、古い神社やお寺などに残されています。

和算家と呼ばれる人々は競って問題をつくり、さらなる学業成就を願い、算額を奉納しました。

小絵馬では、判じ絵《はんじえ》のような謎かけを記したものなど、個性的な絵馬がつくられるようになりました。

現代においてもその潮流はみられ、花やハート型の縁結び祈願の絵馬や、アニメキャラクターが描かれた絵馬も人気があります。

絵馬の歴史

神様の乗り物とされる馬は、古くは神様をお祭りの際に地上にお招きするため奉納されていたといいます。いつしか、馬の代わりに馬の木像や馬が描かれた木の板が奉納されるようになりました。

【古代】

神馬《しんめ》

（貴船神社提供）

貴船神社《きふねじんじゃ》（京都府）にある神馬の銅像。雨乞いの社として、雨を祈願する時に黒馬、晴れを祈願する時に白馬が奉納されていました。

最古の絵馬

（大阪府文化財センター提供）

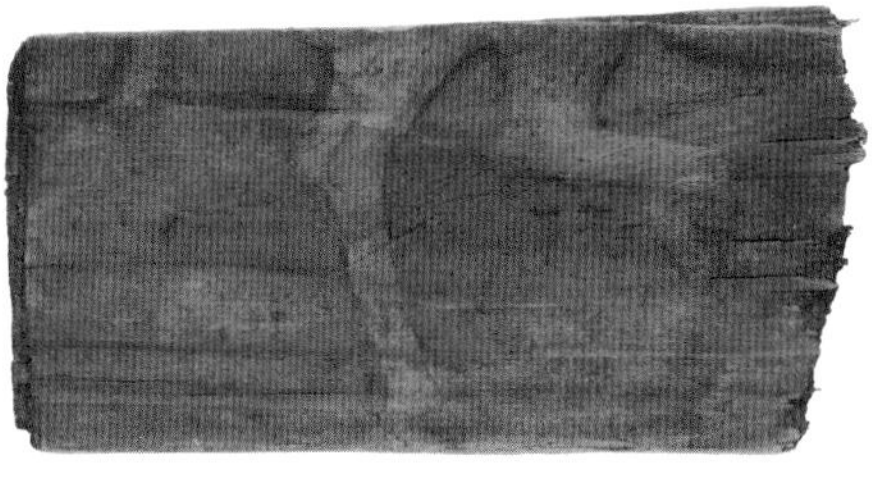

難波宮跡《なにわのみやあと》（大阪府）から出土した馬が描かれた木札。世界最古の絵馬とされています。

【中世・近世】

室町時代の絵馬

（竜之口電子町内会編集委員会提供）

室町時代以降馬以外の絵も描かれるようになります。江戸時代後期に奉納されたこの絵馬は源 義家《みなもとのよしいえ》（八幡《はちまん》太郎《たろう》）が後三年合戦《ごさんねんかっせん》で活躍した様子を描いています。

算額《さんがく》

（あきる野市五日市郷土館提供）

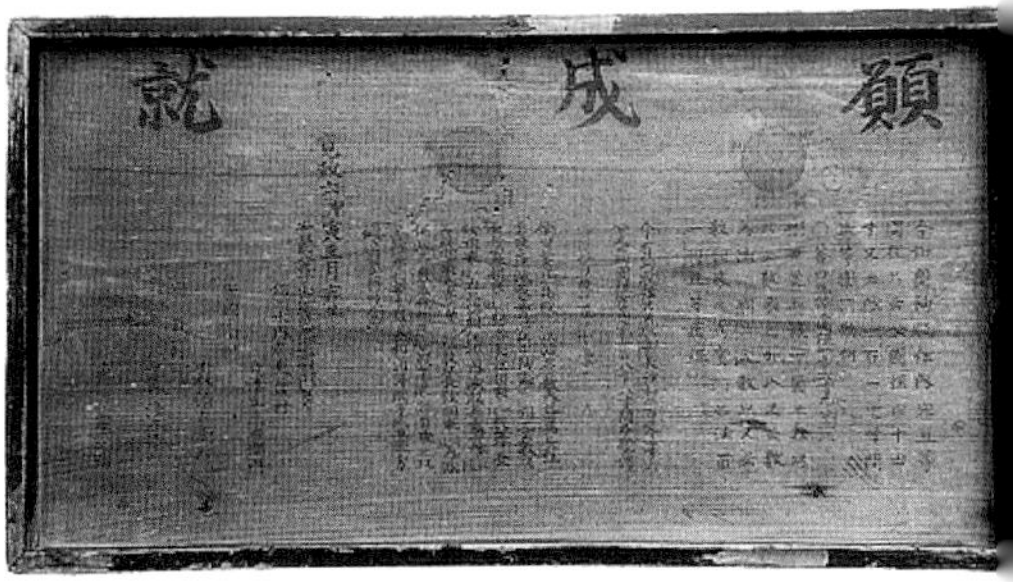

数学の問題や解答方法が記された算額は解答成就の感謝を目的に奉納され、日本独自の数学・和算を利用しています。

【近代・現代】

明治時代の絵馬

（鏡野町立図書館提供）

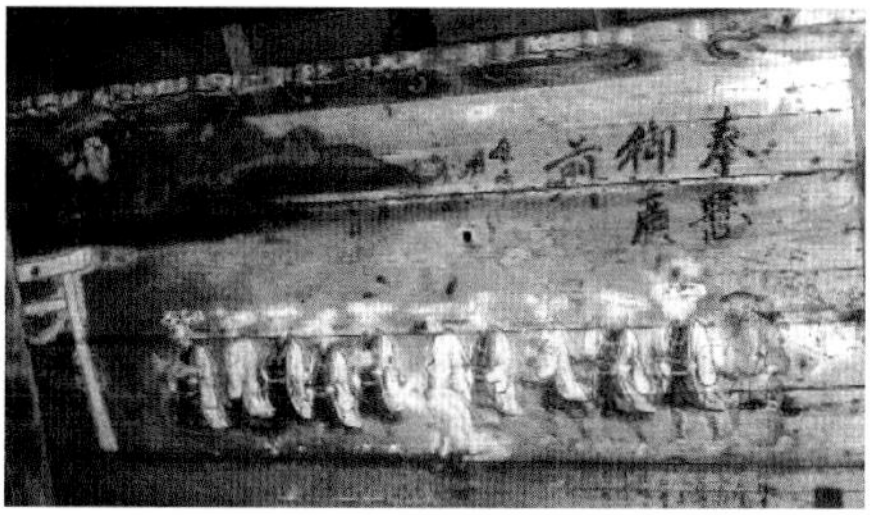

明治時代に奉納された伊勢参りの一行を描く大絵馬。大絵馬は大人数で奉納することが多かったようです。

キャラクター絵馬

アニメ作品の舞台やモデルとなった神社では、その作品とコラボした絵馬がつくられており、神田神社《かんだじんじゃ》（東京都）の「『ラブライブ！』絵馬」などが有名です。

（神田神社提供）

神社名や判が押された御朱印はどのように受け取ればいいの？

キーワード
▼御朱印　▼御朱印帳
▼納経印

お経を納めた証明印は参拝の証として広まる

御朱印《ごしゅいん》とは参拝者向けにわたされる参拝の証《あかし》となるものです。一般的に和紙に墨書きで社寺の名前や**神紋**《しんもん》（お寺は寺号《じごう》）、**主祭神**《しゅさいじん》の名などが書かれ、朱《しゅ》の押し印とともに参拝した日付が入ります。

近年は人気が高まり、さまざまなデザインの御朱印が登場しています。

御朱印のルーツは写経《しゃきょう》をお寺や神社に納める時に寺社側からいただく証明書である**納経印**《のうきょういん》です。やがてお経を納めずとも一定の奉納料を納めれば誰でも受け取れるものとなり、広く浸透していきました。

古くから朱印は身分や権威を証明するものとされていましたが、なかでも社寺の印は霊的なパワーが宿ると考えられました。

御朱印は神様とのご縁の証 心静かに受け取る

御朱印のいただき方について、特別な作法はありません。とはいえ御朱印はあくまでも神様とのご縁の証ですから、参拝を終えてからいただきにいくのが大前提。また特別な理由がない限りは、参拝した本人が受け取りましょう。

御朱印専用の**御朱印帳**をあらかじめ用意し、社務所《しゃむしょ》や授与所《じゅよしょ》にいただきたいページを開いてわたします。

社寺によってはあらかじめ紙に印刷されている御朱印もありますが、多くの場合はその場で押していただきます。

手書きで書いていただく場合、その間はおしゃべりせず、静かに待つのがマナーです。

また、手書きの場合、書き手の特徴が出るもの。日によって同じ神社でも異なった書きぶりになることもあります。それも神様とのご縁のたまもの。唯一無二の御朱印ととらえ、豊かな気持ちで受け取るようにしたいものです。

御朱印の見方

参拝した証となる御朱印《ごしゅいん》には、神社の社名や押し印が表されています。神社によってデザインはさまざまですが、おおよそ以下の内容が示されていることが多いです。

神紋《しんもん》

その神社を示す独自の紋章が押印されることもあります。（➡ P56）

日付

参拝した年月日が書かれます。

神社名

墨書きで神社名（もしくは神様の名前）が入ります。

奉拝《ほうはい》

右上に「奉拝」と書かれます。「つつしんで拝します」という意味。

神社の押し印

神社の名称や格式を表す朱印が押されます。

その他の押し印

祀られている神様に由来する印など特徴的なものが押印されることもあります。

（日光二荒山神社提供）

現代の神社事情

御朱印を集める御朱印帳

主祭神《しゅさいじん》の素《す》戔《さ》嗚命《のおのみこと》がデザインされた鎮守《ちんじゅ》氷《ひ》川神社《かわじんじゃ》オリジナルの御朱印帳。

神橋《しんきょう》と男体山《なんたいさん》がデザインされた日光《にっこう》二《ふ》荒山神社《たらさんじんじゃ》オリジナルの御朱印帳。

御朱印をいただく時に用意しておきたいのが御朱印帳です。奉書《ほうしょ》紙《し》と呼ばれるしっかりとした和紙でつくられており、蛇腹になっているのが特徴です。神社用の御朱印と、お寺用の御朱印は分けた方がよいのかと疑問に思う人が多いですが、厳密な決まりはありません。ただ分けた方がよいと考えている神社やお寺もあります。

図鑑
3

神社の個性が出る 御朱印図鑑

見たら忘れられない！一風変わった御朱印

社寺巡礼ブームにともない、御《ご》朱《しゅ》印《いん》を求める人も増えてきました。昨今では期間限定の御朱印やカラフルな御朱印など、趣向を凝らした御朱印が登場しています。

本項では心和むものから芸術作品と見紛うものまで、一風変わった御朱印をご紹介。多くは主祭神《しゅさいじん》などその神社にまつわるものが描かれていますから、皆さんも御朱印との出会いを楽しみながら、神様とのご縁を感じてくださいね。もちろん御朱印をいただく前には、きちんと参拝することを忘れないようにしましょう。

徳島眉山天神社《とくしまびざんてんじんじゃ》（徳島県）

季節に合ったカラフルな水墨調イラストが特徴。毎月デザインが変わります。（徳島眉山天神社提供）

古峯神社《ふるみねじんじゃ》（栃木県）

神の使いである天狗《てんぐ》が左側に力強く描かれているのが特徴。（古峯神社提供）

金神社《こがねじんじゃ》（岐阜県）

金運招福の神社として有名。毎月最後の金曜日限定で社名が金文字になります。

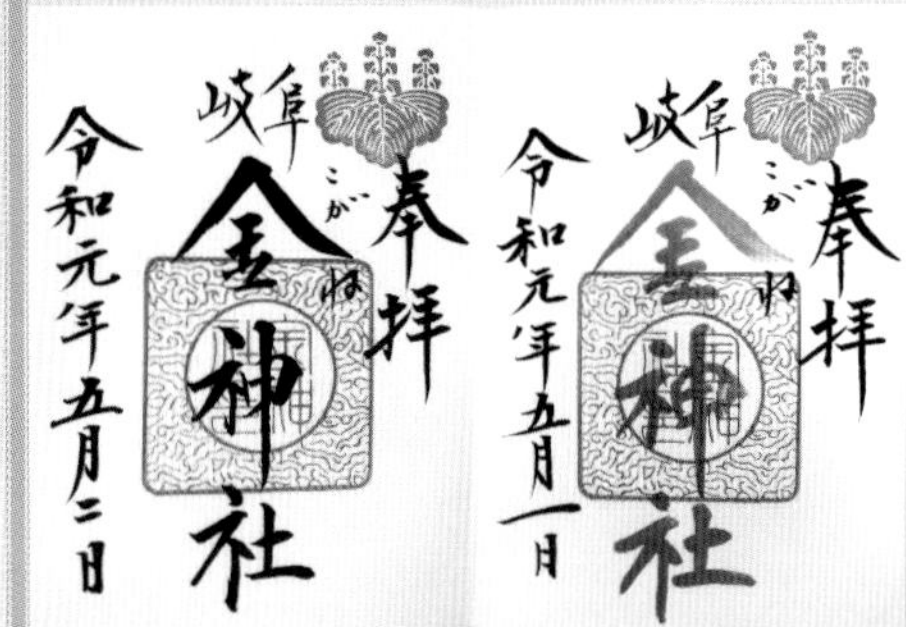

（金神社提供）

櫻《さくら》木《ぎ》神社《じんじゃ》（千葉県）

春の「さくらの日まいり」限定の御朱印は桜が咲き乱れ華やかです。

（櫻木神社提供）

御《み》金《かね》神社《じんじゃ》（京都府）

金色の鳥居に、金色文字の御朱印。お金にまつわる御利益のある神社として知られるだけあって、ピカピカと光り輝くデザインです。

（御金神社提供）

烏森《からすもり》神社《じんじゃ》（東京都）

四隅には三《み》つ巴紋《どもえもん》、中央にカラスの神紋の朱印が押された色鮮やかな御朱印です。

（烏森神社提供）

八《はち》大《だい》神社《じんじゃ》（京都府）

宮本《みやもと》武蔵《むさし》ゆかりの神社。両手に剣を携えた勇ましい武蔵の印が最大の特徴です。

（八大神社提供）

羽田《はねだ》神社《じんじゃ》（東京都）

羽田空港エリアの氏神で、空の安全祈願で有名。飛行機がモチーフの印が特徴です。

（羽田神社提供）

鎮守《ちんじゅ》氷川《ひかわ》神社《じんじゃ》（埼玉県）

主祭神《しゅさいじん》・素戔《すさ》嗚命《のおのみこと》をモチーフにした御朱印は、季節ごとに色が変わります。すべての色の御朱印を集めると金色の素戔嗚命の御朱印を頂くことができます。

（鎮守氷川神社提供）

もっと知りたい！
神道豆知識

2

神社の神紋

　神社にお参りした際、紋の入った幕が張られているのを見たことがある人も多いでしょう。各家に家紋があるように神社にも**神《しん》紋《もん》**という紋章があります。神紋は、神社と関係の深い神木《しんぼく》（➡P80）や、伝説・伝承にもとづくもの、神仏習合《しんぶつしゅうごう》（➡P68）に関わるもの、天文気象に関するものなど多種多様です。

　神紋の基本形は約200種あるといわれ、八幡神社《はちまんじんじゃ》によくみられる**巴紋《ともえもん》**は1044社、皇室や豊臣秀吉《とよとみひでよし》が好んだ**桐紋《きりもん》**は268社、皇室の紋章でもある**菊紋《きくもん》**の神社は215社、菅原道真《すがわらのみちざね》に関する天神様でよくみられる**梅紋《うめもん》**は139社、徳川家康に関する**葵紋《あおいもん》**は130社、護国《ごこく》神社《じんじゃ》でよくみられる**桜紋《さくらもん》**は101社、藤原氏に関する**藤紋《ふじもん》**は99社あるといわれています。また二つの紋を重ねた神紋もあります。

❖おもな神紋❖

三《み》つ巴《ともえ》	五《ご》七桐《しちのきり》	十六葉《じゅうろくよう》八重《やえ》表菊《おもてきく》	梅花《ばいか》
			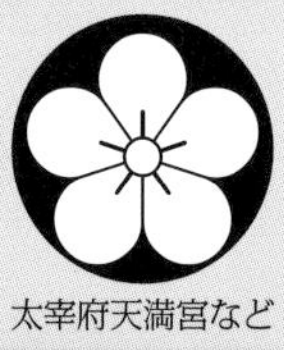
八坂神社など	大神神社など	明治神宮など	太宰府天満宮など
徳川葵《とくがわあおい》	**桜花《おうか》**	**下《さが》り藤《ふじ》**	**上《のぼ》り藤《ふじ》**

日光東照宮など	平野神社など	春日大社など	石上神宮など

3章

知らなかった！

八百万の神様たちの世界

3章では日本神話の神様や人神など、
神社に祀られている多種多様な神様を紹介します。
また、仏教と神道の違いや
つながりについても解説します。

日本神話を伝えた『古事記』『日本書紀』とは？

キーワード
▼『古事記』 ▼日本神話
▼『日本書紀』 ▼『古事記伝』

日本最古の歴史書『古事記』と『日本書紀』

『**古事記**《こじき》』と『**日本書紀**《にほんしょき》』は日本最古の歴史書です。飛鳥時代、天武天皇《てんむてんのう》の治世に複数の資料をもとに正式な歴史書をつくろうという構想がなされます。そして、712年に完成したのが『古事記』、720年に完成したのが『日本書紀』です。

『古事記』は多くの資料に通じていた**稗田阿礼**《ひえだのあれ》に取材した内容を、**太安万侶**《おおのやすまろ》が編纂したもので、**神代**《かみよ》（神々の時代）から628年の推古天皇の崩御までを記しています。『日本書紀』は天武天皇の子の**舎人親王**《とねりしんのう》らが編纂者で、日本最初の正史《せいし》です。

この二書は歴史書でもありますが、どちらも最初は神代から始まり、神々から天皇へと接続する物語が伝えられています。

完成した時期は近いが異なっている点も

同時期に編纂作業が開始され、ほぼ同時期に完成したとされる二書ですが、異なる点も多くあります。

『古事記』は、地名・神名《しんめい》・人名・歌謡を、漢字を表音文字として音だけ使用する**変体漢文**《へんたいかんぶん》を使用します。たとえば「山」を「也麻《やま》」などと記し、古代の言葉を伝えようとしています。

一方『日本書紀』は、ほぼ純粋な漢文で書かれています。『古事記』は自分たちの歴史を言葉とともに後世に伝えようという意識が強く、『日本書紀』は、書名に「日本」とあるように、海外の漢字文化圏を意識し、国際的に日本の歴史を伝えようとしたものと思われます。

正史である『日本書紀』は、朝廷でも尊重され、貴族たちにも教養の書とされました。他方『古事記』は次第にあまり知られなくなっていったようです。しかし江戸時代に入ると**国学者**《こくがくしゃ》**・本居宣長**《もとおりのりなが》が著した解説書『**古事記伝**《こじきでん》』などにより、『古事記』の重要性も広まりました。

『古事記』と『日本書紀』の違い

同時代に編纂された『古事記《こじき》』と『日本書紀《にほんしょき》』ですが、その内容は大きく異なります。

『古事記』		『日本書紀』
712(和銅《わどう》5)年	完成年	720(養老《ようろう》4)年
全3巻	構成	全30巻 系図1巻(系図は現存せず)
天地開闢《てんちかいびゃく》～推古天皇《すいこてんのう》(628年頃)	期間	天地開闢《てんちかいびゃく》～持統天皇《じとうてんのう》(697年頃)
天武天皇《てんむてんのう》	勅命した天皇	天武天皇
元明天皇《げんめいてんのう》	進上された天皇	元正天皇《げんしょうてんのう》
稗田阿礼が、「帝紀《ていき》」(天皇の系譜)と「旧辞《きゅうじ》」(神話や伝承)などを語り、太安万侶が編纂 	編者	川島皇子《かわしまのみこ》ら6人の皇族と、6人の官人によって編纂を開始。舎人親王らが完成 
国内に天皇支配と皇位継承の正当性を示す	目的	海外に向けて日本の正史を示す
変体漢文体《へんたいかんぶんたい》で書かれ、大国主神《おおくにぬしのかみ》を中心とした出雲《いずも》の神の物語を重点的に紹介	その他	漢文体で書かれ、中国の古典の影響がある。天皇の正当性を主張。豪族の伝承を多く記述

(人物の肖像は東京大学史料編纂所所蔵)

神道の豆知識

『古事記』を広めた本居宣長《もとおりのりなが》

本居宣長の肖像。(本居宣長記念館所蔵)

日本初の歴史書『古事記』『日本書紀』は、奈良時代に天皇を中心とする国家が成立した時、国の成り立ちを内外に示すために編纂されたものです。江戸時代に日本古来の思想や道を説く国学《こくがく》が盛んになった時、本居宣長が約35年かけて『古事記』を研究、注釈書の『古事記伝《こじきでん》』を記し、国学の発展に大きく貢献しました。国学は幕末の尊皇思想《そんのうしそう》にも大きな影響を与えました。

日本神話のストーリー

【①天地開闢《てんちかいびゃく》】

天上の高天原《たかまのはら》に神々が出現。そのうち最初に現れた天之御中主神《あめのみなかぬしのかみ》・高御産巣日神《たかみむすひのかみ》・神産巣日神《かみむすひのかみ》を「造化三神《ぞうかさんしん》」と呼びます。その後も神々が次々と生じました。

【②国生《くにう》み】

その後、伊邪那岐命《いざなきのみこと》と伊邪那美命《いざなみのみこと》の夫婦神が現れます。ふたりは日本の国土や神々を生みますが、伊邪那美命は火の神を産んだ時に火傷で死去。伊邪那岐命は黄泉国《よみのくに》に行き妻を連れ帰ろうとしますが、叶いませんでした。

【③天岩屋《あめのいわや》】

伊邪那岐命が黄泉国の穢《けが》れを洗うと、天照大御神《あまてらすおおみかみ》ら三貴子《みはしらのうずのみこ》が誕生。しかし天照大御神は弟神・須佐之男命《すさのおのみこと》の乱暴を嘆いて天岩屋に身を隠し、世界は暗転。神々の機転で天照大御神を外に出します。

【④八岐大蛇退治《やまたのおろちたいじ》】

須佐之男命は高天原から追放され葦原中国《あしはらのなかつくに》（＝地上）の出雲《いずも》へ。そこで八岐大蛇を退治して櫛名田比売命《くしなだひめのみこと》を救い、暴れ神から英雄になります。

どこかで聞いたことのある日本神話の宝庫

8世紀につくられた『古《こ》事《じ》記《き》』には日本神話の神々の物語が記されています。

まず天と地が始まり、神々が自然と現れてくる様子が語られ、日本の国土や多くの神々を生んだ**伊邪那岐命《いざなきのみこと》**と**伊邪那美命《いざなみのみこと》**の夫婦神の神話があります。

次に伊邪那岐命から生まれた太陽神・**天照大御神《あまてらすおおみかみ》**と、その弟・**須佐之男命《すさのおのみこと》**の話になります。

暴れん坊の須佐之男命に怒った天照大御神は**天岩屋《あめのいわや》**に隠れ、世界は闇に包まれます。しかし、

【⑤大国主神《おおくにぬしのかみ》の国造《くにづく》り】

須佐之男命の子孫・大国主神は、怪我をした白兎《しろうさぎ》を助けたあとで姫神をめとります。その後、須佐之男命からの試練を乗り越え、葦原中国を統治します。

【⑥大国主神の国譲《くにゆず》り】

葦原中国は、自分の子孫が治めるべきと考えた天照大御神は、大国主神に国を譲るよう交渉。説得は難航しましたが、ついに大国主神は国を譲ることにしました。

【⑦天孫降臨《てんそんこうりん》】

天照大御神の孫・迩迩芸命《ににぎのみこと》が、地上の日向《ひむか》の高千《たかち》穂峰《ほのみね》に降臨。この時携えていたのが稲穂と、三種《さんしゅ》の神器《じんぎ》（草薙剣《くさなぎのつるぎ》・八咫鏡《やたのかがみ》・八尺瓊勾玉《やさかにのまがたま》）です。

【⑧神武天皇《じんむてんのう》の即位】

迩迩芸命の子孫・神倭伊波《かむやまといわ》礼毘古《れびこ》は、日向を出て東に遠征。大和《やまと》に入り、橿原宮《かしはらのみや》で初代天皇・神武天皇として即位しました。

（東京都立中央図書館特別文庫室所蔵）

（東京都立中央図書館特別文庫室所蔵）

【⑨倭建命《やまとたけるのみこと》の遠征】

12代景行天皇《けいこうてんのう》の皇子・倭建命は、草薙剣を携え東西を奔走。数々の苦難に遭いながら平定していきました。

神々の機転により再び姿を現します。須佐之男命は追放されますが、**八岐大蛇《やまたのおろち》退治**という英雄的な活躍をします。

次に葦原中国《あしはらのなかつくに》の**大国主神《おおくにぬしのかみ》**が数々の試練を乗り越える話や、高天原《たかまのはら》に住まう神に国を譲る神話が続きます。

国譲りの交渉が成立し、天照大御神の孫の**迩迩芸命《ににぎのみこと》**が高天原から葦原中国《あしはらのなかつくに》に降ります。これを**天孫降臨《てんそんこうりん》**といいます。

この迩迩芸命の子が**海幸彦《うみさちひこ》**と**山幸彦《やまさちひこ》**です。兄の海幸彦に無理難題をつきつけられた山幸彦が、助けを求めた海神の娘の**豊玉毘《とよたまび》売《め》**と結婚。その間に**鵜葺草葺不《うがやふきあ》合命《えずのみこと》**が生まれます。

この鵜葺草葺不合命の子が**神《じん》武天皇《むてんのう》**で、これより神々の時代から人間の時代になります。

図鑑
4

日本神話に登場する代表的な神様図鑑

日本神話の神様といってもいろいろ

神様のなかには**天《あま》つ神《かみ》**、**国《くに》つ神《かみ》**と呼ばれる神々がいます。

天つ神は神々が暮らす天界・高天原《たかまのはら》にいる神です。天照大御神《あまてらすおおみかみ》や迩迩芸命《ににぎのみこと》、建御雷神《たけみかづちのかみ》などが神話の中で活躍します。

国つ神は、地上の葦原中国《あしはらのなかつくに》に住んでいる神々です。代表的なのが大国主神《おおくにぬしのかみ》や猿田毘古神《さるたびこのかみ》などです。

初代・**神武天皇《じんむてんのう》**は、天つ神の迩迩芸命と、国つ神である山の神の娘の木花之佐久夜毘売《このはなのさくやびめ》の両方の系譜を継ぎ、さらに海神の娘の豊玉毘売《とよたまびめ》の系譜も受け継いだ存在です。

天つ神

伊邪那岐命《いざなきのみこと》・伊邪那美命《いざなみのみこと》

（メトロポリタン美術館所蔵）

本州や四国などの日本の国土や、山や風など多くの神々を生んだ夫婦の創造神。神世《かみよ》七代《ななよ》の最後に現れた神で、初めて具体的な事業を行いました。伊邪那美命の死後、伊邪那岐命は禊《みそ》ぎによって、三貴子《みはしらのうずのみこ》と呼ばれる天照大御神《あまてらすおおみかみ》と月読命《つくよみのみこと》と須佐之男命《すさのおのみこと》を産み出します。

おもな神社
伊弉諾神宮《いざなぎじんぐう》（兵庫県）

▲ゑびす神社（京都府）の恵比寿神像。

蛭子神《ひるこのかみ》

伊邪那岐命と伊邪那美命が国生みを行った時、ヒルのような状態で生まれた子。のちに民間で、七福神で航海の神、恵比寿神《えびすしん》とされました。

おもな神社
西宮神社《にしのみやじんじゃ》（兵庫県）

天つ神

須《す》佐《さ》之《の》男命《おのみこと》

（国立国会図書館所蔵）

伊邪那岐命の禊ぎで鼻から生まれた三貴子の第三神。海の統治を命じられるも従わず、乱暴を働き、天照大御神の天岩屋《あめのいわや》籠りという事態を引き起こしました。その後、追放され、地上の葦原中国に行き、八岐大蛇《やまたのおろち》を退治して英雄になります。

おもな神社

須佐神社《すさじんじゃ》（島根県）

天つ神

天照《あまてらす》大《おお》御《み》神《かみ》

（東京都立中央図書館特別文庫室所蔵）

伊邪那岐命の禊《みそ》ぎで左目から生まれた三貴子の第一神。高天原《たかまのはら》の統治を委託された神々の最高神。地上の葦原中国《あしはらのなかつくに》に、孫の迩《に》迩芸命《にぎのみこと》を遣わしました。皇室の祖先神として伊勢神宮《いせじんぐう》に祀られています。

おもな神社

伊勢神宮《いせじんぐう》（三重県）

（静岡県立中央図書館所蔵）

国つ神

櫛《くし》名《な》田《だ》比売命《ひめのみこと》

山の神・大山津見《おおやまつみ》神《かみ》の孫娘で、八岐大蛇に生け贄として食べられるところを、須佐之男命に助けられ、妻になりました。

おもな神社

八重垣神社《やえがきじんじゃ》（島根県）

天つ神

月読命《つくよみのみこと》

おもな神社

月夜見宮《つくよみのみや》（三重県）

◀伊勢神宮の月夜見宮。

伊邪那岐命の禊ぎで右目から生まれた三貴子の第二神で、月を神格化した神。伊邪那岐命から夜の統治を託されました。

天つ神

建御雷神《たけみかづちのかみ》

天照大御神の使者として大国主神に国譲りを迫り、大国主神の子の建御名方神《たけみなかたのかみ》を倒しました。神武天《じんむてん》皇東征《のうとうせい》では、愛剣を遣わして彼の窮地を救いました。

（東京都立中央図書館特別文庫室所蔵）

おもな神社

鹿島神宮《かしまじんぐう》（茨城県）

国つ神

猿田毘古神《さるたびこのかみ》

天孫降臨《てんそんこうりん》の時、先導をした神。鼻が長く、目は赤く輝いていたといいます。のちに天宇受売命《あめのうずめのみこと》と夫婦になりました。

おもな神社

猿田彦神社《さるたひこじんじゃ》（三重県）

（国立国会図書館所蔵）

天つ神

天宇受売命《あめのうずめのみこと》

天岩屋《あめのいわや》に隠れた天照大御神を出現させるために踊った女神。未知の物事や敵対する者に打ち勝つ神徳《しんとく》を持つともいわれています。

おもな神社

賣太神社《めたじんじゃ》（奈良県）

（国立国会図書館所蔵）

天つ神

宗像三女神《むなかたさんじょしん》

天照大御神《あまてらすおおみかみ》と須佐之《すさの》男命《おのみこと》の間に生まれた、市寸島比売命《いちきしまひめのみこと》と多岐《たぎ》都比売命《つひめのみこと》・多紀理比《たぎりひ》売命《めのみこと》の姉妹神。海上交通の守り神で、市寸島比売命は弁財天《べんざいてん》と習合しました。

（京都国立博物館所蔵）

おもな神社

宗像大社《むなかたたいしゃ》（福岡県）

国つ神

大国主神《おおくにぬしのかみ》

▶出雲大社に立つ大国主神の銅像。

大己貴命《おおなむちのみこと》、葦原醜男神《あしはらのしこおのかみ》など多くの異称があります。須佐之男命の子孫で、因幡《いなば》の白兎《しろうさぎ》を助けるなど慈悲深い神。須佐之男命が課した試練を乗り越え葦原中国《あしはらのなかつくに》の主になりましたが、天照大御神の子孫に国を譲ることに同意しました。のちに出雲大社《いずもおおやしろ》に祀られました。

おもな神社

出雲大社《いずもおおやしろ》（島根県）

（東京都立中央図書館特別文庫室所蔵）

神武天皇《じんむてんのう》

天下を治めるため日向から旅に出ました。苦難を乗り越え熊野に着き、霊剣や八咫烏《やたがらす》の案内によって大和《やまと》の橿原《かしはら》に到着し、初代天皇として即位しました。

おもな神社
橿原神宮《かしはらじんぐう》（奈良県）

（東京都立中央図書館特別文庫室所蔵）

倭建命《やまとたけるのみこと》

第12代景行天皇《けいこうてんのう》の皇子で仲哀天皇《ちゅうあいてんのう》の父。武勇に優れ、九州の熊襲《くまそ》、出雲、東国などで戦い、平定に貢献。携えた草薙神剣《くさなぎのみつるぎ》は熱田神宮《あつたじんぐう》に祀られました。

おもな神社
大鳥大社《おおとりたいしゃ》
（大阪府）

（神宮徴古館所蔵）

神功皇后《じんぐうこうごう》

第14代仲哀天皇の皇后で、第15代応《おう》神天皇《じんてんのう》の母。仲哀天皇と出兵した際に天皇が急死し、応神天皇を懐妊したまま遠征。熊襲と朝鮮半島を従わせ、筑紫《つくし》（現在の福岡市）で出産しました。

おもな神社 **宇佐神宮《うさじんぐう》**（大分県）

迩迩芸命《ににぎのみこと》

天つ神

（神宮徴古館所蔵）

天照大御神の孫（天孫《てんそん》）。天照大御神の命で、葦原中国を統治するため、三種の神器を携えて高天原《たかまのはら》から日向《ひむか》の高千穂峰《たかちほのみね》に降《くだ》り、天皇の祖先になりました（天孫降臨《てんそんこうりん》）。そこで山の神の大山津見神《おおやまつみのかみ》の娘、木花之佐久夜毘売《このはなのさくやびめ》と出会って結ばれ、ひ孫に初代天皇・神武天皇《じんむてんのう》が生まれました。

おもな神社 **霧島神宮《きりしまじんぐう》**（鹿児島県）

国つ神

木花之佐久夜毘売《このはなのさくやびめ》

（国立国会図書館所蔵）

迩迩芸命の妻。子を一夜で妊娠したため迩迩芸命に不審がられ、天孫の子であることを証明するため、火中で神を出産しました。大変な美女だといわれています。

おもな神社
富士山本宮《ふじさんほんぐう》
浅間大社《せんげんたいしゃ》（静岡県）

神道と仏教は何が異なるのか？

キーワード
▼仏教　▼神宮寺
▼神仏習合　▼鎮守社

仏教は外来の宗教で古代インドで生まれたもの

神道と**仏教**《ぶっきょう》の違いは何かと聞かれた時、はっきりと答えられる日本人は少ないかもしれません。

そもそも仏教は古代インドでうまれた宗教です。開祖・**釈迦**《しゃか》は、苦しみから逃れる方法を探す修行を始めます。そして、最終的に**中道**《ちゅうどう》（楽をし過ぎず苦しみ過ぎず）という答えを見つけ出し、悟《さと》りを開きます。この釈迦の教えを継ぎ、悟りを目指し、**仏**《ほとけ》（＝悟りを開いた人）を崇拝するのが仏教です。

仏教が日本に伝来したのは飛鳥時代、日本には伝統的な神様を信じる神道があるから仏教は不要という物《ものの》部《べ》氏《し》と、新たな教えを受け入れるべきという蘇《そ》我《が》氏《し》の間で論争が起こり、果てには内乱が勃発します。

蘇我氏が勝利したことで、仏教が日本に受容され、修行の場である**寺院**が建てられるようになりました。

神社とお寺の区別がつかないのは仕方のないこと？

その後、神道と仏教は相互に影響し合います。そのひとつに、神社に**社殿**《しゃでん》（建物）が建つようになった背景には、寺院の影響があるといわれています。仏教伝来以前の神社は常設の建物をもたず、神様を迎えるお祭りの時だけ、仮設の祭壇を設けていました。

奈良時代には神と仏を融合させた**神仏習合**《しんぶつしゅうごう》（⬇P68）という独自の思想が生まれます。今、私たちが神道と仏教、神社とお寺の区別をつけづらいのは、この神仏習合の影響もあるでしょう。なお、神道と仏教が明確に区別されたのは、明治時代になってからです。

神社とお寺を一目で見分ける方法のひとつに鳥居《とりい》があるかないかがあります。鳥居は神様の神域を示すものので、神社のシンボルマークです。ただし鳥居があるお寺もあります。

神道と仏教のおもな違い

神道と仏教、神社とお寺はよく混同されていますが、多くの違いがあります。

神道《しんとう》		仏教（大乗仏教《だいじょうぶっきょう》）
神様（八《や》百《お》万《よろず》の神）	対象	仏様（如来《にょらい》、菩薩《ぼさつ》など）
特にいない	開祖	釈迦《しゃか》 （ゴータマ・シッダールタ、仏陀《ぶっだ》など）
古代日本	発祥	古代インド
日本が中心	範囲	世界宗教
神職《しんしょく》	聖職者の呼び方	僧侶《そうりょ》
神社	施設	寺院
二拝二拍手一拝《にはいにはくしゅいっぱい》	参拝方法	合掌《がっしょう》（拍手《はくしゅ》は打たず、音を立てない）
自然物が中心となる場合もある	施設	修行の場でもある

仏教とのつながり

お寺の中にある神社？

清水寺の境内にある地主神社（京都府）。

神仏習合が発展していた時は、お寺の境内《けいだい》に神社が建てられ、またその逆もありました。お寺の境内にある神社を鎮守社《ちんじゅしゃ》と呼び、逆の場合は神宮寺《じんぐうじ》と呼びます。有名な鎮守社に京都の地《じ》主神社《しゅじんじゃ》があります。地主神社は「清水《きよみず》の舞台」で有名な清水寺《きよみずでら》の敷地内にあります。地主とは地《じ》主神《ぬしがみ》（地域の神様）を指し、全国各地に鎮守社として地主神社がつくられています。しかし、京都の地主神社に関しては地主神を祀っておらず、大国主命《おおくにぬしのみこと》を祀っています。

神道と仏教が混ざり合った神仏習合とは何か？

キーワード
▼神仏習合　▼習合神
▼八幡大菩薩　▼権現
▼本地垂迹説　▼神仏分離令

奈良時代から始まった神と仏の習合

神道は、仏教と出会ったことで刺激を受け、やがて神への信仰と仏教が混ざり合う現象が起きました。これを**神仏習合**《しんぶつしゅうごう》といいます。

神仏習合は奈良時代から始まり、**神身離脱**《しんしんりだつ》という発想と関わって展開しました。神身離脱とは、神様は人間と同じように苦悩し、仏様の力で悟りを目指すという考え方です。

一方で、神様は仏様を守る存在だとも考えられました。その象徴的なエピソードが東大寺《とうだいじ》（奈良県）の大仏造立《ぶつぞうりゅう》です。この時、宇佐神宮《うさじんぐう》（大《だい》分県）の祭神・八幡神《はちまんしん》が都に現れ、大仏づくりに寄与したといいます。その後、八幡神には朝廷から「*八《はち》**幡大菩薩**《まんだいぼさつ》」号が与えられました。

神仏習合によってうまれた本地垂迹説と権現

神仏習合によって、神社の境内に**神宮寺**《じんぐうじ》（➡P67）が建てられたり、**神前読経**《しんぜんどきょう》（神様のためにお経を読むこと）が行われたりしました。

神仏習合が発展してくと、**本地垂**《ほんじすい》**迹説**《じゃくせつ》（神様は仏様の仮の姿であるという思想）が生まれました。

また、神様と仏様が合わさった、**習合神**《しゅうごうしん》という特殊な神様も登場しました。名前に「**権現**《ごんげん》」とつく神様がそれにあたります。権現とは「仏が権《か》りの姿で現れた」という意味で、熊野権現《くまのごんげん》や、蔵王権現《ざおうごんげん》などがいます。

このように、神と仏ははっきりと区別されず混合していましたが、明治時代に**神仏分離令**《しんぶつぶんりれい》が出されます。これは神道を日本にとって特別な存在とし、神と仏を完全に分けるために明治政府が出した法令です。これにより神宮寺や神前読経、権現という言葉を使うことも禁止されました。

奈良時代から明治時代まで、神道と仏教は1200年近く習合していたのですから、区別されていた歴史より長いのです。

＊『菩薩』：仏様の種類のひとつ。悟りを得るために修行している仏

神仏習合の成立

日本古来の神様と、外国から伝来した仏様は、日本で同一視されました。これを神仏習合《しんぶつしゅうごう》といいます。

【本地垂迹説《ほんじすいじゃくせつ》】

神様は仏様の仮の姿という考え方。本地とは真の姿、垂迹とは仮の姿という意味です。

本地仏	垂迹神
大日如来《だいにちにょらい》	天照大御神《あまてらすおおみかみ》
阿弥陀如来《あみだにょらい》	八幡神《はちまんしん》
大黒天《だいこくてん》	大国主神《おおくにぬしのかみ》

※この表は諸説あるうちのひとつです。

本地 大日如来《だいにちにょらい》

密教《みっきょう》（仏教の教えのひとつ）の頂点に君臨する仏。

（東京国立博物館所蔵）

仮の姿

垂迹 天照大御神《あまてらすおおみかみ》

日本神話の最高神。

（三重県総合博物館所蔵）

【習合神《しゅうごうしん》】

神仏習合が発展する過程で生まれた特殊な神様。神仏両側面を持っています。

僧形八幡神像《そうぎょうはちまんしんぞう》

八幡神を描いた図。神様でありながら僧侶の格好をしています。

（國學院大學博物館所蔵）

蔵王権現《ざおうごんげん》

習合神のひとり。神道・仏教・山岳信仰が融合した修験道《しゅげんどう》（➡ P86）の中心となる神様です。

（奈良国立博物館所蔵）

仏教とのつながり

仏像の影響でつくられた神像《しんぞう》

神道と仏教は相互に影響し合いました。そのなかで生まれたものの一つに神像があります。もともと神道では神様の像はつくられませんでした。しかし、飛鳥時代から仏像がつくられ始めると、神様をかたどった神像もつくられ始めました。数ある神像のなかでも、薬師寺《やくしじ》（奈良県）に伝来する３体の神像は国宝に指定されています。この像は薬師寺を守護するために建てられた神社、休ヶ岡八幡宮《やすがおかはちまんぐう》に安置されていたものです。

神功皇后《じんぐうこうごう》をかたどった神像《しんぞう》。（薬師寺提供）

一目でわかる神道・仏教の歴史

神社とお寺は時に習合し時に区別されてきた

神道と仏教、神社とお寺は相互に影響し合ってきました。

仏教が伝来したのは6世紀半ば頃。この時日本の神々を「国《くに》つ神《かみ》」と呼んでいたのに対し、仏を「蕃神《あだしのくにのかみ》（外国の神）」と呼んでいました。

また、それまで特定の呼称がなかった神々への信仰を、仏教に対して「神道」と呼ぶようになりました。

奈良時代頃からは、神道と仏教が混ざり合う神仏習合《しんぶつしゅうごう》が発展、より密接な関係となります。

相関関係をなしていた神道と仏教を、はっきり区別しようという動きが起きたのは江戸時代の終わりからです。

神道と仏教は一体どのように発展していったのでしょうか。

神道

【神社の社殿《しゃでん》がつくられ始める】

当初、神道の神々は特定の場所にいるものではないとされ、常設の社殿は建てられていませんでした。しかし仏教の寺院建築の影響を受け、社殿がつくられ始めました。

大神神社《おおみわじんじゃ》（奈良県）の拝殿《はいでん》。大神神社は三輪山《みわやま》そのものが御神体のため、本殿《ほんでん》はなく、拝殿のみが建っています

時代

古墳時代

仏教

【百済《くだら》から仏教が伝来する】

29代・欽明天皇《きんめいてんのう》の治世に、朝鮮半島の国・百済から仏教が伝来します。天皇は仏教の教えをまとめた経典と、小金銅仏《しょうこんどうぶつ》（小さな金属製の仏像）を贈られました。当初は仏教を受容するかどうか意見が対立。仏教推進派の豪族・蘇我氏《そがし》が否定派の物部氏《もののべし》を破り、日本でも仏教が信仰されるようになります。

朝鮮半島でつくられた小金銅仏

（メトロポリタン美術館所蔵）

【『古事記《こじき》』『日本書紀《にほんしょき》』が編纂される】

40代・天武天皇《てんむてんのう》の勅命《ちょくめい》で、歴史書『古事記』『日本書紀』の編纂が始まります。両書とも日本建国神話から始まり、日本神話のあらましを現代に伝える貴重な史料です。

『古事記』『日本書紀』の制作を命じた天武天皇

（国立国会図書館所蔵）

【神仏習合《しんぶつしゅうごう》が進む】

日本古来の神様と、大陸から伝来した仏教の仏様への信仰が混交する神仏習合が進みます。

春日大社《かすがたいしゃ》と興福寺《こうふくじ》（両方とも奈良県）両方を画中に描いた春日社寺曼荼羅《かすがしゃじまんだら》

（奈良国立博物館所蔵）

飛鳥時代

奈良時代

【推古天皇《すいこてんのう》の治世に仏教が政治に取り入れられる】

33代・推古天皇は、蘇我氏《そがし》と甥の厩戸王《うまやとおう》（聖徳太子《しょうとくたいし》）の助言のもと、政治に仏教の要素を取り入れ始めます。役人の心構えをまとめた『憲法《けんぽう》十七条《じゅうしちじょう》』には、「仏・法（経典）・僧を敬え」と書かれています。

厩戸王が建てた法隆寺《ほうりゅうじ》（奈良県）

【東大寺《とうだいじ》の大仏が造立《ぞうりゅう》される】

「奈良の大仏」の呼び名でおなじみ、東大寺の大仏が造立されます。大仏造立は宇佐神宮《うさじんぐう》（大分県）の祭神・八幡大神《はちまんおおかみ》が助言をしたという伝説があります。

東大寺の大仏

神道

【本地垂迹説《ほんじすいじゃくせつ》が成立する】

神様は仏様が日本人を救うための仮の姿であるという、本地垂迹説が成立。神社の中に神宮寺《じんぐうじ》（⬇P67）が建てられたりと、神道と仏教はより密接な関係になります。

（東京国立博物館所蔵）

神と仏が習合した蔵王権現《ざおうごんげん》

【さまざまな神道流派が生まれる】

元寇《げんこう》での勝利をきっかけに人々は「日本は神の国である」と再認識し、神道の再評価が進みます。さらに同じ神道でもさまざまな考え方（流派）に分派します。そのなかでも伊勢《いせ》神宮《じんぐう》（三重県）で生まれた流派・伊勢《いせ》神道《しんとう》は、神道と仏教を隔離すべきだと説き、後世に影響を与えました。

【神本仏迹説《しんほんぶつじゃくせつ》が提唱される】

伊勢神道が発展し、本地垂迹説の逆で「神様の仮の姿が仏である」とする神本仏迹説が成立します。

元寇を描いた「蒙古襲来絵《もうこしゅうらいえ》詞《ことば》」の模本

（東京国立博物館所蔵）

時代

平安時代

鎌倉時代

仏教

【初めて御霊会《ごりょうえ》が行われる】

当時流行していた疫病《えきびょう》が御霊《ごりょう》（失意のうちにこの世を去った人の霊魂）によるものと考えられ、863年に御霊会（御霊を鎮めるための祭祀）が初めて行われます。儀式の内容は僧侶による読経《どきょう》のほか、舞踊の披露などもありました。

初めての御霊会の会場となった神泉苑《しんせんえん》（京都府）

極楽をつかさどる阿弥陀如来

（奈良国立博物館所蔵）

【末法思想《まっぽうしそう》の影響で浄土教《じょうどきょう》が流行する】

末法思想（1052年に仏教の世界が終わるという考え方）が広まり、阿弥陀如来《あみだにょらい》を信仰し、極楽往生《ごくらくおうじょう》を目指す浄土教が流行します。

【新しい宗教運動で庶民にも仏教が広まる】

浄土教をベースに開かれた浄土宗《じょうどしゅう》をはじめ、新しい仏教宗派が生まれます。彼らは念仏《ねんぶつ》（「南無阿弥陀仏《なむあみだぶつ》」と唱えること）や座禅《ざぜん》など教養がなくても実践できる修行法を説き、庶民に受け入れられました。

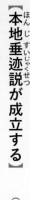

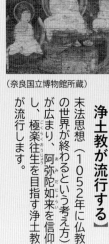

【国学《こくがく》の勃興で神道の研究が進む】

伏見稲荷大社《ふしみいなりたいしゃ》（京都府）の神官《しんかん》で国学者として大成した荷田春満《かだのあずままろ》

（国立国会図書館所蔵）

日本神話や日本古来の思想を研究する国学が発展します。これを機に天皇家を崇拝する尊王《そんのう》思想《しそう》や神道を重んじる風潮が起こり始めます。

【神仏分離令《しんぶつぶんりれい》が出させる】

明治政府が神仏判然令《しんぶつはんぜんれい》（通称「神仏分離令」）を出し、神社とお寺をはっきり区別しようという動きが起こります。また、神社は国が管理する公的な場となりました。

【一部の神社で神仏習合の儀式が行われるように】

現代では神社が国の管理から離れたため、神仏習合時代の儀礼が復活した神社もあります。

興福寺《こうふくじ》の僧侶が春日《かすが》大社《たいしゃ》で行う神前読経《しんぜんどきょう》

（春日大社提供）

室町〜江戸時代　近代　現代

【江戸幕府が寺請制度《てらうけせいど》を制定する】

江戸幕府はキリスト教を禁じるため、庶民を必ずお寺に所属させる寺請制度を制定しました。

【廃仏毀釈《はいぶつきしゃく》が起こる】

神仏判然令が出され、神社とお寺を分離する動きが進むなかで、神社からお寺の要素を徹底的に排除しようという廃仏毀釈運動が起こります。この運動で寺院建築や仏像など、すぐれた仏教美術の数々が破壊されました。

廃仏毀釈で破壊された仏像

【神仏習合の名残があるお寺も現存】

現代は神仏を完全に区別しようという風潮は薄れ、判然令以前の儀式を行うお寺もあります。

天台宗寺院《てんだいしゅうじいん》の目黒不動尊《めぐろふどうそん》（東京都）は、神仏判然令以前、天台宗の総本山・比《ひ》叡山《えいざん》の守護神である日吉大社《ひよしたいしゃ》（滋賀県）の神様も祀っていました。2017年、判然令以前の姿を取り戻すため、境内に山王鳥居《さんのうとりい》（日吉大社と同じ形の鳥居）が復元されました

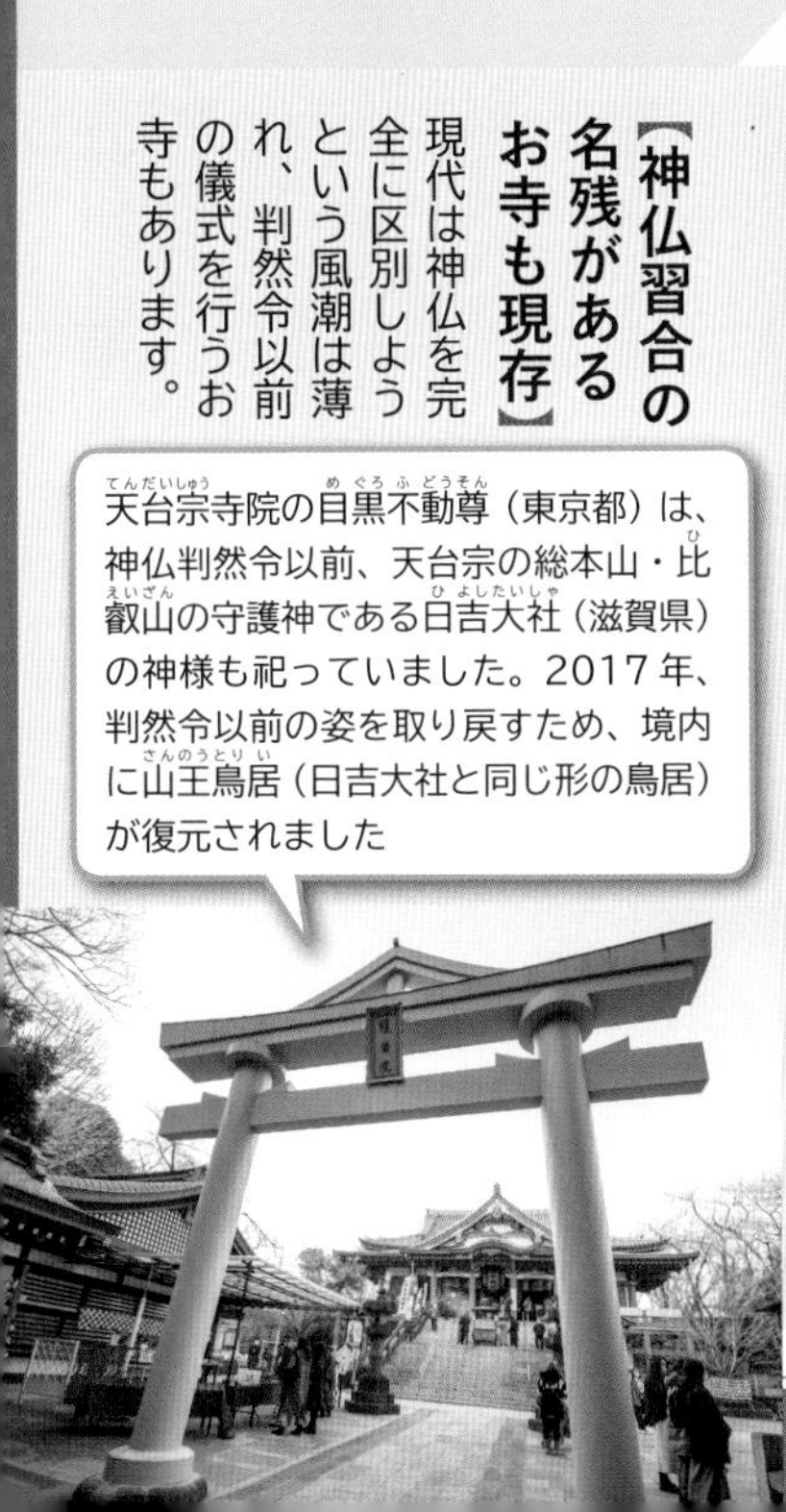

なぜ実在の人物が神社の神様として祀られているのか？

キーワード
▼祭神
▼御霊
▼人物神
▼御霊信仰

功績のある人物が神として祀られることも

神社では、実在した人間が神として祀られていること（**人物神《じんぶつしん》**）があります。有名なところでは、日光東照宮《にっこうとうしょうぐう》（栃木県）の**徳川家康《とくがわいえやす》**や、北野天満宮《きたのてんまんぐう》（京都府）の**菅原道真《すがわらのみちざね》**などがあげられます。

ところが、この2人では神様になった経緯が大きく異なります。徳川家康は生前の功績によって神様になったタイプです。このタイプには、徳川家康とともに日本三英傑《にほんさんえいけつ》に数えられる織田信長《おだのぶなが》や豊臣秀吉《とよとみひでよし》、農政家として多くの人々を救った二宮尊徳《にのみやそんとく》などがいます。

また、天皇や朝廷に多大な貢献を残した人物も神様として信仰を集めました。南北朝時代の武士・楠木正成《くすのきまさしげ》がその代表例で、正成の忠義に心打たれた明治天皇《めいじてんのう》は、正成を湊川神社《みなとがわじんじゃ》（兵庫県）の祭神としました。

恨みを残して亡くなった人物を祀って鎮める

一方で菅原道真は、祟りをなす存在として恐れられ、祀られたタイプです。平安時代の初め頃から不幸な亡くなり方をした人の**御霊《ごりょう》**が災厄を起こすと考えられ、神様としてお祀りして鎮めようという考えが生まれました。これを**御霊信仰《ごりょうしんこう》**といいます。

桓武天皇《かんむてんのう》の弟で皇太子でもありながら、藤原種継《ふじわらのたねつぐ》暗殺事件の首謀者とされ、食を絶って亡くなった早良親王《さわらしんのう》をはじめ、有名な御霊には平安時代の人物が多いようです。

このような御霊が祀られている神社としては、早良親王（崇道天皇《すどうてんのう》）などを祀る京都の上御霊神社《かみごりょうじんじゃ》や下御霊神社《しもごりょうじんじゃ》などが有名です。

日本では古代から、人に神が依《よ》りつく（⬇Ｐ１００）ともされ、またいくつもの氏族が神を始祖としていました。そのため、もともと人を祀ることにも抵抗が少なかったのかもしれません。

実在の人物への信仰

優れた功績を残した人物や、不幸な亡くなり方をした人物などが、神として祀られることがありました。

【御霊《ごりょう》信仰の始まり】

平安時代、天災や疫病は非業の死を遂げた人の御霊のしわざだとされ、その御霊を鎮めて神として祀れば、平穏が戻ると考えられました。

桓武天皇《かんむてんのう》は、弟・早良親《さわらしん》王《のう》を恐れ、その御霊を神として祀りました

(東京大学史料編纂所所蔵)

早良親王を祀る
下御霊神社《しもごりょうじんじゃ》（京都府）

【祀られる人物の特徴】

❶偉大な功績を残した人物

偉大な功績を残した人物を、神として祀り、後世に伝えようとしました。
例 織田信長《おだのぶなが》、豊臣秀吉《とよとみひでよし》、徳川家康《とくがわいえやす》など

❷非業の死を遂げた人物

政治的に失脚したり、戦で敗北したり、恨みを残し非業の死を迎えた人を祀りました。
例 平将門《たいらのまさかど》、早良親王、菅原道真《すがわらのみちざね》など

(メトロポリタン美術館所蔵)

「**北野天神縁起絵巻《きたのてんじんえんぎえまき》**」北野天満宮の由来が、菅原道真の生涯とともに語られています。

仏教との違い

仏教でも実在の人物が信仰される

仏教での仏とは、釈迦《しゃか》を指しますが、日本語では広く亡くなった人のこともいいます。しかしなかには、特に人々から信仰を集めた人もいます。その一人が、飛鳥時代の偉人・聖徳太子《しょうとくたいし》(厩戸王《うまやとおう》)です。遣隋使を送り、憲法十七条《けんぽうじゅうしちじょう》を制定するなど、さまざまな活躍をした聖徳太子は、法隆寺《ほうりゅうじ》や四天王寺《してんのうじ》を建立したり、お経の注釈書『三経義疏《さんぎょうぎしょ》』を記すなど、日本仏教の立役者としても知られています。この「聖徳太子信仰」は、特に鎌倉時代に全国的に広まりました。

「南無仏」と唱える２歳の聖徳太子を表した「聖徳太子像」。
(東京国立博物館所蔵)

図鑑 5

神様になった人物図鑑

死後に神様になった偉人たち

日本には人から神になった人物（**人物神**《じんぶつしん》）がたくさんいます。

平安時代には**御霊**《ごりょう》（失意のうちにこの世を去った人の霊魂）が、災厄を引き起こすと考えられました。その御霊を鎮めるため、神様として神社に祀りあげることを**御霊信仰**といいます。

その後、普通の人ではできないような偉業を成し遂げた人も、神として祀られるようになります。

地域に多大な貢献を残した人や、自らを犠牲にして民衆を救った人など、多くの人から尊敬の念を集めた人物が、神社の祭神として丁重に祀られました。

早良親王《さわらしんのう》

▲早良親王を祀る崇道神社。

桓武天皇《かんむてんのう》の弟。長岡京の造営責任者の暗殺事件に関わった疑いで流罪に。無罪を訴えながら非業の死を遂げ、その祟りを鎮めるために祀られました。御霊信仰のきっかけをつくったとされる人物です。

おもな神社 **崇道神社**《すどうじんじゃ》（京都府）

小野篁《おののたかむら》

（東京都立中央図書館特別文庫室所蔵）

平安時代の歌人で、百人一首にも選ばれています。和歌以外にも書道や絵画などマルチな才能を持っていたことから、芸能の神様として祀られました。地獄の裁判官である閻魔《えんま》大王の補佐官を務めたという伝説もあります。

おもな神社 **小野照崎神社**《おのてるさきじんじゃ》（東京都）

菅原道真《すがわらのみちざね》

（国立国会図書館所蔵）

一流の学者で右大臣も務めましたが、左大臣の藤原時平《ふじわらのときひら》に妬まれ大宰府で非業の死を遂げました。その後、疫病や落雷などの災難が続くと、道真の祟りかと恐れられ、神様として祀られました。

おもな神社 **北野天満宮**《きたのてんまんぐう》（京都府）

（国立国会図書館所蔵）

崇徳上皇《すとくじょうこう》

保元《ほうげん》の乱に敗れて流罪になり、最期まで帰京できず。直後、日本は武士の世に突入。明治天皇《めいじてんのう》は、京都に白峯神宮《しらみねじんぐう》を創建し、上皇の御霊を遷し、神として祀ることで、国家の安泰を祈願しました。

おもな神社

白峯神宮《しらみねじんぐう》（京都府）

▲晴明神社の安倍晴明像。

安倍晴明《あべのせいめい》

平安時代中期の陰陽《おんみょう》師《じ》。天文学を学び、物語集『今昔物語《こんじゃくものがたり》』などには不思議な力を示す逸話が記されています。その偉業を讃えた一条天皇《いちじょうてんのう》の命により、神として祀られました。

おもな神社

晴明神社《せいめいじんじゃ》（京都府）

▲みもすそ川公園の安徳天皇像。

安徳天皇《あんとくてんのう》

高倉天皇《たかくらてんのう》と平清盛《たいらのきよもり》の娘の間に生まれた皇子で清盛の政略で天皇に即位。しかし源平合戦の敗戦で、8歳で入水。その冥福を祈り、赤間神宮《あかまじんぐう》の祭神となりました。現代も天皇の命日には先帝祭《せんていさい》という神事が行われます。

おもな神社

赤間神宮《あかまじんぐう》（山口県）

（東京都立中央図書館特別文庫室所蔵）

源 義経《みなもとのよしつね》

兄・源《みなもとの》頼朝《よりとも》に従い、平家との戦で武功をあげましたが、頼朝に疑われ奥州で討たれました。義経の首は白旗神社《しらはたじんじゃ》に祀られ、以後白旗明神《しらはたみょうじん》として、武芸上達の神徳を持つ神様となりました。

おもな神社

白旗神社《しらはたじんじゃ》（神奈川県）

平将門《たいらのまさかど》

（国立公文書館所蔵）

平安時代、東国で民衆を救うため蜂起。自ら「新皇」を名乗ったため、朝廷軍に討たれました。京都で晒された首は東国まで飛んだといわれ、首桶を御神体とした築土神社《つくどじんじゃ》や、兜を祀った兜《かぶと》神社《じんじゃ》など、東京都内には将門ゆかりの神社が多数あります。なかでも神田神社《かんだじんじゃ》は徳川家康らが将門の武功にあやかるため参拝しました。

おもな神社 **神田神社《かんだじんじゃ》**（東京都）

豊臣秀吉《とよとみひでよし》

（高台寺所蔵）

天下統一を成し遂げた戦国大名。朝廷の権威復興に多大な貢献を残したことなどから、後陽成《ごようぜい》天皇《てんのう》より「豊国大明神《ほうこくだいみょうじん》」の神号をもらいます。低い身分の生まれでありながら天下人まで出世したことから、出世の神徳《しんとく》があるとされ、豊国《とよくに》神社《じんじゃ》（京都府）では秀吉の馬印《うまじるし》であるひょうたん形のお守りを授与しています。

おもな神社　**豊国神社《とよくにじんじゃ》**（京都府）

楠木正成《くすのきまさしげ》

後醍醐天皇《ごだいごてんのう》に従い鎌倉幕府倒幕に功労。その忠義に心打たれた明治天皇《めいじてんのう》の命で、正成を祭神とする湊《みなと》川神社《がわじんじゃ》を建てられました。５年に１度の楠公祭《なんこうさい》では武者行列が行われます。

おもな神社

湊川神社《みなとがわじんじゃ》（兵庫県）

▲皇居の楠木正成像。

織田信長《おだのぶなが》

数々の偉業を成した戦国大名ですが、実は朝廷の復興事業も行っています。それを評した明治天皇の命で建勲神社《たけいさおじんじゃ》を創建し、祀りました。数年に一度、信長が世に広めた火縄銃の演武が奉納されます。

おもな神社

建勲神社《たけいさおじんじゃ》（京都府）

（東京大学史料編纂所所蔵）

徳川家康《とくがわいえやす》

（東京大学史料編纂所所蔵）

江戸幕府初代将軍。死後、朝廷より「東《とう》照大権現《しょうだいごんげん》」の神号をもらいます。家康の墓所がある日光東照《にっこうとうしょう》宮《ぐう》（栃木県）は絢爛豪華な建築物や彫刻品で有名です。

おもな神社

日光東照宮《にっこうとうしょうぐう》（栃木県）

上杉謙信《うえすぎけんしん》

毘沙門天《びしゃもんてん》の生まれ変わりを自称し、越後《えちご》の龍《りゅう》と恐れられた名将。特に武田信玄《たけだしんげん》との川中島《かわなかじま》の戦いが有名。米沢《よねざわ》藩《はん》の藩祖《はんそ》として崇敬され、米沢城跡に神社が創建されました。

おもな神社

上杉神社《うえすぎじんじゃ》（山形県）

（東京都立中央図書館特別文庫室所蔵）

▲上野公園の西郷隆盛像。（東京都）

西郷隆盛《さいごうたかもり》

明治維新《めいじいしん》の三傑《さんけつ》として讃えられ、近代日本の礎《いしずえ》を築きました。墓所に建てられた南洲神社《なんしゅうじんじゃ》では、西郷の顔をデザインしたお守りが授与されています。

おもな神社

南洲神社《なんしゅうじんじゃ》（鹿児島県）

大石内蔵助《おおいしくらのすけ》

「忠臣蔵《ちゅうしんぐら》」で有名な江戸時代の義士。内蔵助の故郷・兵庫県赤穂市《あこうし》にある大石神社では、他の47人の赤穂浪士たちとともに祭神して祀られています。

おもな神社

赤穂大石神社《あこうおおいしじんじゃ》（兵庫県）

（東京都立中央図書館特別文庫室所蔵）

▲多賀山公園にある東郷平八郎像。（鹿児島県）

東郷平八郎《とうごうへいはちろう》

大日本帝国海軍《かいぐん》大《たい》将《しょう》・元帥《げんすい》を務めました。日露《にちろ》戦争で自ら主要作戦を指揮して、ロシアの脅威から日本を救った偉業が讃えられ、祭神として祀られました。

おもな神社

東郷神社《とうごうじんじゃ》（東京都）

二宮尊徳《にのみやそんとく》

二宮金次郎の銅像で親しみ深い尊徳は、江戸時代、農村の復興や、藩の財政立て直し事業と数々の成果をあげ、邁進《まいしん》しました。のちに彼を慕う人々が神社を創建しました。

おもな神社

報徳二宮神社《ほうとくにのみやじんじゃ》（神奈川県）

報徳二宮神社の二宮尊徳像。（神奈川県）

（東京都立中央図書館特別文庫室所蔵）

明治天皇《めいじてんのう》

第122代天皇。王《おう》政復古《せいふっこ》の大号令《だいごうれい》を発し、明治に改元。新政府が樹立されると、日本の近代化を進めました。崩御ののち、国民の願いによって東京都の原宿に明治神宮《めいじじんぐう》が創建されました。

おもな神社

明治神宮《めいじじんぐう》（東京都）

吉田松陰《よしだしょういん》

松下村塾《しょうかそんじゅく》で、高杉晋《たかすぎしん》作《さく》・桂小五郎《かつらこごろう》・伊藤《いとう》博文《ひろぶみ》ら、明治維新《めいじいしん》の功労者を育てた人物。その松下村塾の跡に松陰を祭神とする松《しょう》陰神社《いんじんじゃ》が創建されました。

おもな神社

松陰神社《しょういんじんじゃ》（山口県）

（東京大学史料編纂所所蔵）

神社にある巨木・奇木はなぜ神木として定められたのか？

キーワード
▼神木
▼依代
▼鎮守の杜

依代として神様が宿った樹木

神社の境内や街中で、**注連縄《しめなわ》**（⬇P28）が張られている樹木を見たことがあると思います。何やらいわれのありそうな古い大木や、不思議な形をしている木。これらは神が宿る木「**神木《しんぼく》**」と呼ばれ、神域の象徴として神聖視されています。

ではなぜ、木に神が宿るとされるのでしょうか。私たちは神にお祈りする時、神社で社殿《しゃでん》に向かって拍手をすることが多いですね。しかしもともとは、神が常在する社殿はありませんでした。

さまざまなの自然物に神が宿ると考えられ、一説によると、神は常に同じ場所にいるとはされていなかったからとされています。

その説では、祭祀の際に神はどこからかやってきて、形のよい山や大きな岩、年中葉を落とすことのない青々とした常緑樹などの＊**依代《よりしろ》**（⬇P20）に宿り、終わると去って行くと考えられていたといいます。

祭神にゆかりのある樹木を神聖視する

それでは、どのような木が神木と呼ばれるのでしょうか。これには具体的な定義はありませんが、次のような木が神木になることが多いです。

ひとつは、先述の通り、儀式の際に神様の依代となった樹木です。

次に、**鎮守《ちんじゅ》の杜《もり》**の木々です。神社の周囲には神域（神社の領域）を示すための木がたくさん生えていることが多く、これを鎮守の杜と呼びます。この鎮守の杜の木々すべてを神木と呼ぶことがあります。

また住吉大社《すみよしたいしゃ》（大阪府）の松、春日大社《かすがたいしゃ》（奈良県）の梛《なぎ》、太宰府天満宮《だざいふてんまんぐう》（福岡県）の飛梅《とびうめ》など、祭神ゆかりの木を神木とする例もあります。

このように神木とは、決めるというより、現在にも続く古い時代の信仰の名残といえます。

＊『依代』：神が宿るところ

神木の種類

神木《しんぼく》には神そのものとして祀られているものや、神域を示すためのものなど、さまざまな種類があります。

【神の依代《よりしろ》とされる木】

神様が宿る依代となる神木。

來宮神社《きのみやじんじゃ》の大楠《おおくす》

來宮神社（静岡県）にある神木「大楠」。樹齢２千年を超え、全国で２番目に大きい巨樹といわれています。（來宮神社提供）

【神域《しんいき》を示す鎮守《ちんじゅ》の杜《もり》】

聖なる領域を示すために、神木がたくさん植えられている場所を「鎮守の杜」と呼びます。

明治神宮《めいじじんぐう》の鎮守の杜

明治天皇を祀る明治神宮（東京都）の鎮守の杜は、全国から 10 万本の献木《けんぼく》を受けた人工の森です。

【祭神《さいじん》ゆかりの木】

神社に祀られる祭神との縁が語られる木。

太宰府天満宮《だざいふてんまんぐう》の飛梅《とびうめ》

祭神・菅原道真《すがわらのみちざね》を慕った梅が、京都から大宰府（福岡県）まで飛んできたといわれています。（太宰府天満宮提供）

【神社建築の材木】

神社の建築物に使われる材木のことを神木と呼ぶこともあります。

伊勢神宮《いせじんぐう》の材木

20 年に一度の伊勢神宮（三重県）の式年遷宮《しきねんせんぐう》では、御造営用材（＝材木）の伐採や運搬も神事とされます。（神宮司庁提供）

神様が宿る岩とされる磐座とはどのようなものか？

キーワード
▼磐座
▼磐境
▼降臨石
▼影向石
▼腰掛石

石に神が降臨する磐座と磐境

神様が樹木に宿る**神木**《しんぼく》（⬇P80）と同様に神様が宿る自然物に石や岩があります。神が宿るとされる岩を**磐座**《いわくら》と呼び、古代から神聖視されていた場所が神域とされ、次第に場所だけでなく、石そのものも祀るようになったと考えられています。

小規模な石を並べて囲った祭祀の会場は、**磐境**《いわさか》と呼ばれ、区別されていますが、磐座と同じとする説もあります。

磐座も磐境も神聖なものとして柵に囲われていたり、注連縄《しめなわ》（⬇P28）が巻かれていたりすることが多くあります。

天界と地上を行き来する船といわれる**磐船神社**《いわふねじんじゃ》の**天磐船**《あめのいわふね》、ガマガエルを表す方言である**神倉神社**《かみくらじんじゃ》の**ゴトビキ岩**などが、よく知られている磐座の例といえるでしょう。それぞれ巨大な岩石を祀っています。

また、磐座信仰は全国にみられ、**降臨石**《こうりんせき》や**影向石**《ようごういし》、**腰掛石**《こしかけいし》などと呼ばれる石が各地に残っています。それぞれ名前は違っていますが、すべて神に関係する石です。

降臨石や影向石は神が降臨して宿った石とされ、腰掛石は神が休息した石といわれています。

石に対する信仰は神社ができる前からあった

磐座や磐境など、岩石に対する信仰は、かなり古くからあったと考えられています。

各地で広く信仰されたようですが、なかでも長野県茅野《ちの》市の**尖石**《とがりいし》や東北地方の**鮭石**《さけいし》などの岩は、縄文時代にはすでに信仰の対象となっていたといいます。

弥生から古墳時代に入ると、岩石の側で祭祀を執り行うようになります。現に、岩の近くから祭で使ったとみられる鏡や土器、宝玉や武器などが数多く発掘されています。

石に対する信仰

神社の境内やその近くに、周囲を注連縄《しめなわ》で囲んだ石や岩があることがあります。これらは磐座《いわくら》として信仰を集めています。

【神が宿る磐座】

神が宿るとされる岩石を磐座といいます。祭祀が繰り返されるうち、石そのものも神聖なものとして祀られるようになりました。

貴船神社《きふねじんじゃ》（京都府）の磐座「船形石」。

【祭祀の会場となる磐境《いわさか》】

神を迎えるため、岩石などをもちいて設けられた祭場設備を磐境といいます。四角形や円形の平らな形状で、地面が盛り上がったものが多くみられます。

英彦山《ひこさん》（福岡県）山中にある磐境。

有名な磐座・磐境

磐座信仰は全国的にみられています。日本神話の神々にゆかりのある伝説も残されています。

【花の窟《いわや》神社】

高さ 45 mの石の壁が御神体です。女神・伊邪那美命《いざなみのみこと》がここに埋葬されたと伝わります。

（三重県観光連盟提供）

【天磐船《あめのいわふね》】

磐船神社《いわふねじんじゃ》（大阪府）の御神体で、高さ12m、長さ12m の船形の巨岩。古代豪族の物部《もののべ》氏《し》の祖《そ》神《しん》である饒速日命《にぎはやひのみこと》が、「天磐船に乗って降臨された」という言い伝えがあります。

（磐船神社提供）

【天磐盾《あまのいわたて》】

神倉神社《かみくらじんじゃ》（和歌山県）の御神体で、通称「ゴトビキ岩」。神倉神社は熊野三山《くまのさんざん》の神様が初めて降臨したといわれる聖地で、険しい崖の上にあります。

（熊野速玉大社提供）

八幡や稲荷など同じ名称がつく神社が多いのはなぜ？

キーワード
▼勧請 ▼信仰
▼分霊 ▼八幡信仰
▼神徳 ▼稲荷信仰

神様は勧請で神霊を分けることができる

神社の名前を調べてみると、同じ言葉を使った神社名がたくさんあります。たとえば**八幡宮**《はちまんぐう》。鶴岡八幡宮《つるがおかはちまんぐう》（神奈川県）や石清水八幡宮《いわしみずはちまんぐう》（京都府）など、八幡とつく神社は、全国に約8千社あるといわれています。

ほかにも**天満宮**《てんまんぐう》や**稲荷**《いなり》など、名前が共通する神社はたくさんあります。

そのなかには**氷川神社**《ひかわじんじゃ》や**愛宕神社**《あたごじんじゃ》のように、全く同じ名前の神社が複数社存在するパターンもあります。

なぜ、名前が共通する神社が多いかというと、神社に祀られている神様は、その神霊《しんれい》を分け、増やすことができるからです。

ある神社の神様を新しい神社に迎えることを**勧請**《かんじょう》、分けてもらった神様を**分霊**《ぶんれい》、神様を分け与えた側の神社を**総本社**《そうほんしゃ》といい、勧請した神様の名前や、総本社の名前を冠した神社が増えていったのです。

信仰を集めた神様が全国各地に勧請された

勧請が行われた理由は、人々が神様の**神徳**《しんとく》（力や特技）にあやかろうとしたことなどがあげられます。

例えば稲荷神社に祀られている**稲荷神**《いなりしん》は、五穀豊穣や商売繁昌の神徳があるとされています。そのため全国で「地元に稲荷神を招いて、神徳にあやかろう」と考える人が現れ、新しくつくった神社に、稲荷神の総本社・**伏見稲荷大社**《ふしみいなりたいしゃ》（京都府）から稲荷神を勧請してもらったのです。現在、稲荷社は小さい物も含め全国に3万社以上あるといわれています。

そんなに勧請を繰り返しては、総本社の神徳がどんどん減ってしまうのではないか、と考えてしまう人もいるかもしれませんが、心配には及びません。勧請した側の神社の祭神の神徳は減らず、逆に勧請を受けた側の神社の分霊も、総本社と変わらない神徳を持つとされています。

祭神の勧請

神様を勧請してもらうことで、その神様を祭神とすることができます。

（宇佐神宮提供）

分霊《ぶんれい》

【勧請《かんじょう》】
ある神社で祀られている神様の分霊を別の神社が迎えること

（石清水八幡宮提供）

【総本社《そうほんしゃ》】祭神を勧請する側の神社の中で、もっとも根源となる神社。画像は八幡神《はちまんしん》を祭神とする総本社、宇佐神宮《うさじんぐう》（大分県）。

宇佐神宮の分霊を祭神とする石清水八幡宮《いわしみずはちまんぐう》（京都府）。

分霊が多い神社

勧請を多く行った結果、全国各地に分霊を祀る神社が存在するようになりました。代表的なものを紹介します。

信仰	祭神	総本社	分霊された理由
八幡《はちまん》信仰	八幡神《はちまんしん》（応神天皇《おうじんてんのう》）	宇佐神宮《うさじんぐう》（大分県）	• 天皇家の祖先神であること • 鎌倉幕府の将軍家である源氏が戦勝祈願を行ったこと
天神《てんじん》信仰	天神《てんじん》（菅原道真《すがわらのみちざね》）	北野天満宮《きたのてんまんぐう》（京都府）	学業成就を祈願
稲荷《いなり》信仰	稲荷神《いなりしん》	伏見稲荷大社《ふしみいなりたいしゃ》（京都府）	五穀豊穣、商売繁昌、一家の繁栄を祈願
伊勢《いせ》信仰	天照大御神《あまてらすおおみかみ》	伊勢神宮《いせじんぐう》（三重県）	天皇家の祖先に国家の平和を祈願
出雲《いずも》信仰	大国主神《おおくにぬしのかみ》	出雲大社《いづもおおやしろ》（島根県）	五穀豊穣、縁結びを祈願
春日《かすが》信仰	建御雷神《たけみかづちのかみ》	春日大社《かすがたいしゃ》（奈良県）	武神への戦勝祈願
熊野《くまの》信仰	熊野権現《くまのごんげん》	熊野本宮大社《くまのほんぐうたいしゃ》（和歌山県）	厄祓い、家内安全を祈願
祇園《ぎおん》信仰	須佐之男命《すさのおのみこと》	八坂神社《やさかじんじゃ》（京都府）	疫病退散、水難除けを祈願
諏訪《すわ》信仰	建御名方神《たけみなかたのかみ》	諏訪大社《すわたいしゃ》（長野県）	五穀豊穣を祈願
白山《はくさん》信仰	菊理媛尊《くくりひめのみこと》	白山比咩神社《しらやまひめじんじゃ》（石川県）	縁結びを祈願
住吉《すみよし》信仰	住吉大神《すみよしおおかみ》	住吉大社《すみよしたいしゃ》（大阪府）	航海の安全を祈願

修験道や陰陽道も神道と関係するのか？

キーワード
▼山岳信仰
▼修験道
▼役小角
▼陰陽道
▼陰陽師

神道の山岳信仰が修験道に発展した

日本には**富士山**《ふじさん》（山梨・静岡県）や**三輪山**《みわやま》（奈良県）など、神様が宿るとされている山がたくさんあります。このように山を神聖視し、崇拝することを**山岳信仰**《さんがくしんこう》といいます。

この山岳信仰に仏教など他の思想が混ざり合って誕生した日本独自の思想が**修験道**《しゅげんどう》です。修験道の修行者である山伏《やまぶし》たちは、霊力を得るために、山の中で厳しい修行をしました。

この修験道を始めたのは飛鳥時代の呪術師・**役小角**《えんのおづぬ》（**役行者**《えんのぎょうじゃ》）だといいます。その役小角が第一の修行場として指定したのが**熊野三山**《くまのさんざん》（⬇P162）です。熊野那智大社《くまのなちたいしゃ》の分社・飛瀧神社《ひろうじんじゃ》の御神体である**那智の滝**は修験道でも神聖なものとされ、飛瀧《ひろう》権現《ごんげん》と呼ばれました。このように有名な神社のなかには修験道と関わりを持つものがあります。

個人的なお祓いを始めたのは神職ではなく陰陽師だった

日本で独自に発展した思想といえば、**陰陽道**《おんみょうどう》も有名です。陰陽道は中国の**陰陽五行説**《いんようごぎょうせつ》（世界は陰と陽を基礎に五つの元素でつくられているという思想）が起源ですが、日本では呪術的な宗教として普及しました。

平安時代、朝廷所属の**陰陽師**《おんみょうじ》たちは、陰陽道にもとづき暦を決め、占いを行いました。その結果によって神事の日程などが決まっていました。

また、＊祝詞《のりと》を奏上しての**お祓い**は今でこそ神職が行うものですが、この時は陰陽師や僧侶もお祓いを行いました。特に陰陽師は貴族の個人的なお祓いにも応じ、私的な願いを叶えるための**祈祷**《きとう》も行いました。

陰陽師のこの行動が神職の間にも広まり、以降、神社で個人的なお祓いや祈祷ができるようになったと考えられています。神道や神社とは無関係に思える陰陽道は、相互に影響し合ってきたものだったのです。

＊『祝詞』：神様にささげる唱え言葉（➡P108）

山岳信仰から生まれた修験道

昔から続く山岳信仰に、仏教などさまざまな思想が融合した思想が修験道《しゅげんどう》です。

【役小角《えんのおづぬ》】

修験道の開祖といわれる飛鳥時代の呪術師。葛城山《かつらぎさん》（奈良県）に宿る一言主神《ひとことぬしのかみ》に出会ったなど、神様との関わりを語るエピソードも残っています。

（奈良国立博物館所蔵）

役小角の肖像画には、小角が使役していた鬼が描かれています

【神社に残る修験道】

修験道の霊山は今も全国にあり、その多くは神様が宿る聖地とされています。なかでも役小角が第一と評したとされる熊野三山《くまのさんざん》が有名です。

那智《なち》の滝

熊野にある飛瀧神社《ひろうじんじゃ》の御神体。滝の水を飲むと長命になるといわれています。

朝廷で重んじられた陰陽道

暦学や天文学の要素もはらんだ陰陽道《おんみょうどう》。その道のエキスパートである陰陽師《おんみょうじ》は朝廷でも重用されました。

【陰陽師】

陰陽道の学者。おもに陰陽道を使って占いや儀式を行いました。やがて貴族の頼みで個人的なお祓いも請け負うようになりました。

「不動利益縁起絵巻《ふどうりやくえんぎえまき》」に描かれた陰陽師・安倍晴明《あべのせいめい》。病にかかった僧侶のため、病魔を祓う儀式を行っています

（東京国立博物館所蔵）

【神社に残る陰陽道】

神社には節分祭《せつぶんさい》（➡ P140）など陰陽道の暦にまつわる祭祀が残っています。また、我々が個人的に神社で祈祷を受けられるようになったのは、陰陽師の影響だとされています。

晴明神社《せいめいじんじゃ》（京都府）

稀代の陰陽師・安倍晴明は神社の祭神になりました。晴明は天皇から庶民まで苦しみを祓ったとされたため、晴明神社の神徳も厄祓いや除災とされています。

人々の間で自然に生まれた民俗神とは何か？

キーワード
▼民間信仰　▼稲荷神
▼民俗神　▼七福神

人々の信仰から自然発生した民俗神

『古事記《こじき》』『日本書紀《にほんしょき》』に登場する神様や、人物神のほかにも、神社に祀られている神様がいます。そのひとつが**民俗神《みんぞくしん》**です。民俗神とは、人々の生活の中で自然発生的に生まれた神様のことです。

民俗神の代表例として**稲荷神《いなりしん》**がいます。古代の豪族・秦伊呂具《はたのいろぐ》が餅を的にして矢を射るとその餅が白鳥に変身して飛び立ちました。その白鳥が降り立ったところに稲が実り、その土地は稲荷山《いなりやま》と呼ばれるようになりました。その後、稲荷山に穀物の守護神を祀る**伊奈利社《いなりしゃ》**が建てられました。これが稲荷神の総本社《そうほんしゃ》・**伏見《ふしみ》稲荷大社《いなりたいしゃ》**（京都府）の前身です。

稲荷神は『古事記』に登場する豊穣神・**宇迦之御魂大神《うかのみたまのおおかみ》**と同一視されるようになります。このように、民俗神の多くは、神社の祭神となった際に、日本神話の神様と同一視されるようになることもあります。

外国の神様が取り入れられた民俗神・七福神

民俗神のなかには、外国の宗教と入り混じって生まれた神様もいます。その代表例が**七福神《しちふくじん》**です。

七福神とは、**大黒天《だいこくてん》**・**毘沙門天《びしゃもんてん》**・**弁財天《べんざいてん》**・**寿老人《じゅろうじん》**・**福禄寿《ふくろくじゅ》**・**布袋《ほてい》**・**恵比寿《えびす》**の7柱の神様の総称です。宝船《たからぶね》に乗っていて、幸福をもたらしてくれるといわれています。

この7柱のうち、大黒天・毘沙門天・弁財天は古代インドの神様、寿老人・福禄寿は古代中国の思想・道《どう》教《きょう》の神様、布袋は仏教の僧侶です。

恵比寿だけは日本出身の神様です。古くは海岸にクジラが打ちあげられたり、死体が流れ着いたりするのは豊漁の吉兆だとされ、これを「エビス」と呼んだのが由来です。

現在、七福神は祭神として多くの神社に祀られ、七つの神社を巡る七福神巡りなどが有名です。

民俗神を代表する稲荷神

全国に約３万社あるという稲荷社《いなりしゃ》は、五穀豊穣と商売繁昌の神徳《しんとく》があるとされ、人気を集めた民俗神《みんぞくしん》です。

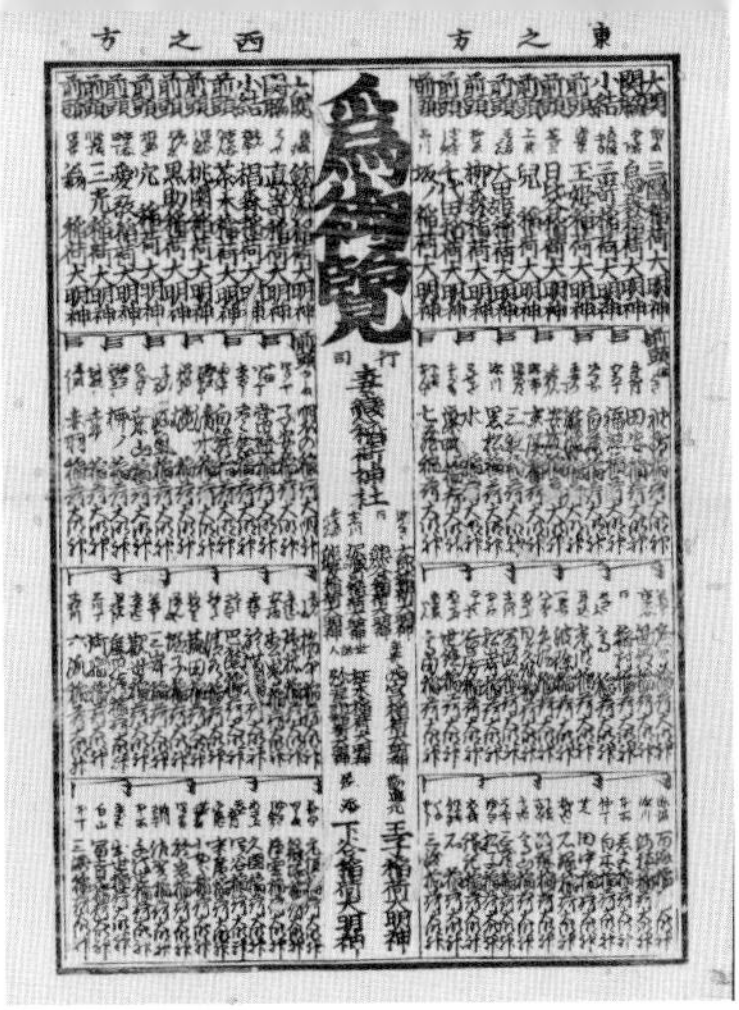

「為御覧《ごらんのため》（江戸《えど》稲荷大明神《いなりだいみょうじん》）」

大相撲の番付になぞらえた稲荷神を祀る神社のリスト。古代より信仰を集めた稲荷神は時代が下るにつれ人気を集め、江戸時代にはよくあるものの例えで稲荷社が登場するほど、稲荷社が江戸の町のいたるところに建てられました。

（東京都立中央図書館特別文庫室所蔵）

七福神のルーツ

七福神《しちふくじん》への信仰は、室町時代からといわれます。これらの神々を祀る神社やお寺を巡る七福神巡りは江戸時代から流行しました。

【弁財天《べんざいてん》】
古代インドの水の神サラスヴァディーが由来。日本神話の市寸《いちき》島比売命《しまひめのみこと》と同一視されました

【毘沙門天《びしゃもんてん》】
古代インドの財宝神クベーラが由来。武神としても信仰を集めています

【福禄寿《ふくろくじゅ》】
元は道教の神様で、福徳をつかさどります

【寿老人《じゅろうじん》】
元は道教の神様。健康や長寿をつかさどります

【恵比寿《えびす》】
元は民間信仰で生まれた豊漁の神。日本神話のヒルコの神とされています

【大黒天《だいこくてん》】
元は古代インドの破壊神シヴァ。仏教に取り入れられ大国主《おおくにぬしの》神《かみ》と同一視されます

【布袋《ほてい》】
もともと中国に実在した僧。常に袋を持っていたことが名前の由来です

（東京都立中央図書館特別文庫室所蔵）

図鑑
6

民間信仰から生まれた
民俗神図鑑

日常生活のなかで生まれた神々

日本には**八百万《やおよろず》の神**といわれるほどのたくさんの神々がいます。身近な日々の生活のなかで生まれた神々も多く、次第に**民間信仰**となって発展していきました。

このような神様を**民俗神《みんぞくしん》**と呼ぶことがあります。

民俗神には、疫病などから集落を守る神や、農業の神、仏教に取り入れられた財宝をつかさどる神様など、その神徳《しんとく》はさまざまです。

ほかにも、中国やインドの他宗教と神道が混ざり合って誕生した神様、ある一部地域で根強い人気を集めた神様など、カテゴリ分けが難しい民俗神もいます。

七福神《しちふくじん》

（東京国立博物館所蔵）

室町時代に福の神を七柱そろえて信仰する七福神信仰が始まったといわれ、一般的には、恵比《えび》寿《す》、大黒天《だいこくてん》、毘沙門天《びしゃもんてん》、弁財天《べんざいてん》、福禄寿《ふくろくじゅ》、寿老《じゅろう》人《じん》、布袋《ほてい》の七柱とされています。江戸時代からこれらの神々を祀る社寺を巡る七福神巡りが流行し、現在も日本各地で行われています。

おもな神社

不忍池弁天堂《しのばずのいけべんてんどう》（東京都）

宇賀神《うがじん》

（東京国立博物館所蔵）

『古事記』に登場する宇迦之御魂神《うかのみたまのかみ》に由来するといわれています。やがて仏教に取り入れられ、財宝をつかさどる神として信仰されるようになりました。

おもな神社

銭洗弁財天《ぜにあらいべんざいてん》
宇賀福神社《うがふくじんじゃ》
（神奈川県）

（国立国会図書館所蔵）

牛頭天王《ごずてんのう》

6世紀に仏教が伝来すると、日本の神々は仏の化身であるという本地垂迹《ほんじすいじゃく》という考えが広まりました。牛頭天王は日本では須佐之男命《すさのおのみこと》と習合し、疫病を管理する神として信仰されました。京都府の八坂神社《やさかじんじゃ》は神仏分離（➡P68）まで、牛頭天王を主祭神としていました。

おもな神社 **八坂神社《やさかじんじゃ》**（京都府）

おしらさま

東北地方の一部で信仰されている家の守り神で、一般的には蚕の神、農業の神、馬の神といわれています。御神体は、蚕の木の棒の先端に馬や女性の顔を彫って布を何枚もかぶせたもので、一対にして神棚に祀ります。

▶岩手県遠野《とおの》市の観光施設内にある御蚕神堂《おしらさまどう》。

おもな神社 **なし**（各家の神棚に祀る）

庚申《こうじん》さん

庚申さんは、猿（申）繋がりで、猿田毘古《さるたひこの》神《かみ》が祀られることもあります。

おもな神社
猿田彦神社《さるたひこじんじゃ》
（山之内庚申《やまのうちこうしん》）
（京都府）

▲猫実村《ねこざねむら》の庚申塔（千葉県浦安市）。

道祖神《どうそじん》

疫病や災難から自分たちの住む集落を守ってくれる神様で、岐《ちまた》の神、賽《さい》の神、辻の神、石神《しゃくじん》ともいいます。集落を守るという役割から、次第に子孫繁栄や縁結び、安産が祈願されるようになったともいわれ、夫婦神の像もよくみられます。神話では、天照大御神《あまてらすおおみかみ》の孫の迩迩芸命《ににぎのみこと》が天から降りる時、その道案内を勤めた猿田毘古神《さるたびこのかみ》が道祖神とされています。

おもな神社
洲崎神社《すさきじんじゃ》（愛知県）

道祖神の石像
（長野県安曇野市）。

図鑑
7

神社に祀られた 鬼・妖怪図鑑

日本各地の神社で祀られる、鬼や妖怪たち

映画や漫画、アニメでは、退治されてしまう敵として登場する**鬼**や**妖怪**。そんな彼らを祭神とする神社は、意外と多く存在します。

例えば桃太郎に登場する鬼のモデルとされる**温羅**《うら》や大江山を拠点に悪事を働いた鬼の棟梁・**酒呑童子**《しゅてんどうじ》など、人間に悪さをした鬼であっても、神様として祀られています。

このような鬼や妖怪たちは、倒されたあと、その身を葬った場所に神社が建てられたケースや、ゆかりの品を奉納する神社ができたケースが多いです。かつての悪者は、現代では私たちに神徳《しんとく》を授けてくれる神様として丁重に祀られています。

▲温羅を祀る温羅神社（岡山県）。

温羅《うら》

もともと温羅は渡来人で、製鉄技術などを伝えた人物です。吉備《きび》の文化発展に寄与しましたが、吉備《きび》津彦《つひこ》との争いに敗れ鬼のイメージがつきました。この戦いが『桃太郎』のモデルになっています。

おもな神社

温羅神社《うらじんじゃ》（岡山県）

▲両面宿儺が退治した鬼の頭髪が奉納されている水無神社（岐阜県）。

両面宿儺《りょうめんすくな》

人々から略奪を行っていた異形の怪人・両面宿儺。悪事を働き討伐されましたが、英雄としての一面もあります。彼は位山《くらいやま》の鬼を討伐したことが伝わっており、退治した鬼の頭髪は水《み》無神社《なしじんじゃ》に奉納されています。

おもな神社

水無神社《みなしじんじゃ》（岐阜県）

▲うわじま牛鬼まつりの牛鬼。

牛鬼《うしおに》

西日本の海辺に現れる頭が鬼で胴体が牛の姿をした怪物。かつて人間や家畜を襲っていましたが山伏によって退治されたという説話があります。うわじま牛鬼まつりは厄祓いの効果があるとされます。

おもな神社

和霊神社《われいじんじゃ》（愛媛県）

(東京都立中央図書館特別文庫室所蔵)

酒呑童子《しゅてんどうじ》

丹波国《たんばのくに》・大江山《おおえやま》を拠点とした鬼の棟梁で、悪行の限りを尽くしたといわれます。源頼光《みなもとのよりみつ》と頼光四天王《らいこうしてんのう》により討伐され、埋葬された地が現在の首塚大《くびづかだい》明神《みょうじん》(京都府)です。酒呑童子が今までの所行を悔い、首から上の持病がある人を助けたことから、頭部の病に神徳《しんとく》があるとされています。

おもな神社

首塚大明神《くびづかだいみょうじん》(京都府)

玉藻前《たまものまえ》

鳥羽上皇《とばじょうこう》に寵愛された九尾の狐・玉藻前。安《あ》倍泰成《べのやすなり》に姿をあばかれ、栃木県で討たれたとされます。その玉藻前の神霊を祀り、神社が建てられました。

(国立国会図書館所蔵)

おもな神社　**玉藻稲荷神社《たまもいなりじんじゃ》**(栃木県)

鵺《ぬえ》

トラツグミのような声をあげ、猿の顔、狸の胴体、虎の手足、尾は蛇という異形の妖怪・鵺。その討伐を命じられた源頼政《みなもとのよりまさ》は見事成功し、その功績を称えられ、鵺《ぬえ》大明神《だいみょうじん》が建立されました。

おもな神社

鵺大明神《ぬえだいみょうじん》(京都府)

(東京都立中央図書館特別文庫室所蔵)

(国際日本文化研究センター所蔵)

河童《かっぱ》

水の中に引っ張り込む悪戯をする伝説が知られる河童。その悪戯が転じて、不幸を引っ張り幸福へと変えてくれる幸福招《こうふくしょう》来《らい》の御利益があるとされ、信仰されるようになりました。

おもな神社

皇産霊神社《みむすびじんじゃ》

(福岡県)

龍神《りゅうじん》

おもな神社

田無神社《たなしじんじゃ》(東京都)

古くから水の神様として知られ、川や池、滝の主として信仰されました。水運のほか、厄除け、勝運などの神徳があるとされています。

(東京国立博物館所蔵)

図鑑
8

神様になった伝説の人物図鑑

物語のヒーローたちも神様として祀られた

古い時代に活躍した人物には**軍記物**などでヒーローとして語られ、その後、**能**や**歌舞伎**、**浮世絵**などでさらに有名になったケースもあります。なかにはその伝説が、童話などによって現代の子どもたちにもよく知られている場合もあります。

このような童話のなかの登場人物は、みな伝説上の人物かと思いきや、実在していたと思われる記録が残っていることや、モデルとなった神様がいることもあり、神社で神様として祀られている場合も多くあります。

いつの時代もヒーローに憧れる気持ちは変わらないということなのでしょう。

（岡山県立美術館所蔵）

吉備津彦命《きびつひこのみこと》

桃太郎伝説のモデルとして知られる神様。その屋敷跡に建てられた吉備津彦神社《きびつひこじんじゃ》には、温羅《うら》と呼ばれる鬼を退治し、吉備国《きびのくに》を平定した大吉備津《おおきびつ》彦命《ひこのみこと》が主祭神として祀られています。

おもな神社

吉備津彦神社《きびつひこじんじゃ》
（岡山県）

（東京都立中央図書館特別文庫室所蔵）

かぐや姫

静岡県富士市に伝わる伝説では、かぐや姫は月ではなく富士山に登って消えるとされます。姫の養父・竹取の翁が祀られる滝川神社《たきがわじんじゃ》や養母の媼《おうな》を祀る今宮浅間神社《いまみやせんげんじんじゃ》など、富士市にはかぐや姫由来の神社が存在しています。

おもな神社

滝川神社《たきがわじんじゃ》（静岡県）

（東京都立中央図書館特別文庫室所蔵）

浦島太郎《うらしまたろう》

丹後《たんご》の豪族・浦嶋子《うらしまこ》は、『浦島太郎』のモデルとなる伝説を持ち、彼の業績を称え、神社が創建されました。乙姫の小袖《こそで》や室町時代に制作された玉手箱も残されています。

おもな神社

浦嶋神社《うらしまじんじゃ》（京都府）

坂田公時《さかたのきんとき》(金時)

童話『金太郎』のモデル。足柄山《あしがらやま》から都へのぼり、頼光四天王《らいこうしてんのう》のひとりとして活躍します。公時神社《きんときじんじゃ》では5月5日に、公時にちなんだ大きなマサカリが飾られ、子どもの健やかな成長を祈願します。

おもな神社

公時神社《きんときじんじゃ》（神奈川県）

（東京都立中央図書館特別文庫室所蔵）

坂上田村麻呂《さかのうえのたむらまろ》

東北平定のため、征夷《せいい》大将軍《たいしょうぐん》に任命された坂上田村麻呂には、鬼退治の伝説があります。鈴鹿山《すずかやま》で悪事を働く大鬼・大嶽丸《おおたけまる》を鈴鹿御前《すずかごぜん》とともに討伐。その遺徳が称えられ、田村麻呂を主祭神とする神社が創建されました。

おもな神社

田村神社《たむらじんじゃ》（滋賀県）

（東京都立中央図書館特別文庫室所蔵）

（東京都立中央図書館特別文庫室所蔵）

源頼政《みなもとのよりまさ》

異形の妖怪・鵺《ぬえ》を退治したことで知られる源頼政は、平氏追討の際に敗死し、首塚が古河《こが》の地に建てられました。その後、鎮護の神として現在の頼政神社《よりまさじんじゃ》が創建され、文武両道の神徳《しんとく》があるとされます。

おもな神社

頼政神社《よりまさじんじゃ》（茨城県）

藤原秀郷《ふじわらのひでさと》

俵藤太《たわらのとうた》とも呼ばれ、平将門《たいらのまさかど》の乱の平定など、数々の偉業をうちたてました。その遺徳を称えるべく彼の子孫が唐澤山神社《からさわやまじんじゃ》を創建。勝利の神様として知られ、秀郷の騎馬像が刺繍された運気上昇守が人気です。

おもな神社

唐澤山神社《からさわやまじんじゃ》（栃木県）

（東京都立中央図書館特別文庫室所蔵）

源頼光《みなもとのよりみつ》

大江山《おおえやま》の大鬼・酒呑童子《しゅてんどうじ》や土蜘蛛《つちぐも》の討伐などで知られる源頼光。彼は清和天皇《せいわてんのう》の血を引く清和源氏の一族で、この一族は発祥の地とされる兵庫県の多田神社《ただじんじゃ》に祀られています。この地では現在、頼光をはじめとした武将たちに扮して甲冑《かっちゅう》を身にまとった人たちが市内を行列する源氏まつりが行われています。

おもな神社 **多田神社《ただじんじゃ》**（兵庫県）

（東京都立中央図書館特別文庫室所蔵）

もっと知りたい！
神道豆知識

3

一風変わった御神体

神様の御霊《みたま》が宿るもののことを**御神体《ごしんたい》**、または**御霊代《みたましろ》**と呼び、礼拝の対象としています（➡P20）。一般的には古代から祭祀《さいし》用具として用いられていた、鏡や剣や玉を御神体とする場合が多く、なかでも皇位のしるしの**三種《さんしゅ》の神器《じんぎ》**（**八咫鏡《やたのかがみ》**・**天叢雲剣《あまのむらくものつるぎ》**（**草薙剣《くさなぎのつるぎ》**）・**八尺瓊勾玉《やさかにのまがたま》**）は有名です。

また自然そのものを御神体として祀る場合も多く、石を御神体とする磐船神社《いわふねじんじゃ》（大阪府）、山を御神体とする大神神社《おおみわじんじゃ》（奈良県）、滝を御神体とする飛瀧神社《ひろうじんじゃ》（和歌山県）などの神社があります。

このほかにも、神社の祭神とされた人物のゆかりの品を御神体とする場合があります。

❖さまざまな御神体❖

神社名	御神体	御神体となった理由
生島足島神社《いくしまたるしまじんじゃ》（長野県）	本殿内殿の土間	国土の守り神をお祀りし、大地そのものをご神体としています
尾崎神社奥《おざきじんじゃおく》の院《いん》（岩手県）	岩に突き刺さった剣	倭建命《やまとたけるのみこと》の東征の際の最終地点の印として、倭建命自身が安置したものと伝えられています
玉造稲荷神社《たまつくりいなりじんじゃ》 胞衣塚大明神《よなづかだいみょうじん》（大阪府）	秀頼《ひでより》公の胞衣《えな》	淀君《よどぎみ》が豊臣秀頼を出産したときの胎盤。当時、胎盤は母子の絆をあらわす神聖なものとされていました
松陰神社《しょういんじんじゃ》（山口県）	吉田松陰《よしだしょういん》の硯や書簡	松陰の実家に建立された小祠に、松陰愛用の硯と書簡を御神体として祀ったのが始まり。のちに伊藤博文《いとうひろぶみ》らによって神社となりました
毛長神社《けながじんじゃ》（埼玉県）	女性の髪の毛	水害で亡くなった村の長者の娘の霊を鎮めたなど、諸説あります
乳神神社《ちがみじんじゃ》（北海道）	木のコブ	ナラの木の乳房の形をしたコブを「乳授姫大神《ちちさずけひめのおおかみ》」の御神体としてお祀りしました。母乳授け、子宝、安産、縁結びなどに御利益があるとされています

4章

思わず話したくなる！

神職と神社のヒミツ

神社で神様にお仕えする人を神職といいます。
4章ではそんな神職の職務や
神社の経営など、あまり知られていない
神社の仕組みについて説明します。

神主や神官は正式な呼び方ではない？

キーワード
▼神職　▼階位
▼職階　▼身分

神職の位を示す職階・階位・身分

神社には、装束《しょうぞく》を着て祝詞《のりと》（→Ｐ１０８）を唱える人がいます。このように、儀式を行い、神社の維持・管理を担う人を**神職**《しんしょく》と呼びます。

神職には**職階**《しょっかい》、**階位**《かいい》、**身分**《みぶん》と３つの位《くらい》があります。

職階は、神職の役職の序列を示すもので、一般企業における社長や部長のようなものです。その神社を代表し、他の神職を束ねる神職を**宮司**《ぐうじ》と呼びます。その宮司の下に、**権宮司**《ごんぐうじ》・**禰宜**《ねぎ》・**権禰宜**《ごんねぎ》と呼ばれる役職が就き、神社の運営に携わります。なお、小規模な神社だと神職が宮司しかいない場合もあります。

階位は**神社本庁**《じんじゃほんちょう》（→Ｐ１１２）所属の神社の神職になるために必要な資格で、上から**浄階**《じょうかい》・**明階**《めいかい》・**正階**《せいかい》・**権正階**《ごんせいかい》・**直階**《ちょっかい》の５つがあります。検定試験を受けたり、講座を受講することで取得できます。

神社によっては宮司になるために明階以上の階位を得なければならない場合もあり、神職になったあとも勉強が欠かせません。ですが、階位を取得していれば、女性でも外国人でも宮司になることができます。

最後の身分は、神職の経歴によって付与される階級で、特級・一級・二級上・二級…と、続きます。この身分によって神職が着用できる袴の色が決まります。

神主や神官は神職を指す古い呼び方だった

神職のことを**神主**《かんぬし》と呼ぶことがありますが、あまりふさわしくありません。そもそも神主とは、神様に奉仕する人々を指した用語で、現在の制度上の言葉ではないのです。

また神職のことを**神官**《しんかん》と呼ぶ人がいますが、神社本庁の制度としては存在しません。神官は明治時代に確立した呼称で、かつては神職を総称するものでした。

職階 神職の序列を示すものです。普段神職が常駐していないような神社でも、最高責任者である宮司《ぐうじ》は必ず1名います。

高 ← → 低

宮司《ぐうじ》
神社の最高責任者。どの神社にも必ず1名います

◀

権宮司《ごんぐうじ》
宮司を支える立場で、一般企業でいうところの副社長にあたる地位

◀

禰宜《ねぎ》
「ねぐ（神の加護を願う）」が職名の由来ともされています

◀

権禰宜《ごんねぎ》
宮司・権宮司・禰宜は一つの神社につき1名までですが、権禰宜以下は複数人いることもあります

◀

他
権禰宜以下に、出仕《しゅっし》や主《しゅ》典《てん》など神職の補佐役を置く場合があります

階位

神社本庁所属の神社の神職になるために必要なもの。検定試験を受けたり、神道系大学（➡P102）で単位を修得したりすることで取得できます。

高
- 浄階《じょうかい》
- 明階《めいかい》 — 神社によっては宮司になるために明階以上の階位が必要になることも
- 正階《せいかい》
- 権正階《ごんせいかい》
- 直階《ちょっかい》 — 神職になるためには最低限、直階を得る必要があります

低

身分

身分は経歴や人格、功績によって決定します。神職が身につける袴の色は、この身分によって異なります。

身分	袴の色
特級（高）	白（文様あり）
一級	紫（文様あり）
二級上	紫（文様あり）
二級	紫
三級	浅葱《あさぎ》
四級（低）	浅葱《あさぎ》

神職を補佐する巫女は資格がなくてもなれるの？

キーワード
▼巫女
▼依代
▼神がかり

神職資格がなくても巫女になれる

神社でひときわ目を引く緋色《ひいろ》の袴を着た女性たちの舞を見ることがあると思います。このように、祭事の際に**神楽舞**《かぐらまい》を奉納したり、社務所《しゃむしょ》で参拝者にお守りやおみくじを授けたり、神職の仕事の補佐を行う女性のことを**巫女**《みこ》といいます。

神社を清浄な状態にするための毎日の掃除や、神職の装束の管理など、神社に関する雑務を巫女が担うことも多いようです。

巫女のなかには神職の資格を取得している人もいますが、基本的に資格は必要ありません。神職の近親者など、その神社に関係のある人が就くことが多いようです。

年末年始など、特に神社が多忙を極める時期は、学生や日頃からその神社と関わりのある人の縁者などが、いわゆるアルバイトとして巫女を務めることもあります。

特殊能力があった？今昔で異なる巫女の役割

巫女の歴史は大変古いものです。古代、神様が憑依《ひょうい》する**神がかり**をして、その意思を伝えることができる宗教的能力をもつ人を、巫女と呼んでいました。神社に所属する巫女のほか、里に住んだり流れ渡ったりしながらその能力を発揮する呪術師のような巫女もいたようです。

巫女の原初の例として代表的なのが、日本神話に登場する**天宇受売**《あめのうずめ》**命**《みこと》。天照大御神《あまてらすおおみかみ》が天岩屋《あめのいわや》に隠れた際、舞を踊って神の気を引いた女神です（➡P64）。

今でも巫女には特殊な能力が備わっているというイメージがありますが、それにはこうした背景が影響しているのでしょう。

しかしその後、神祭りは神職が中心的に担うようになり、巫女は次第に神職を補佐する役を担うようになりました。

巫女の起源

巫女《みこ》の原形は、『古事記』や『日本書紀』など日本神話に登場する女神たちの姿だという説もあります。

【天宇受売命《あめのうずめのみこと》】

天照大御神《あまてらすおおみかみ》が天岩屋に隠れてしまった際、舞を踊った女神。古代朝廷の神祇官という役所で、女官として神楽を奉納していた一族・猿女君《さるめのきみ》は、天宇受売命の子孫といわれ、巫女の起源とされています。

（東京都立中央図書館特別文庫室所蔵）

【神功皇后《じんぐうこうごう》】

15代・応神天皇《おうじんてんのう》の母で、亡夫・仲哀天皇《ちゅうあいてんのう》に代わり、身重の体で朝鮮半島との戦を先導した伝説があります。神功皇后は神話のなかで幾度も神託《しんたく》（神の声）を聞いていることから、神の意志を人に伝える巫女のイメージと重なり、原初の巫女の例の一つにあげられます。

巫女の仕事

巫女は神職ではないため資格も不要ですが、祭祀や神社の運営には、なくてはならない存在です。

【巫女舞《みこまい》】

巫女が舞う神楽（神に奉納する芸能）を、巫女舞と呼びます。神前結婚式の前など、数々の祭祀で巫女の踊りが奉納されています。（東京大神宮提供）

【お守りの授与・管理】

お守りの授与や御朱印の用意、ご祈祷の受付など参拝客への対応は巫女が担うことが多いです。繁忙期は巫女のアルバイトをお願いする神社もあります。

神職・巫女になるにはどうすればよいのか？

キーワード
▼神職
▼巫女
▼階位
▼神職課程

神職になるには資格の取得が必要

神職は、神社の生まれかどうかに関わらず、誰でもなることができます。性別や年齢、国籍も問われません。ただし、全国の多くの神社は**神社本庁**《じんじゃほんちょう》（⇨P112）に属しており、神職に就くにはこの神社本庁が認める資格が必要です。神社の出身者や跡取りでも、原則的にはこの資格を取得しなければなりません。

神職になる資格とは**階位**《かいい》（⇨P98）のこと。取得方法はいくつかあり、4年生大学の**神職課程**を履修するのが一般的です。**國學院大學**《こくがくいん》（東京都）、あるいは**皇學館大学**《こうがっかん》（三重県）で定められた単位を取得すれば、卒業と同時に**正階**《せいかい》が、さらに神社で2年間の経験を積み、研修を受けることで**明階**《めいかい》が授与されます。

卒業後の進路は実家の神社を継ぐ人もいれば、就職活動を行い神社に雇ってもらう人もいます。

またこれらの大学には、1年で学べる神道学専攻科と1カ月で学べる養成講座もあり、「急に跡を継ぐことになった」など、急を要するときの手段ともなっているようです。ただし、これらを受講するには都道府県の神社庁からの推薦が必要です。

また、一部の神職養成機関では、二年間の住み込みで資格が取得できますが、年齢制限があります。

神社ごとに採用条件が違う巫女の仕事

一方、女性が務める**巫女**《みこ》には資格制度がありません。しかし神社によっては巫女として一旦採用されると、作法から舞までさまざまなことを学ばなければなりません。

ちなみに、巫女は若い未婚女性がなるものというイメージがあるかもしれませんが、実際には神社ごとに応募条件が定められています。お正月など神社が忙しい時には臨時で募集されることもあります。

神職になるまで

神職になるには、神社本庁《じんじゃほんちょう》が定める神職資格が必要です。一般的には、國學院《こくがくいん》大學か皇學館《こうがっかん》大学で単位を取得し、資格を得ます。

【神道系大学】

國學院大學のキャンパス内にある神社、國學院大學神殿。小さいながら周りには神域を示す木々が植えられています。

皇學館大学のキャンパス内にある祭式教室。神社の社殿を彷彿とさせる外観で、内部には祭式作法を学ぶ神殿があります。（皇學館大学提供）

【神職資格に必要な単位の一例】

宗教学	神道だけではなく仏教·キリスト教など世界の宗教を学びます
古典講読	『日本書紀』など神道で大切な古典史料を読み込みます
神道祭祀の実習	模擬儀式を行い、祭祀の流れを実践で学びます

仏教との違い

僧侶になるための大学もある？

高野山学園の得度式の様子。（高野山大学提供）

神職だけではなく、僧侶になるための大学もあり、僧侶を目指す人たちが入学します。たとえば、真言宗《しんごんしゅう》の総本山・高野山《こうやさん》（和歌山県）には高野山大学があります。高野山大学における僧侶になるカリキュラムの内容は、得度式《とくどしき》（出家の儀式）や受戒《じゅかい》（戒律《かいりつ》を授かる）に始まり、経典の読み方や儀礼の実践作法、さらには加《か》行《ぎょう》という修行もあります。これらを一通り学んだ末に、伝法灌頂《でんぼうかんじょう》（密教の付法）を収め最終的には阿闍梨《あじゃり》（真言宗の僧侶としての資格）を習得できます。

密着！神職の1日

神職の仕事は祈りに始まり祈りに終わる

装束《しょうぞく》に身を包み優雅に見える神職ですが、その1日は多忙です。神社の規模や職階（⇩P98）によって担う仕事は異なりますが、一般的な日課をのぞいてみましょう。

神社の朝は早くから動き始めます。空気も清々しい早朝からお参りに訪れる人も多いため、たいていの神社は朝5時か6時には開門します。

まず最初に行うのが、**境内《けいだい》の清掃**。掃き掃除にはお祓《はら》いの意味があるともされており、神職

境内を掃除する巫女。

神前で祝詞を奏上する神職。

1 早朝 境内の掃除

だいたい午前５時～６時頃から境内の掃除が行われ、早朝から参拝客を迎えます。

2 午前 日供祭

社殿の扉を開け、神様の食事を捧げて朝のお祈りをする日供祭《にっくさい》を行います。神様のお食事は日《にっ》供《く》といい、米・酒・塩・水などを捧げます。そして人々や地域の幸せと発展を祈ります。

にとって重要な仕事なのです。

そして、毎日欠かさず行われるのが**日供祭**《にっくさい》。これは、神様に日供（毎日のお供えもの）を捧げる神事であり、神前に米、酒、魚、野菜などの**神饌**《しんせん》を供え、祝《のり》詞《と》を奏上《そうじょう》して地域の安寧と発展を祈ります。

午前中は、厄祓《やくばら》いや初宮詣《はつみやもうで》の**祈願者**《きがんしゃ》が多いので、**ご祈祷**《きとう》を捧げたり、社務所《しゃむしょ》や授与所《じゅよじょ》で参拝客の対応を行います。

午後も、引き続きお参りする人の対応や清掃を行いながら、人によっては雅楽《ががく》の練習を行う場合もあります。

そして夕方。朝と同じように神様にお参りし、無事に過ごせたことを**夕拝**《ゆうはい》で感謝。神饌を下げたら、門がある場合は閉門し、神社の1日は暮れていきます。

4 夕方 夕拝

日が沈む頃になると、再び神様にお参りし、無事に1日を過ごせたことに感謝します。これを夕拝《ゆうはい》といいます。そして日供を下げます。

1日を無事に過ごせたことを神様に感謝する神職。

3 日中 参拝者の対応

社務所《しゃむしょ》や授与所《じゅよじょ》でお守りや御朱印《ごしゅいん》を授けたり、社殿で七五三や厄祓《やくばら》いなどのご祈祷を行ったり、結婚式やお祭りなどを行います。また雅楽《ががく》の練習も行うことも。

神前結婚式でのお祓いの様子。

神職・巫女の装束

祭祀で着用する装束は平安貴族の衣装が起源

普段は白い着物に袴姿《はかますがた》の神職や巫女《みこ》ですが、祭祀《さいし》や儀式の時に身につける服装があります。これを装束《しょうぞく》といいます。

神社では年間を通してさまざまな祭祀が執り行われており、特別なものから順に大祭《たいさい》、中《ちゅう》祭《さい》、小祭《しょうさい》と区別されています（⬇P130）。

神職が着用する装束も祭祀によって異なり、大祭では正装《せいそう》、中祭では礼装《れいそう》、小祭では常装《じょうそう》と区別されています。

正装は衣冠《いかん》という平安時代の

巫女の装束

白衣《びゃくえ》
白い小袖《こそで》のこと。「はくえ」や「しらぎぬ」とも呼ばれます
緋袴《ひばかま》
平安時代の女官や貴族の女性が着用していた袴が原型

【常装《じょうそう》】

小祭で着用する装束。狩衣ともいいます。

烏帽子《えぼし》
もともと元服《げんぷく》した男子が被っていたもの。現在では神職の常装で着装されます
笏《しゃく》
狩衣《かりぎぬ》
神職がもっとも着用する服装で、袖に紐があります
差袴《さばかま》

（皇學館大学佐川記念神道博物館提供）

女性神職の服装

女性神職は采女服《うねめふく》（宮中の女官が着用していた装束）にもとづいた装束を着用します。正装は「袿袴《うちきばかま》」と呼ばれる袴。礼装は正装と同じく袿袴、もしくは「水《すい》干《かん》」と呼ばれる装束をまとい、常装でも水干を着用します。履き物はいずれも木履《もくり》という木製の靴です

貴族が着ていたようなスタイルです。頭には**冠**《かんむり》、そして**袍**《ほう》という上衣《じょうい》を着て、右手に**笏**《しゃく》を持ちます。袍の色は神職の身分（⇩P98）によって異なります。また、足元は木に漆を塗った**浅沓**《あさぐつ》という靴を履きます。

礼装は**斎服**《さいふく》ともいい、衣冠とほぼ同じですが、身分を問《と》わず袍が白いのが特徴です。

常装は**狩衣**《かりぎぬ》といい、冠ではなく**烏帽子**《えぼし》をかぶります。

なお下半身は、神職の身分にのっとった色の**差袴**《さばかま》を着用します。しかし、礼装だけは身分を問わず、紋様のない白い差袴を着用します。

神職を支える女性・巫女は、赤い色の**緋袴**《ひばかま》に、**「白衣**《びゃくえ》**」**と呼ばれる白い小袖《こそで》（袖口が狭い衣装）を着用します。

神職の装束

【正装《せいそう》**】**

大祭で着る、一番格式の高い装束。衣冠ともいいます。

【礼装《れいそう》**】**

中祭で着用する白い装束。斎服ともいいます。

冠《かんむり》
もともとは宮廷装束におけるかぶり物。正装と礼装は同じ冠を着用します
袍《ほう》
「うえのきぬ」とも呼ばれる上着。正装の場合は身分によって色が異なります
笏《しゃく》
男性神職がどの服装のスタイルでも右手に持つ祭具
袍《ほう》
正装で着用するものと異なり、身分を問わず白いのが特徴
差袴《さばかま》
神職の履く袴は身分によって色が異なり、紋の入った白が一番高い身分です
浅沓《あさぐつ》
漆塗りの木製靴
差袴《さばかま》
礼装の場合は身分を問わず紋のない白い袴を着用します

神職が唱える祝詞にはどんな意味があるの？

キーワード
▼祈祷　▼料紙
▼祝詞　▼宣名書き
▼『延喜式』

神様に捧げるために奏上される祝詞

お祭りや厄祓《やくばら》いなどのご祈祷《きとう》で、神職がうやうやしく言葉を唱えているのを見たことはありませんか。この唱え言葉は**祝詞《のりと》**といい、神様に捧げるための独特な文章です。そのため、祝詞は「唱える」ではなく「**奏《そう》上《じょう》する**」といいます。

祝詞はもともと朝廷の祭儀《さいぎ》で読まれた言葉で、中世以降、神社でも奏上されるようになりました。

現在奏上されている祝詞の原型となっているのは、927年に成立した『**延喜式《えんぎしき》**』に収録されている27編の祝詞です。『延喜式』は当時の政治組織や朝廷の儀式のやり方などをまとめた史料です。

清らかな言葉を口に出して唱える

祝詞の構成内容にはある程度規則性があります。最初に**祭神の名前**やその祭りの由来となる神話のエピソードが語られます。その後、祭神の**神徳《しんとく》**（＝神様の力）を称える文章が続き、神様へ捧げる**神饌幣帛《しんせんへいはく》**（＝お供え物）を伝えます。最後に神様に祈願したいことを述べます。

祝詞によっては最初の神話部分が省略されていたり、比喩を使っていたりとバリエーションは多岐にわたりますが、いずれも神様への賛辞を丁寧に伝えたものになります。

神職はたくさんある祝詞をすべて完璧に暗記していると思われるかもしれませんが、そうではありません。**料紙《りょうし》**に書かれた祝詞を音読してもよいとされています。独特の抑揚をつけて奏上することが重要で、料紙にはどこに抑揚をつけるかがわかるよう、万葉仮名《まんようがな》で読み下しのメモがついた**宣名書《せんみょうが》き**が用いられています。

祝詞は神職だけではなく、誰でも奏上してよいものです。神社に参拝した際は、祝詞を奏上してみてはいかがでしょうか。

祝詞の構成

祝詞《のりと》は構成が定型化しており、その多くは神様の名前から始まります。

【「祓詞《はらえことば》」にみる祝詞の構成】

祓詞は基本的に神事の最初に読まれる短い祝詞です。

掛《か》けまくも畏《かしこ》き　伊邪那岐大神《いざなきのおほかみ》
口に出してそのお名前を申し上げるのも恐れ多い、伊邪那岐命《いざなきのみこと》が

筑紫《ちくし》の日向《ひむか》の橘《たちばな》の小戸《をど》の阿波岐原《あはぎはら》に
筑紫の日向の橘の小戸の阿波岐原で

禊《みそ》ぎ祓《はら》へ給《たま》ひし時《とき》に　生《な》り坐《ま》せる　祓戸《はらえど》の大神等《おほかみたち》
禊祓いをされた時にお生まれになった、祓戸の大神たちよ

> 最初に祭神の名前と、それにまつわる神話が読まれます。作成されたのが比較的新しい祝詞は神話が省略されていることもあります

諸々《もろもろ》の禍事《まがこと》・罪《つみ》・穢《けがれ》　有《あ》らむをば　祓《はら》へ給《たま》ひ清《きよ》め給《はら》へと
さまざまな災難や罪、穢れがございましたら、祓いお清めくださいと

白《まを》すことを聞《き》こし召《め》せと　恐《かしこ》み恐《かしこ》みも白《まを》す
申しますことを、お聞き届けくださいませと、畏れ多くも申し上げます

> 祈願の内容は最後に伝えます

> 末尾が「申す」：神様に奏上するための祝詞（奏上体祝詞）
> 末尾が「宣《の》す」：祭りの客に宣言するための祝詞（宣命体祝詞）

祝詞が書かれた料紙

祝詞は料紙《りょうし》に書くのが一般的です。また漢文で書かれ、読み下しに万葉仮名が使われます。

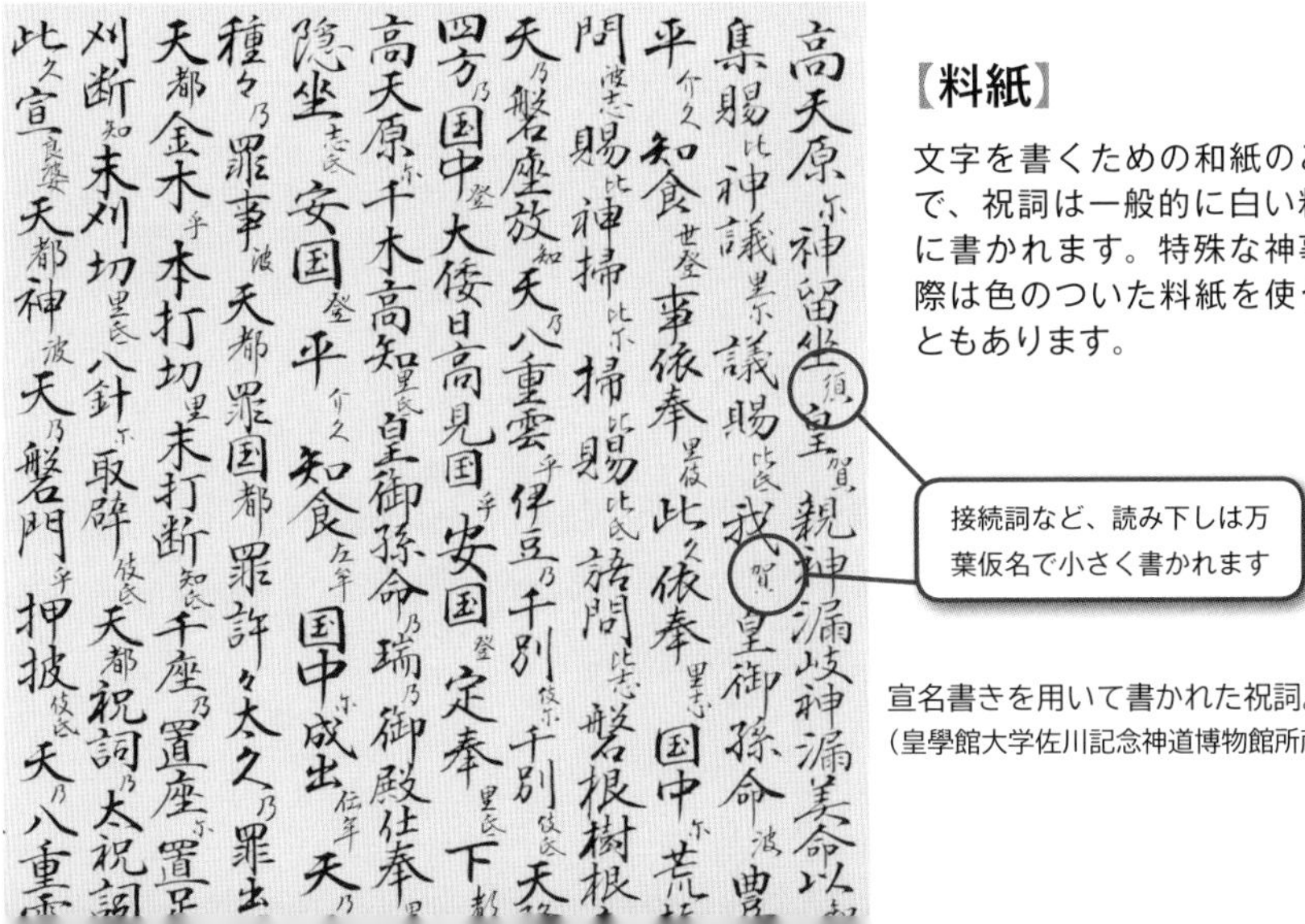
接続詞など、読み下しは万葉仮名で小さく書かれます

【料紙】

文字を書くための和紙のことで、祝詞は一般的に白い料紙に書かれます。特殊な神事の際は色のついた料紙を使うこともあります。

宣名書きを用いて書かれた祝詞。
（皇學館大学佐川記念神道博物館所蔵）

神宮や大社など神社名の違いの意味とは？

キーワード
▼神宮
▼大社
▼宮
▼八幡宮
▼天満宮
▼東照宮

神社の称号である社号の種類とその意味

神社の正式名称を見ると、〇〇神社ではなく、〇〇神宮《じんぐう》や、〇〇大社《たいしゃ》となっているところがあります。これは**社号**《しゃごう》と呼ばれるもので、**神宮**《ぐう》、**大社**《たいしゃ》、**神社**、**社**《しゃ》の5種類あり、かつては神社の格の高さや性質を表すものでした。

どうやって社号が決められたかは、よくわかりません。明治時代に**近代**《きんだい》**社格制度**《しゃかくせいど》が制定された際、古くからの呼び名を尊重しつつ、一定の基準が定められました。しかしその後、神社側で変更した例もあります。

伊勢神宮だけは別格 神社と神宮の違いとは？

神宮は、基本的に、祭神に天照大御神《あまてらすおおみかみ》や天皇家の先祖をお祀りしていたり、天皇と縁が深い神社に認められる最大級の称号です。たとえば皇位継承の証・草薙神剣《くさなぎのみつるぎ》を御神体とする**熱田神宮**《あつたじんぐう》（愛知県）などです。

別格なのが、正式名称を「神宮」と称する**伊勢神宮**《いせじんぐう》（三重県）です。実は「伊勢神宮」という名前の方が通称で、この場合の神宮は社号にあたりません。

〇〇八幡宮《はちまんぐう》、〇〇天満宮《てんまんぐう》、〇〇東照宮《とうしょうぐう》など**宮**がつくものも、特別な由緒のある神社です。

出雲大社《いづもおおやしろ》（島根県）、**諏訪大社**《すわたいしゃ》（長野県）、**春日大社**《かすがたいしゃ》（奈良県）など、**大社**と呼ばれる神社も大規模なところが多いのですが、大社は古くからその地域の中心となっていた神社に使われている場合が多いようです。

そしてもっとも多く見かけるのが、やはり**神社**です。最後の**社**は、大規模な神社から神様を＊勧請《かんじょう》していることが多く、比較的小規模な神社に使われています。

神社名とは別に、**「一之宮」**《いちのみや》と呼ばれる神社もあります。これは古代の神社制度で、その地域でもっとも位が高いとされた神社です。

＊『勧請』：神の分霊を他の地域や神社に移して祀ること（➡P84）

神社の社号

神社には社号《しゃごう》と呼ばれる称号があり、神社名に反映されています。社号は祭神や由緒によって変わります。

社号		基　準	おもな神社
神宮《じんぐう》		皇室の祖先（皇祖《こうそ》）や、天皇に関わりのある祭神を祀る神社。特別な由緒のある神社	伊勢神宮《いせじんぐう》、熱田神宮《あつたじんぐう》、石上神宮《いそのかみじんぐう》
宮《ぐう》	八幡宮《はちまんぐう》	八幡神《はちまんしん》（誉田別命《ほんだわけのみこと》＝応神天皇《おうじんてんのう》）を祀る神社	石清水八幡宮《いわしみずはちまんぐう》、鶴岡八幡宮《つるがおかはちまんぐう》など
	天満宮《てんまんぐう》	天神《てんじん》（菅原道真《すがわらのみちざね》）を祀る神社	太宰府天満宮《だざいふてんまんぐう》、北野天満宮《きたのてんまんぐう》など
	東照宮《とうしょうぐう》	東照大権現《とうしょうだいごんげん》（徳川家康《とくがわいえやす》）を祀る神社	日光東照宮《にっこうとうしょうぐう》、久能山東照宮《くのうざんとうしょうぐう》など
大社《たいしゃ》		もともとは、天照大御神《あまてらすおおみかみ》の子孫に国を譲った出雲大社《いづもおおやしろ》を示しました	出雲大社、諏訪大社《すわたいしゃ》、春日大社《かすがたいしゃ》など
神社《じんじゃ》		一般の神社	厳島神社《いつくしまじんじゃ》、靖国神社《やすくにじんじゃ》、氷川神社《ひかわじんじゃ》など
社《しゃ》		比較的小規模な神社	稲荷社《いなりしゃ》、天神社《てんじんしゃ》など

神社にみる伝統のルーツ

国による格付け制度、社格《しゃかく》とは？

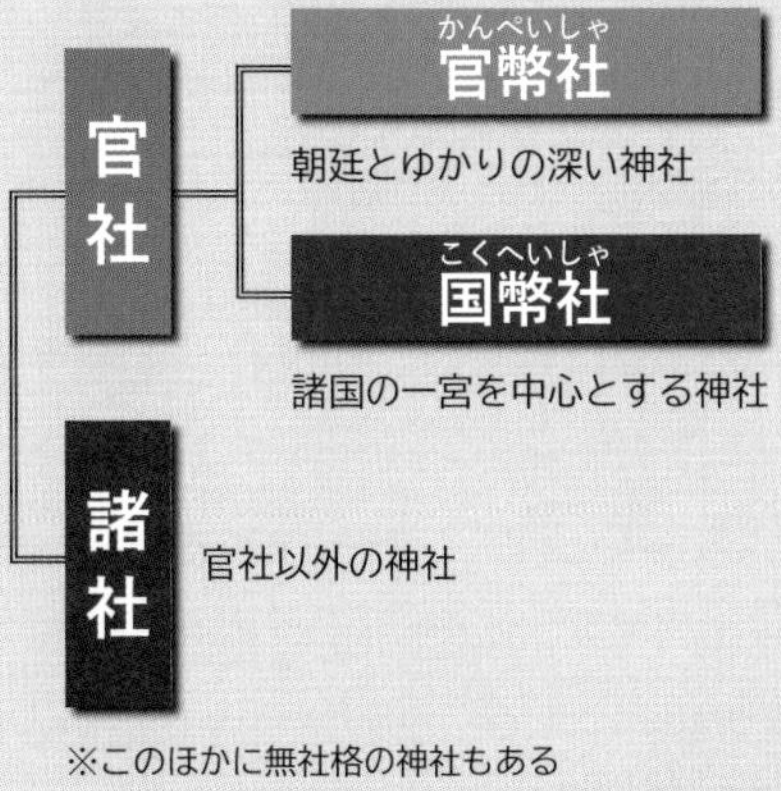
官社
官幣社《かんぺいしゃ》
朝廷とゆかりの深い神社
国幣社《こくへいしゃ》
諸国の一宮を中心とする神社
諸社
官社以外の神社

※このほかに無社格の神社もある

国家が神道と深く結びついていた時代には、社号とはまた違う社格という格付け制度がありました。制度の変遷はあるものの、古代から脈々と受け継がれてきたもので、最後に定められたのは、官社と諸社に大別された明治時代でした。第二次世界大戦後に社格制度は廃止されましたが、現在も「旧官社」という呼び方がなされることがあります。

神社本庁とはどんな組織で何をしているのか？

キーワード
▼神社本庁 ▼宗教法人
▼神社庁

全国の神社を統括する神社本庁とは

全国約8万の神社と、それに関わる神職《しんしょく》（↓P98）たち。これらを包括する組織が**神社本庁**《じんじゃほんちょう》です。

神社本庁は、1946年に設立され、本部を東京都の代々木《よよぎ》に構えています。

戦前まで、神社は宗教ではなく、公的な空間とされていたため、その管理は政府が行っていました。しかし戦後に神社・神道は宗教と位置づけられたため、政府に代わって神社の管理を行う宗教法人として神社本庁が発足したのです。

また、神社本庁の支部には「東京都神社庁」「神奈川県神社庁」など、都道府県ごとに**神社庁**《じんじゃちょう》があります。

さまざまな活動で神社の伝統を守る

神社本庁は、包括している神社や神職の管理のため、数多くの活動を行っています。

まずは、**神職の養成**。神職になるためには試験を受けて資格（階位）を取得する必要があります（↓P102）が、その試験を主導するのは神社本庁です。また、一部の神社庁では、神職を養成するための講座も開いています。

次に、**氏神神社**《うじがみじんじゃ》（↓P114）の管理です。地域ごとに祀られる神様を**氏神**といい、その神社を支え、お祭りに参加する**氏子**《うじこ》があります。もし自分の住む地域の氏神神社が知りたい場合は、神社庁に問い合わせると教えてくれます。

神社や神道に関する広報活動も神社本庁の仕事です。神社の参拝マナーや日本神話など、神社・神道を広める活動を通じて、日本の伝統や文化を守り伝えているのです。

そのほかにも、神社本庁主導の祭祀を執り行ったり、各神社に**神宮大麻**《じんぐうたいま》（↓P48）を配布したりと、さまざまな活動を行っています。

神社本庁のおもな活動

全国約８万社の神社を包括する神社本庁《じんじゃほんちょう》は、神社や神道の発展のため日々活動しています。

【神職の養成】
神職になるために受験が必要な資格試験を主導するほか、神職になりたい人のために講座を開くこともあります。

【神宮大麻《じんぐうたいま》の頒布】
神社本庁は伊勢神宮《いせじんぐう》（三重県）を全神社の頂点としています。そのため伊勢神宮のお札である神宮大麻を、所属する神社を通して人々に頒布しています。

【神社の広報活動】
書籍やウェブサイト、ラジオ、テレビなど、さまざまなメディア媒体を通じて、神社や神道に関する情報を広めています。

【神社の活性化】
過疎化が進む地域の神社への援助などを行います。2020年には、神社の境内に掲示するための新型コロナウイルス感染症対策ポスターも作成しました。

代々木にある神社本庁の施設。

このほかにも…

- 氏神神社《うじがみじんじゃ》の管理
- 祭祀の執行
- 神社の人事の管理

など

神社の豆知識

神社本庁に所属していない神社

神社本庁に所属していない靖国神社。

実は神社本庁に所属していない神社もあります。このような神社は、便宜上「単立神社《たんりつじんじゃ》」と呼ばれることもあり、2000社ほどあるといわれています。少し難しい話ですが、神社一つひとつは独立した宗教法人で、神社本庁はそれをまとめる包括宗教法人。つまり、神社そのものは法人として独立した組織なので、上位組織の神社本庁への加入は、義務ではないのです。有名なところでは世界遺産の日光東照宮《にっこうとうしょうぐう》（栃木県）や、靖国神社《やすくにじんじゃ》（東京都）などがあります。

地域の神社に関わる氏子や氏神とは何か？

キーワード
▼氏神
▼氏子
▼鎮守神
▼産土神
▼崇敬者

その地域に宿る氏神とそれを支える氏子

日本には約8万社の神社があり、どこへお参りすればよいのか迷ってしまう人もいるかもしれません。そこで、まずは最初に近所の**氏神神社**《うじがみじんじゃ》に行ってみるのはいかがでしょうか。

氏神《うじがみ》とは、自分の住んでいる地域に宿る神様のことで、氏神を祀る神社を氏神神社、氏神神社の周辺に住む人々を**氏子**《うじこ》と呼びます。

古代は、藤原氏《ふじわらし》、物部氏《もののべし》など同じ先祖をもつ一族《いちぞく》を「氏」という単位でくくり、その先祖や縁のある神様を氏神と呼んでいました。しかし、時代がくだるにつれて、氏神は住んでいる地域の神様を指すようになりました。

地域に宿る神様としては、**鎮守神**《ちんじゅがみ》と**産土神**《うぶすながみ》というのもあります。鎮守神はその地域の守り神、産土神は生まれた土地の神様です。

昔は生まれた土地で育ち、一生を過ごすことが当たり前だったので、鎮守神と産土神は同じというケースが一般的でした。それがさらに氏神とも同一視され、現在は一緒くたにされていることも多いです。

氏子は氏神神社のお祭りを開催したり、寄付を行ったりします。ただ、氏子に加入義務はありませんので、ならなくても本来は大丈夫です。

氏神神社も崇敬神社も同じように参拝を

氏神神社に対して、氏子地域ではないのに、わざわざ参拝に訪れる人のことを**崇敬者**《すうけいしゃ》といいます。そして、氏子をもたなくとも信仰を寄せる神社のことを、**崇敬神社**《すうけいじんじゃ》と呼びます。

複数の神社を信仰するのはよくないことかと悩む人もいますが、氏神神社も崇敬神社も同じようにお参りして構いません。ただ、日々の暮らしに寄り添ってくださる地元の氏神様への感謝は、いつも忘れずにいたいものです。

地域に宿る神様

土地の神様として、氏神や鎮守神、産土神がいます。

現代は明確な区別がなく、まとめて「氏神」と呼ぶことも

【氏神神社《うじがみじんじゃ》】
氏神を祀る神社で、そのサポーターを氏子《うじこ》と呼びます。なお、氏子の代表者を総代《そうだい》と呼びます

【氏神《うじがみ》】
もとは一族の先祖や縁のある神様。現代はその地域で祀られる神様

【崇敬神社《すうけいじんじゃ》】
氏子をもたない神社。近所・遠方に関わらず、崇敬神社のサポーターを崇敬者《すうけいしゃ》と呼びます
例 明治神宮《めいじじんぐう》（東京都） など

【産土神《うぶすながみ》】
生まれた場所に宿る神様。そのまま一生守ってくれるともいわれます

【鎮守神《ちんじゅがみ》】
地域の守り神

かつては人の移住が少なかったため、同じ場合が多かった

神社の豆知識

神職がいない神社の氏子

全国には8万社以上の神社がありますが、そのうち7万社は神職が常駐していない“無人神社”だとされています。これは、地方の過疎化が進んだことや、神職の人口自体が減少していることで、1人の宮司《ぐうじ》(➡ P98)が複数の神社を管理していることが原因です。

特に人口の少ない地域では1人の宮司が100社の神社の管理をしているケースも。そういった神社では、氏子が積極的に境内・社殿の清掃や、お供え物の取り替えを行っている様子がみられます。

お正月に氏神神社に集まる氏子。

もっと知りたい！
神道豆知識

4

国外にある神社

　日本にしかないと思われがちですが、実は海外にも神社があります。海外に移住した日本人が心のより所として建立したものが多く、ハワイやブラジルなどでは、今も日系の人々によってお祭りが行われています。海外の神社で最古のものは**ハワイ出雲大社《いづもおおやしろ》**で、ハワイにはほかにも、**ハワイ金刀比羅神社《ことひらじんじゃ》**や**ハワイ石鎚神社《いしづちじんじゃ》**などがあります。

　近年では神道に親しみを感じる現地の人々によって神社が建立《こんりゅう》されることもあり、アメリカのワシントン州には椿大神社《つばきおおかみやしろ》（三重県）より分祀された**アメリカ椿大神社**が、フランスのブルゴーニュ地方には水屋神社《みずやじんじゃ》（三重県）より分祀された**和光神社《わこうじんじゃ》**が、ヨーロッパのサンマリノ共和国には、天照大御神《あまてらすおおみかみ》を祀る**サンマリノ神社《じんじゃ》**があります。

ハワイのホノルルにある出雲大社。

5章

意外なところで発見！

神道と日常生活のつながり

七五三やお祭りなど、私たち日本人の生活において、
神社に訪れる機会は多々あります。
5章ではそんな神社とゆかりのある
日本の伝統について解説していきます。

なぜ人生の節目で神社に行くことが多いの？

キーワード
▼人生儀礼　▼年祝い
▼初宮詣　▼還暦

日本人の人生と神社や神様のつながり

現代の日本人の多くは、自分は特定の信仰をもっていないと思っているといわれています。しかし日本の伝統的な儀式は神社や神前で行われているものもあり、多くの日本人の人生において、神様や神社は切っても切り離せない存在でもあります。

数ある儀式のなかでも、生まれてから亡くなるまで、人生の節目に行われるものを**人生儀礼**《じんせいぎれい》と呼びます。人々は年齢を重ねるたびに、成長や無事、長寿を神様に祈願し、感謝するため神社を参拝しました。

成長・加齢のたびに神様に感謝する人生儀礼

最初に行う人生儀礼が**初宮詣**《はつみやもうで》。**お宮参り**《みやまい》という呼び方でよく知られています。初宮詣は**産土神**《うぶすながみ》（生まれた土地の神）に、子どもの成長を祈るため、また新しい*氏子《うじこ》が誕生したことを報告するために行います。そのため**産土参り**《うぶすなまい》と呼ばれることもあります。

初宮詣を終えた子どもは、**七五三**《しちごさん》（⬇P120）や**成人祭**《せいじんさい》など、一定の年齢で神様に成長を報告するため、神社を参拝する人生儀礼を行います。その後60歳まで年齢に関わる儀礼はありませんが、この間に迎えるのが**厄年**《やくどし》（⬇P122）です。厄年は災厄に見舞われる年齢とされ、神社では厄祓《やくばら》いが行われています。

厄年を乗り越えて迎えるのが、**年祝**《としいわ》**い**です。60歳の還暦《かんれき》に始まり、長寿を祝う人生儀礼が節目の年齢に行われます。

また、年齢に関わらない人生儀礼もあります。その代表例が**神前結婚**《しんぜんけっこん》**式**《しき》（⬇P124）と神道式の葬儀である**神葬祭**《しんそうさい》（⬇P126）。神前結婚式は神社や結婚式場で行われる神道式の結婚式、神葬祭は自宅や葬儀場に神職を招いて行われる神道式のお葬式です。

＊氏子：もともとは同じ神様を信仰する血縁者（➡P114）のこと。

神社が関わる人生儀礼

長い人生における節目の儀礼を人生儀礼といい、その年齢を無事に迎えられた感謝を神様に伝えました。

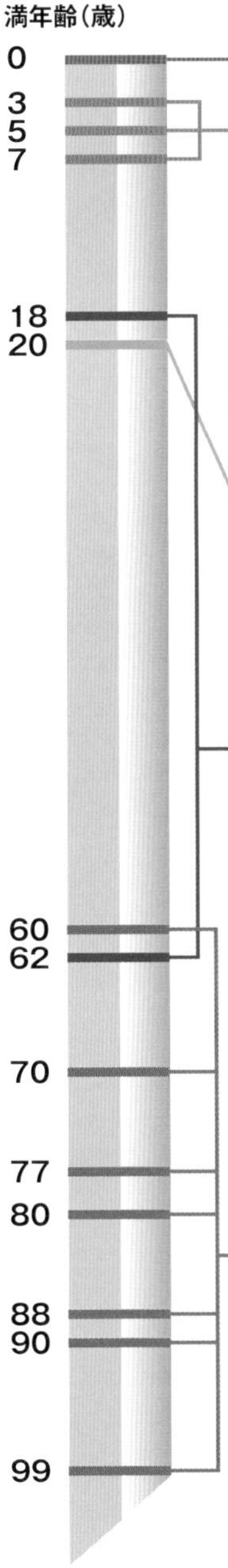
満年齢（歳）
0
3
5
7
18
20
60
62
70
77
80
88
90
99

【初宮詣《はつみやもうで》】生まれて初めて産土神を参拝すること。子どもの成長を祈願します。なお、初宮詣は生まれてから約一カ月ほど時期を空けないといけないといわれています。これは出産が血＝穢《けが》れにまつわる行為であり、穢れが落ちるまでは神社に参拝するのを避ける風潮があったことによります

【七五三《しちごさん》】➡P120
子どもの成長を氏神様に伝える儀礼。男児は３歳と５歳、女児は３歳と７歳の時にお参りします

【成人祭《せいじんさい》】社会の一員となったことを祝う儀礼

【厄《やく》　年《どし》】➡P122
人生のなかで災厄が訪れるといわれる年。神社では厄祓いを行っています

【年祝《としいわ》い】長寿を神様に感謝する儀式。年齢ごとに儀礼の名前が決まっています

年齢	儀礼名	由来
満60歳	還暦《かんれき》	十干十二支《じっかんじゅうにし》が一回りすることから
満70歳	古希《こき》（稀）	中国の詩人・杜甫《とほ》の詩「人生七十古来稀なり」から
満77歳	喜寿《きじゅ》	「喜」の草書体が七を３つ重ねた形で、七十七と読めることから
満80歳	傘寿《さんじゅ》	「傘」の略字が八と十を重ねた形で、八十と読めることから
満88歳	米寿《べいじゅ》	米の字を崩すと八十八と読めることから
満90歳	卒寿《そつじゅ》	「卒」の略字が「卆」で、九十と読めることから
満99歳	白寿《はくじゅ》	「百」から「一」を引くと「白」となることから

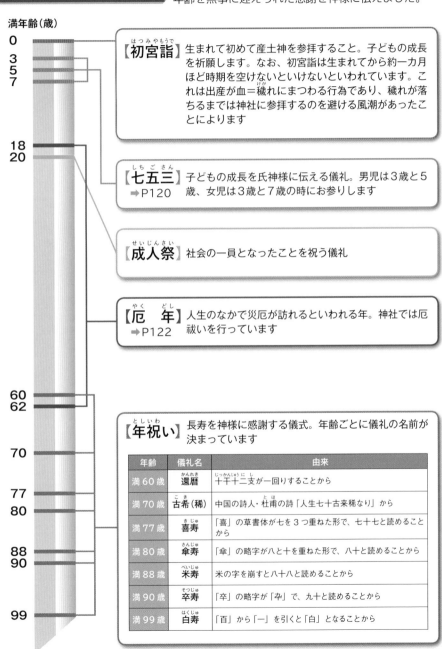

なぜ七五三の時に神社を参拝するのか？

キーワード
▼七五三　▼袴着
▼髪置　▼帯解き

子どもたちが迎える人生の通過儀礼

生まれたばかりの赤ちゃんは**初宮《はつみや》詣《もうで》**で初めて神社を参拝し、成長を祈願します。その後、子どもが迎える人生儀礼が**七五三《しちごさん》**です。

現代でも、多くの家庭で行われており、毎年11月15日前後になると、晴れ着を身につけた子どもと家族が神社へ向かう姿をよく見かけます。

この七五三は「晴れ着の子どもたちが神社に行ってお参りする」だけのイベントだと思っている人もいるかもしれませんが、この儀式には意味があります。

七五三の年齢は、男の子は3歳と5歳、女の子は3歳と7歳です。

昔は子どもが3歳を迎えると**髪置《かみおき》**という髪の毛をのばす儀式が行われました。また、男の子は5歳になると初めて袴を身につける**袴着《はかまぎ》**が、女の子は7歳になると、子ども用の紐つき着物から大人の帯で結ぶようになる**帯《おび》解《と》き**などの儀礼が行われてきました。これらが姿をかえて、子どもたちの成長を祈る七五三となったのです。

なぜ11月15日前後かというと、江戸幕府5代将軍の徳川綱吉《とくがわつなよし》が長男のためにお祝いをした日が由来になっているといわれています。

子どもが成長していく姿を氏神様にご報告

現代は平均寿命が延び、人生１００年といわれる時代となりました。しかし昔は子どもの死亡率が非常に高く「7つまでは神様の子」、つまり、7歳まではいつ神様の元に還ってしまうかわからない、といわれました。

だからこそ、家族は子どもの成長を祈り、髪を伸ばす、袴をはく、帯を締めるといったさまざまな儀礼で、子どもの成長を祝いました。そして無事に成長できた感謝の気持ちを込めて、子どもの姿を氏神様にご報告する儀式が七五三だったのです。

七五三の起源

七五三《しちごさん》は江戸時代の人生儀礼がルーツとされています。

江戸時代の七五三の様子を描いた本図は、背景に神田神社《かんだじんじゃ》（東京都）が描かれています。神田神社は当時の七五三で特ににぎわった神社です

（東京都立中央図書館特別文庫室所蔵）

【髪置《かみおき》】＝3歳
男児も女児も髪を剃るのをやめ、のばし始める儀式。本図は女児が描かれていますが、髪の剃り跡がみられます

【帯解《おびと》き】＝7歳
女児が子ども用の紐つき着物から大人と同じ帯を用い始める儀式

【袴着《はかまぎ》】＝5歳
男児が初めて袴を着用する儀式

神社の豆知識

子どもの健康を願う千歳飴《ちとせあめ》

「千年飴」を売る浅草の飴売り。
（国立国会図書館所蔵）

七五三といえば、細長い形が特徴の千歳飴。その起源は諸説あり、なかには神社にゆかりがある説もあります。ひとつは浅草神社《あさくさじんじゃ》のある東京都・浅草の飴売りが売っていた「千年飴《せんねんあめ》」。その名の通り寿命がのびる御利益があると話題になりヒット商品になったそうです。また、神田神社の社頭で売られた「祝い飴」を起源とする説もあります。神田神社では今でも七五三の参拝客に千歳飴を授与しています。

厄年は必ずしも悪いことばかりではない？

キーワード
▼厄年 ▼後厄
▼本厄 ▼大厄
▼前厄 ▼厄祓い

災厄の年と恐れられる厄年の真実とは

厄年《やくどし》と聞くと、何か大変なことが起こりそうな、そんな漠然とした恐ろしさを感じる人も多いでしょう。しかしこの厄年というもの、恐れるだけのものではないのです。

厄年は、地域などによって多少の違いはありますが、数え年で、男性が25歳、42歳、61歳、女性は19歳、33歳、37歳を**本厄《ほんやく》**とし、その前後の歳を**前厄《まえやく》**と**後厄《あとやく》**としています。

そのなかでも特に、男性の42歳、女性の33歳は**大厄《たいやく》**と呼ばれ、この前後合わせて3年の間は、神社やお寺の**厄除《やくよ》け**祈願に足を運ぶ人や、ご祈祷などで**厄祓《やくばら》い**を行う人も多いようです。しかしなぜこの年齢なのでしょうか。

一般的には、体調の変化がみられる年齢、ともいわれますが、少し昔のことを考えてみると、42歳、33歳については、仕事や子育ても一通り終わった頃。男性25歳、女性19歳といえば、ちょうど結婚をする頃。このように厄年の年代は、人生の転機の時期でもありました。

厄年は「役年」節目を迎える年

昔は60歳を迎える還暦《かんれき》や、70歳の古希《こき》などと同じく、厄年も**年祝《としいわ》い**（⬇P118）と考えることがあったようです。

今でも一部地域では、その名残で厄年の人が神事を行うことがあります。たとえば**神輿《みこし》**の担ぎ手になる、**宮座《みやざ》**と呼ばれる役割を厄年の人が担当する地域もあります。これはとても重要な役割です。いうなれば厄年ならぬ「役年」ということになるのかもしれません。

厄年は、一つの節目を終えて新しい節目に進んでいく大事な時期。厄祓いは、気持ちを新たに、そして人生の節目のご報告に、神様にお参りに行くよい機会ともいえるでしょう。

男女の厄年の年齢

厄年《やくどし》は人生で３回訪れる年齢で、数え年で計算します。厄年の前後１年は前厄《まえやく》・後厄《あとやく》と呼ばれます。

男性

前厄	本厄	後厄
24歳	25歳	26歳
41歳	大厄 **42歳**	43歳
60歳	61歳	62歳

女性

前厄	本厄	後厄
18歳	19歳	20歳
32歳	大厄 **33歳**	34歳
36歳	37歳	38歳

厄を除く方法

厄を除く方法は、神社だと厄祓い、お寺だと厄除けとされますが、言葉の使い分けに厳密なルールはありません。

【厄祓《やくばら》い】

祝詞《のりと》を唱え、災厄を取り祓い清める儀式。神社によっては厄を身代わりとなって引き受けさせる人形《ひとがた》（形代《かたしろ》）を使うこともあります。

【厄除《やくよ》け】

護摩祈祷《ごまきとう》（木を燃やしてお焚き上げすること）など、お寺で行われる厄を取り除く儀式。ただし、神社でも「厄除け」という言葉が使われることもあります。

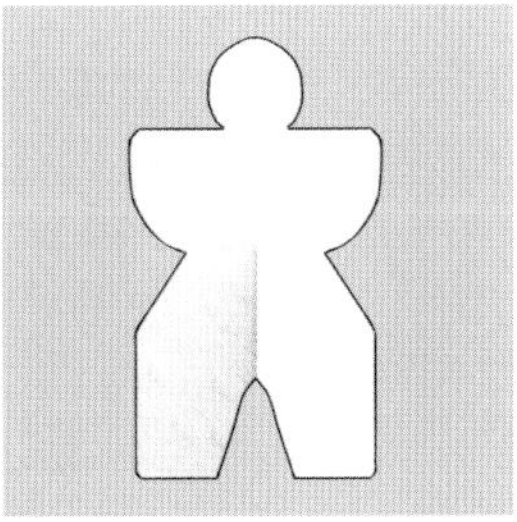

厄を代わりに引き受けてくれる紙製の人形。

神社の豆知識

「八方塞がり」を打破する方位除《ほういよ》け

日本で唯一、八方除けの神様を祭神としている寒川神社（神奈川県）。

陰陽道《おんみょうどう》(➡P86)では、生まれ年によって、毎年向いてはいけない方角が決められます。特に八方塞がりの年になると８つの方角すべてが厄をもたらす方角になってしまいます。神社では方位除けの儀式を行い、方角にまつわる災厄を祓ってくれます。なかでも神奈川県の寒川神社《さむかわじんじゃ》は、日本で唯一、すべての方角からくる災厄を跳ね返す、八方除けの神徳があるとして、古くから信仰を集めています。

神前結婚式は明治時代から始まった？

キーワード
▼神前式
▼三献の儀
▼祝言
▼三三九度

神前結婚式のきっかけは皇太子の結婚式から

白無垢《しろむく》（白い着物）姿の花嫁さんが、神社で結婚式を行っている姿を見たことはありませんか。神道式の結婚式を**神前式**《しんぜんしき》（**神前結婚式**《しんぜんけっこんしき》）といいます。神社や神職が関わる儀式なので、さぞ由緒のある儀式だと思われるかもしれませんが、実はその歴史は意外に新しく、明治時代に始まったものです。

江戸時代までの結婚式は、家でお神酒《みき》を飲み交わし家族単位でお祝いをする**祝言**《しゅうげん》が一般的でした。

明治時代、西洋の風習が積極的に取り入れられ、キリスト教式の結婚式が普及。その頃神道でも新たに結婚式を整える動きが生まれます。そして、のちの大正天皇である当時の皇太子殿下は、そのお后・九条節子《くじょうさだこ》妃との結婚式を、皇居内賢所《かしこどころ》の神前で実施しました。

この式にならい、**東京大神宮**《とうきょうだいじんぐう》が神前式の模擬結婚式を行い、民間に紹介しました。以降、徐々に神前結婚式が一般に浸透していったのです。

厳かで神聖な神前結婚式で二人の結婚を神様にご報告

神前結婚式は、新郎新婦が神前に向かう**修祓**《しゅばつ》から始まります。神職による祝詞《のりと》によって神様に結婚をご報告し、続いてお神酒による**三献**《さんこん》**の儀**《ぎ》が行われます。3つ重ねの杯に酒を満たし、新郎新婦が3度の杯を3回ずつ飲み交わす、**三三九度**《さんさんくど》の名前でも知られています。

この後、新郎新婦が神前で神様へ感謝と誓いを述べる誓詞奏上《せいしそうじょう》、玉串《たまぐし》拝礼《はいれい》などが続きます。

なお、神社によってはお祝いの巫《み》女舞《こまい》（➡Ｐ１００）が奉納されることもあります。

氏神様、新郎新婦にゆかりのある神様の前でなど、神様と向かい合う厳かな神前式は、新郎新婦の良い人生の門出となることでしょう。

神前結婚式の所作

神前結婚式《しんぜんけっこんしき》の所作は前もって神職《しんしょく》や巫女《みこ》が説明を行います。

1	修祓《しゅばつ》	神饌《しんせん》（食事）や参列者を祓い清めます
2	斎主一拝《さいしゅいっぱい》	式の開始にあたり神職が神前で一拝
3	献饌《けんせん》	神様に供物を捧げます
4	祝詞奏上《のりとそうじょう》	神職が神前で祝詞を奏上
5	三献《さんこん》の儀《ぎ》	新郎新婦の三三九度
6	誓詞奏上《せいしそうじょう》	新郎新婦が誓いの言葉を神様に奏上
7	玉串拝礼《たまぐしはいれい》	神職→新郎新婦→媒酌人《ばいしゃくにん》（結婚式の立会人）の順で玉串を捧げ拝礼
8	親族固めの杯《さかずき》	新郎新婦両家の親族がお神酒を交わします
9	撤饌《てっせん》	供物を下げます
10	斎主一拝《さいしゅいっぱい》	式の終了にあたり神前で一拝

▲三献の儀で、杯にお神酒を注ぐ巫女。（東京大神宮提供）

仏教との違い

お寺で行う仏前結婚式

神式と同じく仏式でも結婚式を行うことができます。仏式結婚式は、神様ではなく仏様に結婚を報告する「仏前結婚式」。神前式よりも早く始まりました。宗派によって流れは多少異なりますが、多くの仏前式では「念珠授与《ねんじゅじゅよ》」と呼ばれる儀式が行われます。これは僧侶によって新郎新婦にご縁を結ぶという意味のご縁念珠が授与されるというもの。仏前式は仏様に、神前式は神様にと違いはありますが、どちらも感謝と祈りをもって結婚を報告する大事な儀式です。

深大寺《じんだいじ》（東京都）での仏前結婚式の様子。

神職が執り行う神式のお葬式とは？

キーワード
▼神葬祭　▼奥津城
▼霊璽

「お葬式といえば仏式」になった理由とは

お葬式というと、僧侶を招いて行うイメージが強いのではないでしょうか。これは、日本に仏教が根づくなかで、日本人の死の考え方は仏教の影響を受けるようになり、葬儀に仏教が密接に関わるようになったからです。

さらに江戸時代になると、徳川幕府が庶民を各寺院の檀家《だんか》とさせる**寺《てら》請制度《うけせいど》**を導入。広く一般庶民にまで仏式での葬式が浸透しました。

ところが、明治時代に檀家制度がなくなったことで、これまで限られた条件のもとでしか許されなかった**神葬祭《しんそうさい》**（神道式の葬儀）も行われるようになりました。

ただし、その場合も神社は聖域であるため、境内で神葬祭を行うことはできません。自宅や、葬儀場に神職を招いて実施することになります。

神葬祭による厳かな見送りの儀式

神葬祭の基本的な流れは仏式と似ています。ただし、位牌の代わりに**霊璽《れいじ》**という箱が用いられたり、僧侶による読経《どきょう》の代わりに、神職による**「火葬詞《かそうし》」**や**「埋葬詞《まいそうし》」**といった祝詞《のりと》の奏上があったりと、異なる点も多々あります。

また、神葬祭のあとは、遺骨を神式のお墓である**奥津城《おくつき》（奥都城）**に納めます。なぜ奥津城と呼ばれているのかは、諸説ありよくわかっていません。奥津城は公営の墓地などに建てることができます。

神葬祭の流れについては、明治時代に多くの指導書がつくられ、教派によってもさまざまです。

しかし、どの教派でも変わらないのは「死者の魂は祖神の元に戻り、その御霊もやがて子孫を守護する祖神となる」という考え方。故人を祖先の魂の元に戻し、やがて神として祀る儀式、それが神葬祭なのです。

神葬祭の流れ

神式の葬式「神葬祭」は、仏教式の葬式といくつか異なる点があります。

1	通夜祭《つやさい》	仏式での通夜にあたる儀式
2	遷霊祭《せんれいさい》	霊璽《れいじ》（仏式でいうところの「位牌《いはい》」）に霊魂を移す儀式
3	発柩祭《はっきゅうさい》	柩《ひつぎ》を移動することを霊前に報告
4	葬場祭《そうじょうさい》	告別式。神葬祭で一番大切な儀式
5	火葬祭《かそうさい》	遺体の火葬。火葬場の前で火葬詞の奏上
6	埋葬祭《まいそうさい》	遺骨を墓所に納め、埋葬詞を奏上する儀式
7	帰家祭《きかさい》	喪主と縁者が霊前に葬儀終了の報告

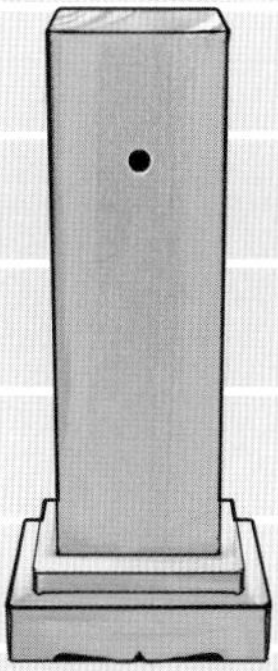
神式の位牌である霊璽。

神式の墓・奥津城

神式の墓は「奥津城《おくつき》」と呼ばれ、仏式の墓とは形状が異なります。ほかにも、線香《せんこう》ではなくろうそくを立てる、合掌《がっしょう》ではなく拍手をするなど、神式独特のお墓参りのマナーがあります。

家
奥津城
墓石は先端をとがっており家のような形
墓石には奥津城（奥都城）と刻まれます
仏花《ぶっか》の代わりに榊《さかき》の葉をお供えします

神話にみる伝統のルーツ

どうして「清めの塩」が使われるのか？

伊邪那岐命が身を清めたとされる地に立つ江田神社《えだじんじゃ》。
（宮崎県観光協会提供）

お葬式のあと、体にふりかけて身を清めるための塩をもらったことはありませんか。これは日本神話のなかで、伊邪那岐命《いざなきのみこと》が死者の国の穢《けが》れ（➡ P10）を、海水に浸かって清めたのがルーツとされています。いつの頃からか、日本人は伝統的に塩を清めの道具として重用し、神葬祭はもちろん、仏教式の葬儀でも清めの塩を用いるようになったのです。なお、清めの塩の量は特に決まっておらず、服にかかるのが嫌だという人は靴のみでもかまいません。

神社で行われる一年間の行事

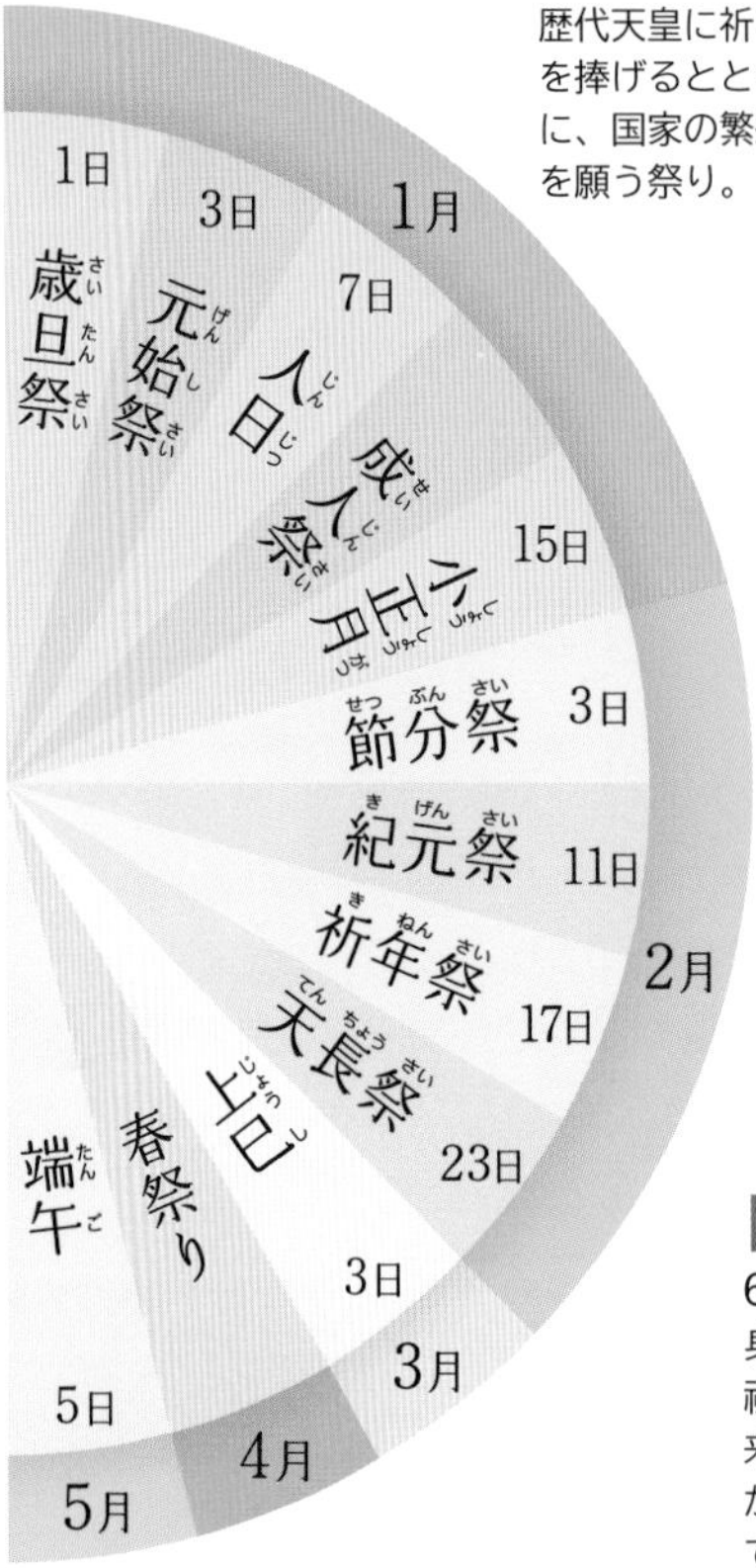

【元始祭《げんしさい》】
1月3日
歴代天皇に祈りを捧げるとともに、国家の繁栄を願う祭り。

（白山比咩神社提供）

【祈年祭《きねんさい》】 2月17日

一年の五穀豊穣を願う祭り。「としごいのまつり」ともいいます。

（国立国会図書館所蔵）

【夏越大祓《なごしのおおはらえ》】
6月30日
身についた穢れを祓う祭り。災いが来ないよう祈りながらくぐる茅《ち》の輪で有名。

（国立国会図書館所蔵）

一年を通して行われる神社の年中行事

神社といえば、季節ごとに行われるお祭りが人気です。有名なものといえば、京都府の祇園祭《ぎおんまつり》や大阪府のだんじり祭《まつり》、東京都の三社祭《さんじゃまつり》などを思い浮かべる人も多いでしょう。

さらには地域の神社で行われる夏祭りや秋祭り、そして観光客を入れずに行われる秘祭《ひさい》まで、日本では数多くの祭りが開催されています。

それ以外にも神社では、1年間でさまざまな祭礼が催されています。これを**年《ねん》中行事《じゅうぎょうじ》**といいます。

年中行事には、各神社固有の歴史やいわれにもとづいた祭祀や神事があります。

【新嘗祭《にいなめさい》】
11月23日
一年の収穫を神に感謝する祭り。新米などを神様にお供えします。
（大宮八幡宮提供）

【神嘗祭《かんなめさい》】
10月15～17日
伊勢神宮で天照大御神《あまてらすおおみかみ》（➡ P63）に新穀を捧げる祭り。同じ日に全国の神社で神に感謝を捧げる祭りを行います。
（神宮司庁提供）

【例祭《れいさい》】
神社の鎮座の日や、祭神と縁深い日に行われる祭り。神社にとってもっとも重要な祭りです。
（江東区広報広聴課提供）

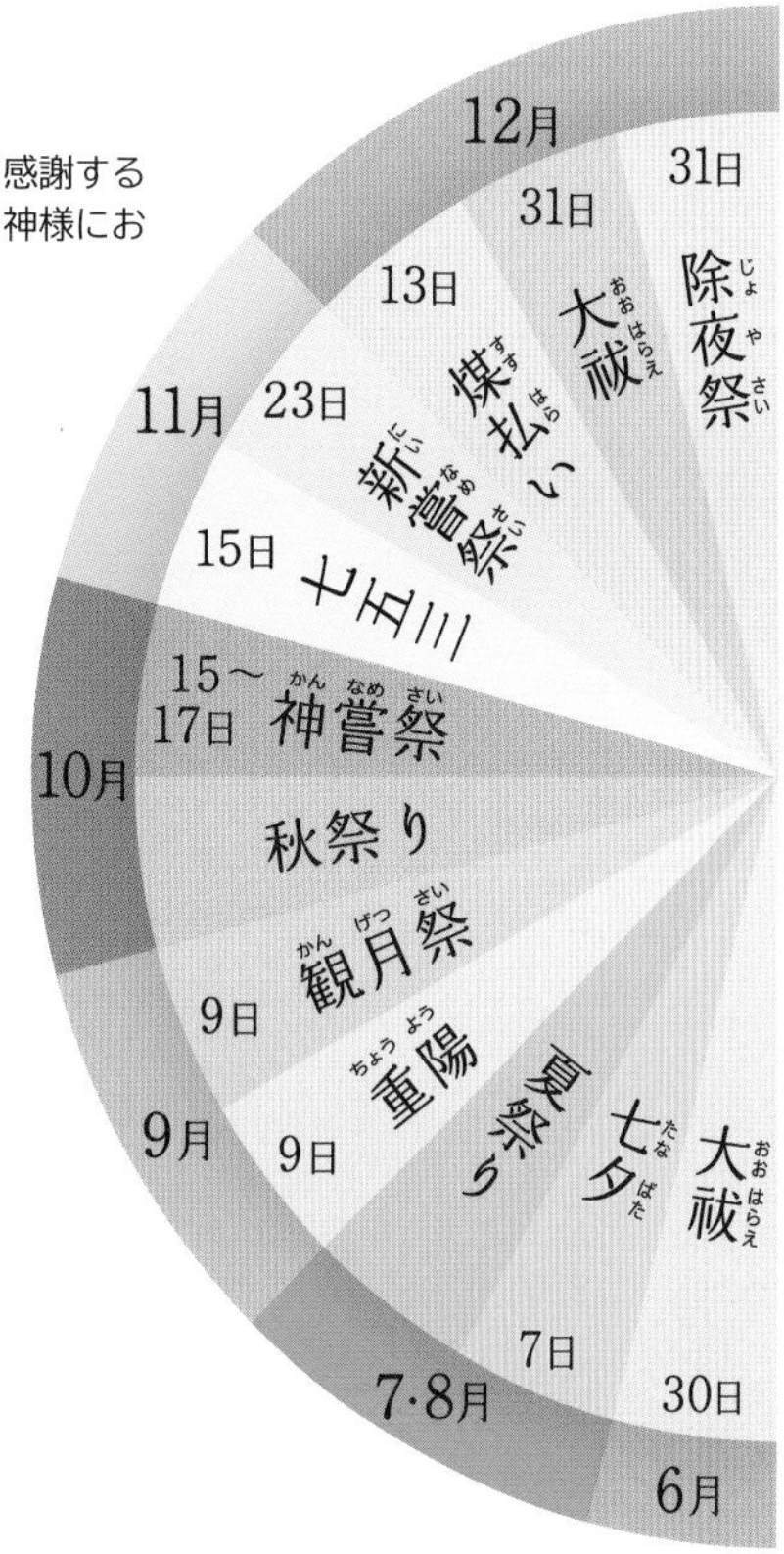
12月
31日
除夜祭《じょやさい》
31日
大祓《おおはらえ》
13日
煤払い《すすはらい》
11月
23日
新嘗祭《にいなめさい》
15日
七五三
10月
15～17日
神嘗祭《かんなめさい》
秋祭り
9日
観月祭《かんげつさい》
9月
9日
重陽《ちょうよう》
7·8月
夏祭り
7日
七夕《たなばた》
6月
30日
大祓《おおはらえ》

これを**例祭**《れいさい》といいます。例祭に対し、ほとんどの神社で決まった日に共通して行われる神事もあります。

たとえば、一年の初めの**歳旦祭**《さいたんさい》。多くの人が初詣でお参りをしている社殿の奥では、五穀豊穣《ごこくほうじょう》や国民の安全や繁栄を願う神事が行われています。

2月11日は、建国記念日として国民の祝日に定められていますが、この日、神社では**紀元祭**《きげんさい》があります。これは初代・神武天皇《じんむてんのう》の即位を記念し、建国を祝う神事です。

そして秋には収穫を感謝する**新嘗祭**《にいなめさい》が行われ、今年採れたばかりの新穀《しんこく》が神様に供えられます。

一年を通して多くの参拝者を出迎えてくれる神社。しかしそこにお勤めする神職の役割は、これだけではありません。神社の奥、外から見えない場所では、多種多様な年中行事が執り行われているのです。

なぜお祭りは秋に行われることが多いのか？

キーワード
▼新嘗祭
▼小祭
▼大祭
▼祈年祭
▼中祭

秋の豊作に感謝する古代からのお祭り新嘗祭

夏の暑さが過ぎ去ると、どこからかお囃子《はやし》の音色が聞こえてきて、秋の訪れを感じたことがある人も多いのではないでしょうか。

お祭りは一年を通じてたくさん行われますが、全国の神社で多くのお祭りが、「**実りの秋**」と呼ばれる秋に行われる理由を探ってみましょう。

そもそもお祭りとは、神様に感謝したり祈願をするために行われる儀式です。なかでも、全国の神社で共通して秋に行われる祭儀は**新嘗祭**《にいなめさい》といいます。

毎年11月23日に行われ、宮中や全国の神社で、一年の収穫を神に感謝するお祭りです。その起源は古代にまでさかのぼるといわれる大変古いお祭りで、神様に新穀をお供えし、秋の実りの感謝を捧げます。

米を主食とする日本人にとって、非常に大事なお祭りとして、代々受け継がれてきました。

新嘗祭がある11月23日は「**勤労感謝の日**」となっており、現代の私たちにも身近な祝日です。勤労感謝というととても現代的な響きですが、稲刈りが終わって一息つき、作物の実りに感謝してきた長い伝統を背景にしているのです。

祭りは規模や重要度で3つに分けられる

お祭りは規模によって**大祭**《たいさい》、**中**《ちゅう》**祭**《さい》、**小祭**《しょうさい》に分けられます。新嘗祭は大祭にあたり、**祈年祭**《きねんさい》とともに大事なお祭りとされています。

祈年祭とは、旧暦の2月4日、現在では2月17日頃に行われるお祭りのこと。一年の**五穀豊穣**《ごこくほうじょう》を神様に願うもので、秋に行われる新嘗祭と対応する関係にあります。祈年祭で願った豊穣が、秋になって農作物となり、励んだ者たちの手にわたるという、一年のサイクルに感謝を捧げるお祭りが新嘗祭だといえるでしょう。

祭りの規模

神社の主催で行われるお祭りは、その規模によって大祭・中祭・小祭に区分けされます。

大

【大祭《たいさい》】もっとも規模の大きな祭り。神社の祭神に関わるものや、特別な由緒があるもの、長い歴史を有するものなどです

おもな大祭
- 新嘗祭《にいなめさい》
- 祈年祭《きねんさい》
- 例祭《れいさい》　など

富岡八幡宮《とみおかはちまんぐう》（東京都）の例祭。（江東区広報広聴課提供）

【中祭《ちゅうさい》】大祭ほどではないが規模の大きな祭り。大祭に準ずる由緒を持つ祭りのほか、皇室に関わる祭りの多くがこれに該当します。なかには派手なものではなく、神職や氏子など限られた人でひっそりと行う儀礼もあります

おもな中祭
- 歳旦祭《さいたんさい》
- 紀元祭《きげんさい》
- 元始祭《げんしさい》　など

白山比咩神社《しらやまひめじんじゃ》（石川県）の元始祭。（白山比咩神社提供）

【小祭《しょうさい》】本殿の扉を開けずに行う祭り。毎月決められた日付に行う月次祭から、「桃の節供《せっく》（➡ P142）」「節分《せつぶん》（➡ P140）」など馴染み深い祭りまで、さまざまなものが該当します

おもな小祭
- 月次祭《つきなみさい》
- 節供の祭
- 節分祭　など

小

熊野大社《くまのたいしゃ》（島根県）の節分祭。（島根県観光連盟提供）

日本の伝統行事

天皇の大イベント大嘗祭《だいじょうさい》

秋の実りに感謝して、年に１度行われる新嘗祭。その年に新しく採れた新穀を、天皇が自ら天照大御神《あまてらすおおみかみ》をはじめとするすべての神々に捧げ、五穀豊穣を感謝する宮中儀式でもあります。なかでも天皇が即位して初めて行われる新嘗祭は「大嘗祭」と呼ばれ、１代に１度行われる大切な儀式です。皇位継承に伴う即位の儀礼のひとつでもあり、７世紀後半の天武天皇《てんむてんのう》、持統天皇《じとうてんのう》の頃から、中断もありましたが、基本的には歴代の天皇が即位後に行うことが習わしとなってきました。

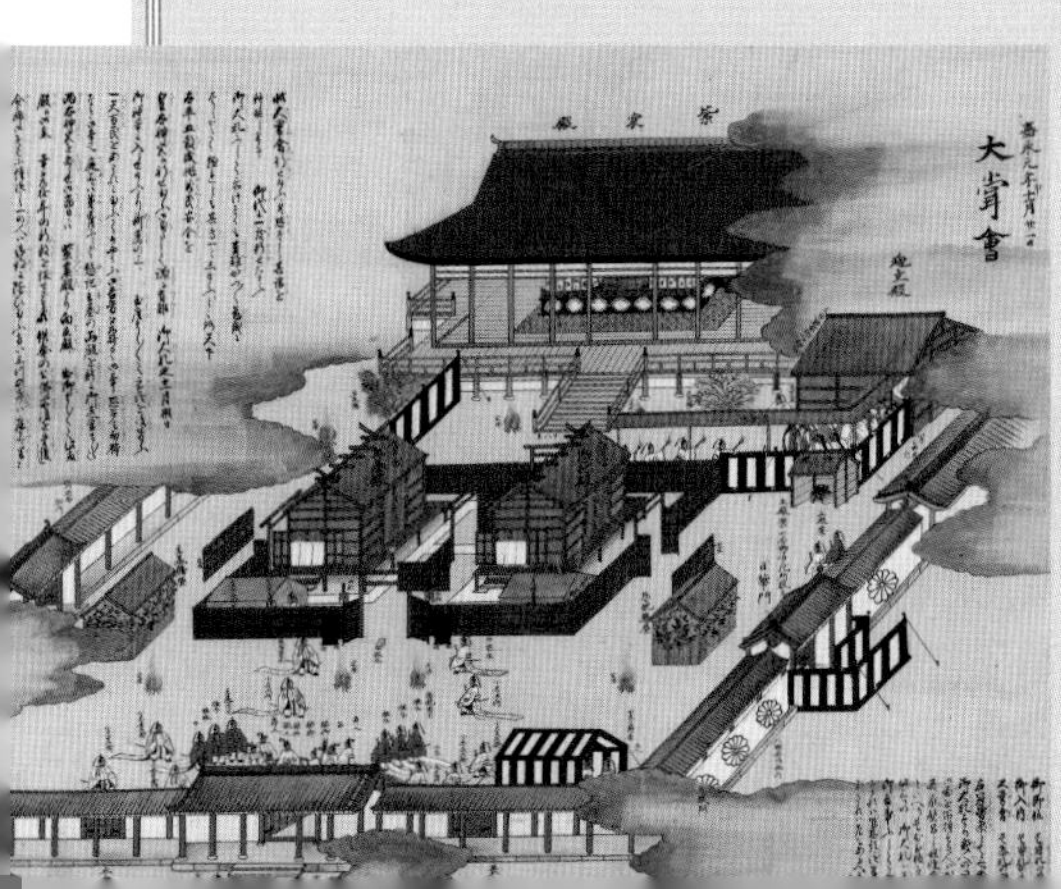

江戸時代の大嘗祭の様子を描いた絵図。（國學院大學博物館所蔵）

図鑑 9

日本全国の祭り図鑑

有名な日本各地の祭り

豊かな四季と自然に恵まれた日本には、長い歴史のなかで育まれてきた多種多様な**文化**や、受け継がれてきた**伝統**などによってさまざまな特色のある**お祭り**が行われています。北は青森県から南は福岡県まで、日本各地の代表的なお祭りを紹介します。

（青森観光コンベンション協会提供）

青森《あおもり》ねぶた祭《まつり》

開催される神社 **廣田神社《ひろたじんじゃ》（青森県）**

原型は七夕祭りの灯籠流《とうろうなが》しだといわれています。もともと七夕とは、穢《けが》れとともに灯籠を川に流し、無病息災《むびょうそくさい》を祈る禊《みそ》ぎの行事でした。ここに津軽《つがる》地方の習俗《しゅうぞく》や精霊送《しょうりょうおく》りなどの行事が一体化。灯籠も次第に大型化し、巨大なねぶた（人形灯籠）が町を練り歩くようになりました。なお、同県内の弘前市では扇型の人形灯篭「ねぷた」がつくられるねぷた祭りが開催されています。

三社祭《さんじゃまつり》

開催される神社 **浅草神社《あさくさじんじゃ》（東京都）**

浅草神社の氏子《うじこ》 44 町内による神輿渡御《みこしとぎょ》が有名。御神体《ごしんたい》を神輿に乗せて神様に地域をご覧頂きます。神輿を激しく上下左右に振り動かすことを魂振《たまふ》りといい、これによって神様の霊威《れいい》を高め、豊作《ほうさく》や疫病《えきびょう》の退散が実現するといわれています。古くは浅草神社の真横にある浅草寺《せんそうじ》の祭りでもあり、今でも神輿が浅草寺の境内を抜けていきます。

（浅草神社提供）

ナマハゲ柴灯《せど》まつり

開催される神社 **真山神社《しんざんじんじゃ》（秋田県）**

神事《しんじ》「柴灯祭《さいとうさい》」と民俗《みんぞく》行事「ナマハゲ」が一体化したもの。鬼の仮面をつけたナマハゲが、真山神社境内に焚き上げられたかがり火のもとで乱舞を繰り広げます。ナマハゲは、怠け心を戒め、無病息災をもたらす存在で、年の節目に山から降りてくる来訪《らいほう》神《しん》ともいわれています。

（男鹿なび提供）

秩父夜祭《ちちぶよまつり》

開催される神社 **秩父神社《ちちぶじんじゃ》（埼玉県）**

毎年12月2日・3日の二日間で行われる夜祭です。各町の笠鉾《かさぼこ》（山車《だし》）や屋台《やたい》が曳《ひ》き回される豪華な祭りとして知られ、京都の祇園祭《ぎおんまつり》や飛騨《ひだ》の高山祭《たかやままつり》とともに、日本三大曳山祭《ひきやままつり》のひとつとされています。神話によると、秩父盆地にそびえる武甲山《ぶこうさん》の男神と、秩父神社の女神が会うお祭りといわれています。花火が夜空を彩るなか、御旅所《おたびしょ》（男神と女神が出会う場所）に笠鉾や屋台が集結し、祭りはクライマックスを迎えます。

（秩父市観光課提供）

御柱祭《おんばしらさい》

開催される神社 **諏訪大社《すわたいしゃ》（長野県）**

7年ごとに寅《とら》と申《さる》の年に行われます。山から切り出した樅《もみ》の木の巨木（御柱）16本を、約2カ月かけて、何万人もの氏子たちによって境内まで曳き下ろします。最後に神社で柱を立てる建御柱《たておんばしら》が行われ、こうして柱は神の木となり、次の御柱祭まで建立されることになります。

（諏訪フォトライブラリ提供）

吉田《よしだ》の火祭《ひまつ》り

開催される神社 北口本宮《きたぐちほんぐう》冨士《ふじ》浅間神社《せんげんじんじゃ》（山梨県）

夏の富士山の山じまいのお祭りといわれています。高さ約3m、70本を超える大松《おおたい》明《まつ》や、井桁《いげた》に積まれた松明に火が灯されると、町中が火の海のようになります。しかし火祭りの火で火事になったことはなく、燃えた松明の消し炭は、火除けのまじないになるといわれています。

（やまなし観光推進機構提供）

高山祭《たかやままつり》

開催される神社 日枝神社《ひえじんじゃ》と櫻山八幡宮《さくらやまはちまんぐう》（岐阜県）

高山祭は山王祭《さんのうまつり》と八幡祭《はちまんまつり》、二つの祭をさし、春の山王祭は日枝神社、秋の八幡祭は櫻山八幡宮の祭礼です。山王祭では、獅子《しし》舞《まい》や闘鶏楽《とうけいらく》(鉦《かね》を打ち鳴らす祭囃子)、武士のような裃《かみしも》姿の警護が並ぶ大行列が繰り広げられます。八幡祭では11台の屋台が登場し、町を巡る曳《ひ》き廻《まわ》しや、からくり奉納《ほうのう》が行われます。綱《つな》さばきによって高度な動きをみせるからくり人形の演技が見事です。

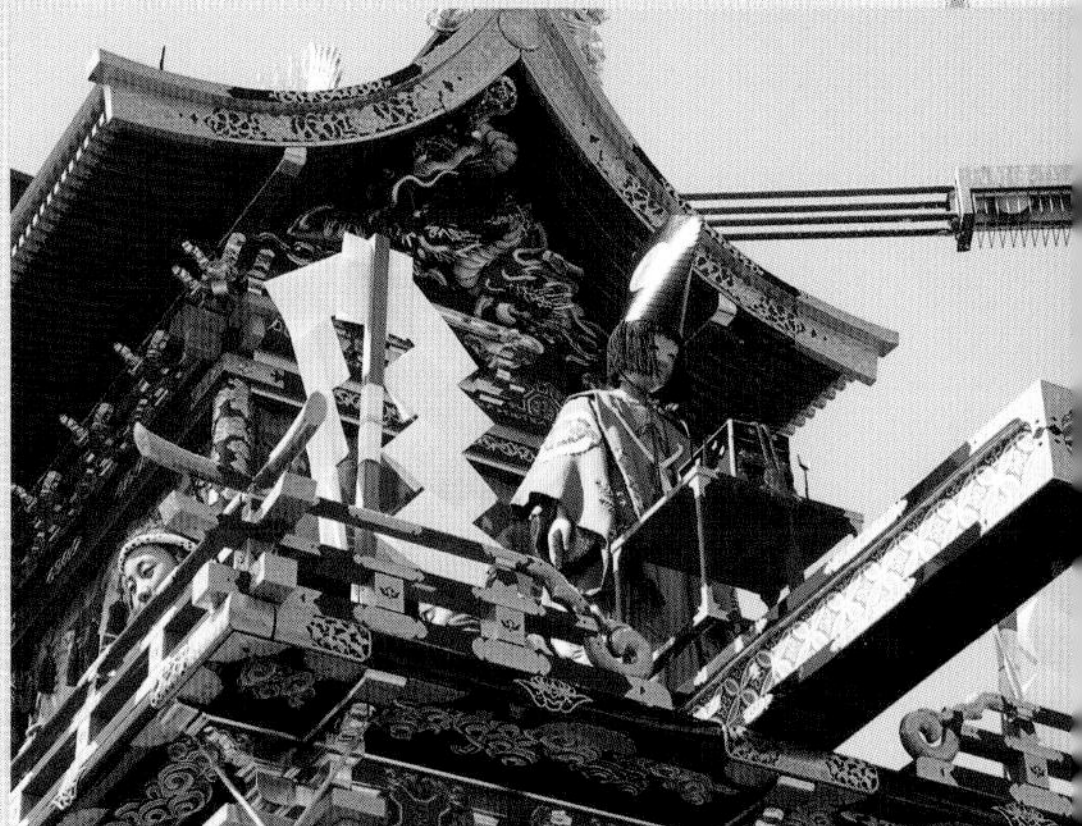

岸和田《きしわだ》だんじり祭《まつり》

開催される神社 岸城神社《きしきじんじゃ》、岸和田天神宮《きしわだてんじんぐう》、弥栄神社《やさかじんじゃ》(大阪府)

江戸時代に岸和田城主が行った稲荷祭《いなりまつり》が起《き》源《げん》だといわれています。だんじり（山車《だし》のこと）を飾る繊細な彫物が見事です。速度に乗っただんじりを曲がり角で直角に方向転換させるダイナミックな「やりまわし」も有名です。メディアによって全国的に知られるようになりました。

（岸和田市提供）

神在祭《かみありさい》

開催される神社 **出雲大社《いづもおおやしろ》（島根県）**

一般的に10月は神無月《かんなづき》といいますが、出雲地方は全国から八百万《やおよろず》の神々が集まるので、神在月《かみありづき》といいます。出雲の地で、全国から集まった神々によって、男女の縁結《えんむす》びや来年の収穫など、さまざまなことが決められます。現在は新暦のため11月に行われます。写真は神々をお迎えする神迎神事《かみむかえしんじ》の様子です。

（出雲大社提供）

博多祇園山笠《はかたぎおんやまかさ》

開催される神社 **櫛田神社《くしだじんじゃ》（福岡県）**

博多総鎮守《そうちんじゅ》の櫛田神社の御祭神、祇園神《ぎおんのかみ》（素戔嗚尊《すさのおのみこと》）への奉納神事《ほうのうしんじ》です。山笠とは山車や神輿のような祭具のこと。男たちによって舁《か》かれる（＝担がれる）山笠「舁き山」は重量1tにも及びます。ゴールの櫛田神社めがけて約5kmのコースを舁きまわる、7月15日の「追《お》い山笠の櫛田入《くしだい》り」をもって、祭りはクライマックスを迎えます。櫛田神社には飾り山笠が常設展示されています。

（博多祇園山笠振興会提供）

うわじま牛鬼《うしおに》まつり

開催される神社 **和霊神社《われいじんじゃ》（愛媛県）**

和霊神社の大祭で、恨みを残して亡くなった人の霊を慰める御霊《ごりょう》信仰の祭りだといわれています。全長5～6mの大きさの牛鬼は、鬼のような顔に長い首、牛の胴と剣のような尻尾を持ちます。市内を練り歩きまわりながら、家ごとに首を突っ込み厄を祓います。最終日には牛同士を戦わせる宇和島闘牛《とうぎゅう》大会も行われます。

（宇和島市商工観光課提供）

お神輿は神様が外に渡るための乗り物だった？

キーワード
▼神輿 ▼神幸祭
▼山車 ▼渡御
▼魂振り

絢爛豪華なお神輿に乗って本殿から神様がお渡りに

お祭りといえば、掛け声とともに担ぎ出される**お神輿**《みこし》をイメージする人も多いでしょう。日本のいたるところでお祭りが行われていますが、その共通点が、お神輿や**山車**《だし》が出るということです。

お神輿が担ぎ出されるのは、神社固有の重要なお祭りである**例祭**《れいさい》の時です。例祭とは、神社のご祭神や歴史に関わるお祭りのことで、その神社にとってもっとも重要な日に行います。

この例祭の時によく行われるのが**神幸祭**《しんこうさい》です。神幸は「みゆき」とも読み、神様がお出ましになるという意味。つまり、普段は本殿《ほんでん》にいらっしゃる神様が、外にお渡りする儀礼（**渡御**《とぎょ》）のことです。

そのお渡りの際に使用されるのが**神輿**《しんよ》、すなわちお神輿なのです。

お神輿を担ぐ時に激しく揺らす理由とは？

お神輿の起源は定かではありませんが、奈良時代の大仏造立の際に、宇佐《うさ》から八幡大神《はちまんおおかみ》を京に迎えるために紫色の輿《こし》が使われたのが始まりとも伝えられています。平安時代には、お神輿が神様の乗り物として全国で使われるようになりました。

神様の乗り物であるお神輿には、担ぐ棒に貫かれた**台**の上に、小さな神社のような**胴**が乗っています。**屋根**には豪華な**鳳凰**《ほうおう》が飾られているものが多いようです。

また、お神輿は神社だけでなく、地域のものもあります。お祭りの時には、それらにも神霊《しんれい》が遷《うつ》されます。

担ぎ手が掛け声をかけながらお神輿を大きく上下に揺らす様子に、神様がいらっしゃるのに乱暴だと思うかもしれません。しかし、これは**魂**《たま》**振**《ふ》**り**といって神様の魂や力を揺り動かし、力を高めるために行われると考えられています。

お神輿の形と種類

お神輿《みこし》は本殿にいる神様を移動させるための乗り物。装飾にも神様を遷《うつ》し入れるための場所としての特徴がみられます。

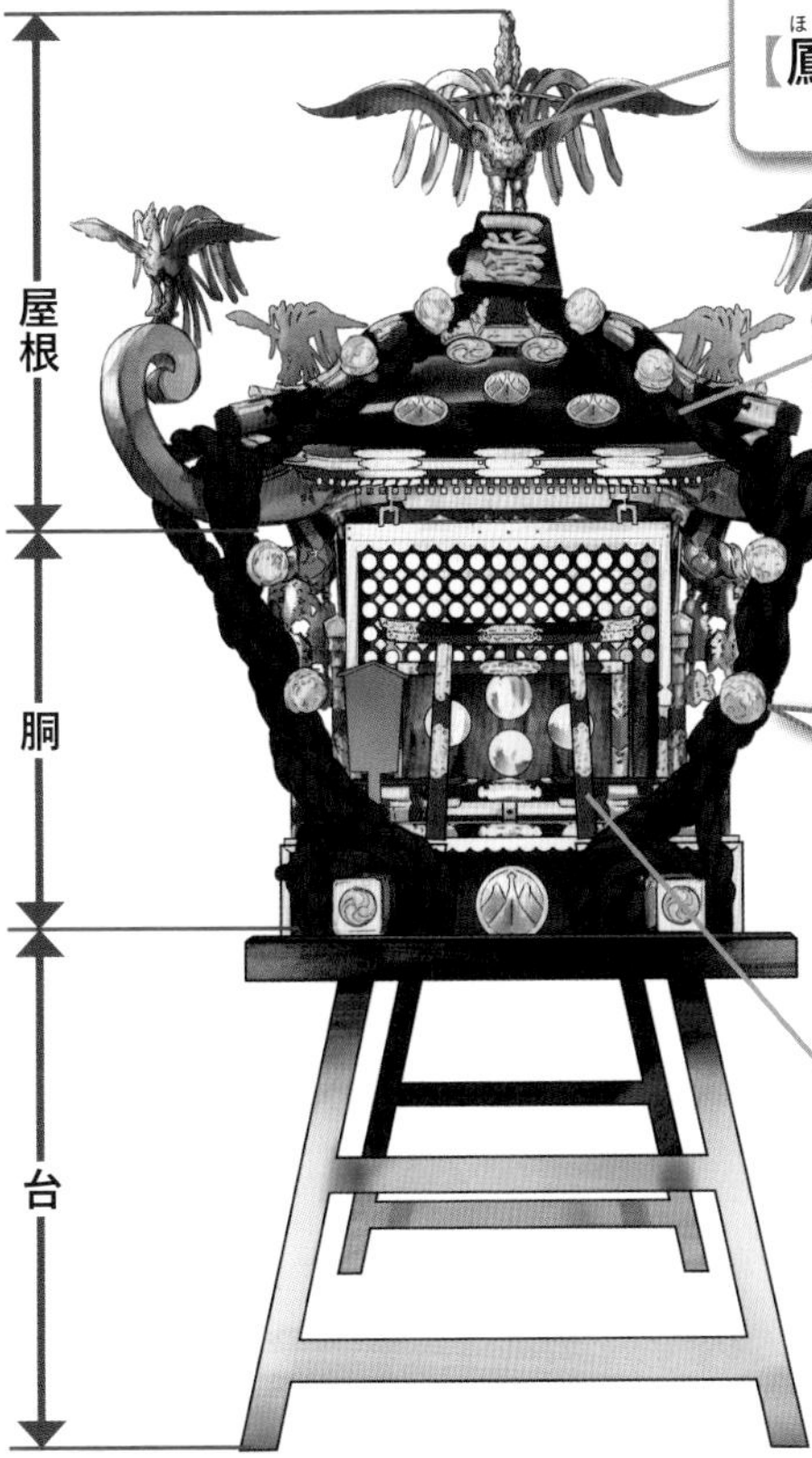

【鳳凰《ほうおう》】お神輿の屋根の上には鳳凰があしらわれているものが多いです。鳳凰は幸運をもたらすとされる伝説の鳥です

【屋根《やね》】屋根は神社の社殿の屋根と同じ形にすることが一般的です

【蕨手《わらびて》】屋根の四隅につく飾り

【鳳輦《ほうれん》】台の上にカーテンが巻かれた箱が乗っているお神輿もあります。これは鳳輦と呼び、輿（かつて貴人が移動に使った乗り物）が原型とされています

【鳥居《とりい》】お神輿には、神様のいる領域を示す鳥居が必ずついています

宮神輿《みやみこし》と町神輿《まちみこし》
神社で管理するお神輿を宮神輿、地域で管理するお神輿を町神輿といいます。一般的には宮神輿の方が町神輿より大きいのが特徴です

神社の豆知識

お神輿と似ている山車《だし》

室町時代に描かれた祇園祭の山鉾。（東京国立博物館所蔵）

山車といえば、京都の祇園祭《ぎおんまつり》の壮麗な山鉾《やまほこ》巡行《じゅんこう》が有名です。お神輿と似ていますが、山車とは、お祭りの時に飾りをつけて、曳《ひ》いたり担いだりする屋台のことをいいます。もともとは山を模し、神様の依代《よりしろ》、つまり神様が降りてくる場所とするためのものだったようです。神様を宿すために次第に豪華になっていき、鉾《ほこ》や人形などを飾りつけるようになりました。「だし」という言葉も、鉾の上の飾りを「出し」といったことに由来するそうです。

お正月や初詣にはどのような意味があるの？

キーワード
▼お正月
▼初詣
▼煤払い
▼年籠り
▼年神様

一年の始まりは年神様や氏神様へのお参りから

一年が終わり新しい年を迎える**お正月**。古くから日本人は、新年をとても大切にしてきました。

年末は各家庭でも**煤払**《すすはら》**い**を行って一年の汚れを落とし、**門松**《かどまつ》や**鏡餅**《かがみもち》など、家々に新年の幸せをもたらす**年**《とし》**神様**《がみさま》をお迎えする準備を整えます（正月始《しょうがつはじ》め）。

そしてお正月を迎えると、**初詣**《はつもうで》のために神社に足を運んで、今年の抱負を誓うなど、神様に新年初めてのごあいさつを行います。

初詣は、江戸時代に行われていた、大晦日《おおみそか》の夕方から氏神《うじがみ》様の神社にこもって新年を迎える**年籠**《としごも》**り**が起源だともいわれています。

神社でもお寺でも初詣は清らかな心で

全国的にもっとも初詣参拝客が多いとされているのが、明治神宮《めいじじんぐう》（東京都）です。毎年３００万人を超える参拝客が訪れるといわれています。さらに千本鳥居《せんぼんとりい》で有名な伏見稲荷大社《ふしみいなりたいしゃ》（京都府）なども人気があります。

しかし同時に、成田山新勝寺《なりたさんしんしょうじ》（千葉県）や浅草寺《せんそうじ》（東京都）などのお寺も、大変多くの参拝客が訪れます。

初詣というと神社のイメージが強いかもしれませんが、実はお寺へ初詣に行く人も多いのです。

そもそも明治時代まで神社とお寺ははっきりと分かれていませんでした。そのため初詣も現在より神仏の分け隔てなく参拝していました。

また、新年をご先祖様とともに**檀家**《だんか》となっている寺で過ごす風習もありました。初詣は神社と決まったものでもなかったようです。

神社とお寺、どちらに初詣に訪れるとしても、もっとも大切なのは新年のごあいさつをするという気持ち。新しい一年を清々しく迎えるために、服装を整え気持ちも新たにお参りに行く、それが一番の作法です。

お正月の期間

正月は12月中旬から1月中旬にかけて、正月始め《しょうがつはじ》め、大正月《だいしょうがつ》、小正月《しょうしょうがつ》といくつかの期間があります。

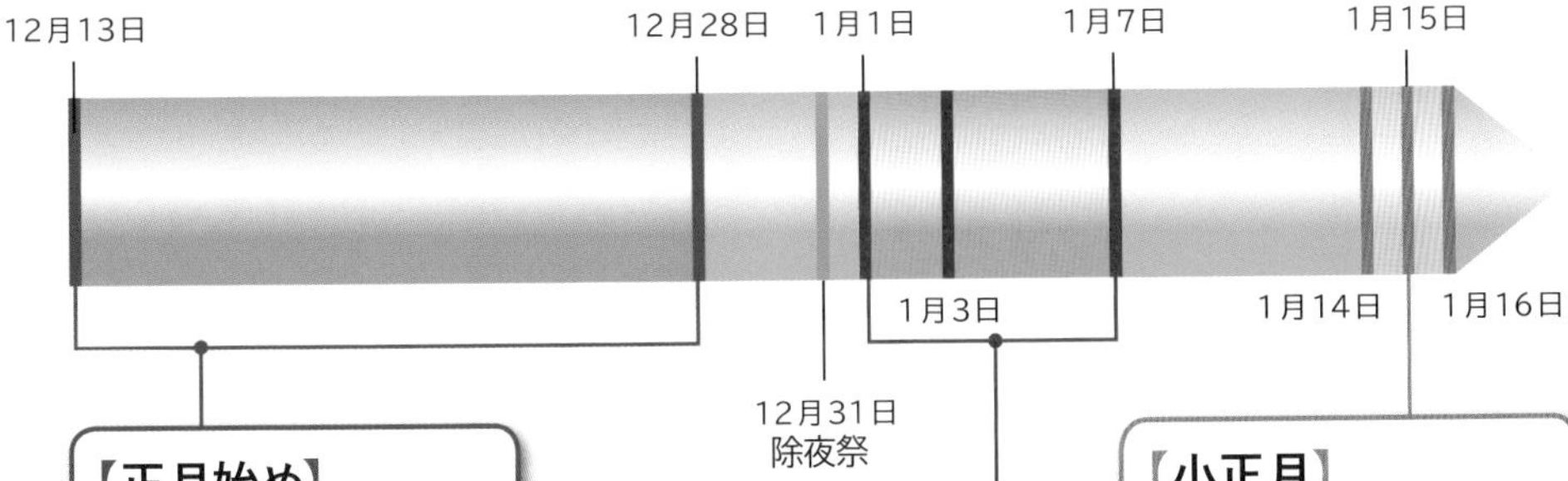
12月13日
12月28日
1月1日
1月7日
1月15日
1月3日
1月14日
1月16日
12月31日
除夜祭

【正月始め】

正月を迎える準備期間。一般的には12月13日に始まります

【大正月】

このうち1月1日から3日までを「元旦」、7日の人日《じんじつ》（➡P142）までを「松の内」と呼びます

【小正月】

元旦に対して1月15日を小正月と呼びます。14～16日の間には正月飾りやお守りを燃やすどんど焼きなどの民俗行事があります

年神様を迎える準備

正月始めの期間中には、年神様《としがみさま》を迎えるために準備を行います。

【煤払《すすはら》い】

年神様を迎えるために、屋根の手の届かないところに溜まった埃を取り払い、清めます。もとは神社で行われる儀式の一つですが、これが各家庭で行われる大掃除のルーツとされています。

煤払い神事で門を掃除する神職。（津島神社提供）

【門松《かどまつ》】

年神様が目印にするため軒先に立てられる飾り。現在は玄関に掛けるタイプの「松飾り」もよくみられます。

【鏡餅《かがみもち》】

年神様へのお供え物。米でできている餅は古くから神様へのお供え物として重宝されてきました。

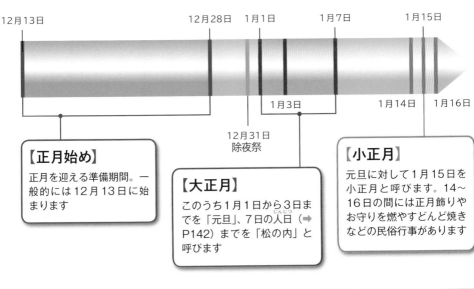

日本古来の鬼滅の儀式 節分はなぜ2月に行う？

キーワード
▼節分
▼追儺
▼二十四節気
▼鬼
▼春分
▼陰陽道

旧暦の季節の単位 二十四節気と節分

毎年2月の初め頃、**節分**《せつぶん》の日に「鬼は外、福は内」の掛け声に合わせて豆をまく、豆まきをした人も多いでしょう。節分の恒例イベントですが、これもまた神社にゆかりのある年中行事のひとつです。

そもそも節分とはなんでしょうか。日本で太陽暦が採用される前、一年間を24分割していました。これを**二十四節気**《にじゅうしせっき》といいます。

この二十四節気を四季に分ける際、区切りとなった日が、**立春**《りっしゅん》（旧暦の1月初旬）・**立夏**《りっか》（旧暦の4月初旬）・**立秋**《りっしゅう》（旧暦の7月初旬）・**立冬**《りっとう》（旧暦の10月初旬）と4回あり、これらの前日を節分といいます。

そのうち新年最初の二十四節気である立春が重要視され、取り立てて祝われるようになり、現在、節分といえば立春の前日（新暦の2月初め）を指す言葉となったのです。

追儺や豆まきで鬼を滅して一年を平和に過ごそう

平安時代、朝廷では節分の日に**追儺**《ついな》を行いました。追儺とは、**方相**《ほうそう》**氏**《し》（金色の目が4つついた仮面をつけた役人）が、武器を持って鬼を追い払いながら宮中を練り歩くという儀式です。

さらに室町時代に入ると、大晦日《おおみそか》に煎った大豆をまいて鬼を払う**豆まき**（豆打ち）の儀式も行われるようになります。なぜ大豆なのかは諸説あり定かではありません。

これらが民間に広まると、追儺も豆まきも同じ「鬼を払う」儀式として区別されずに行われ、現在も行われる節分の豆まきの風習につながっていったのです。

現在、神社では節分祭として、追儺か豆まきのいずれか、または両方が開催されます。節分の日は、神社で鬼を払い、一年の平和を祈願してみてはいかがでしょうか。

二十四節気と節分

旧暦では一年を24分割した二十四節気《にじゅうしせっき》を使用していました。図版内の内側の月は旧暦、外側の月は新暦です。

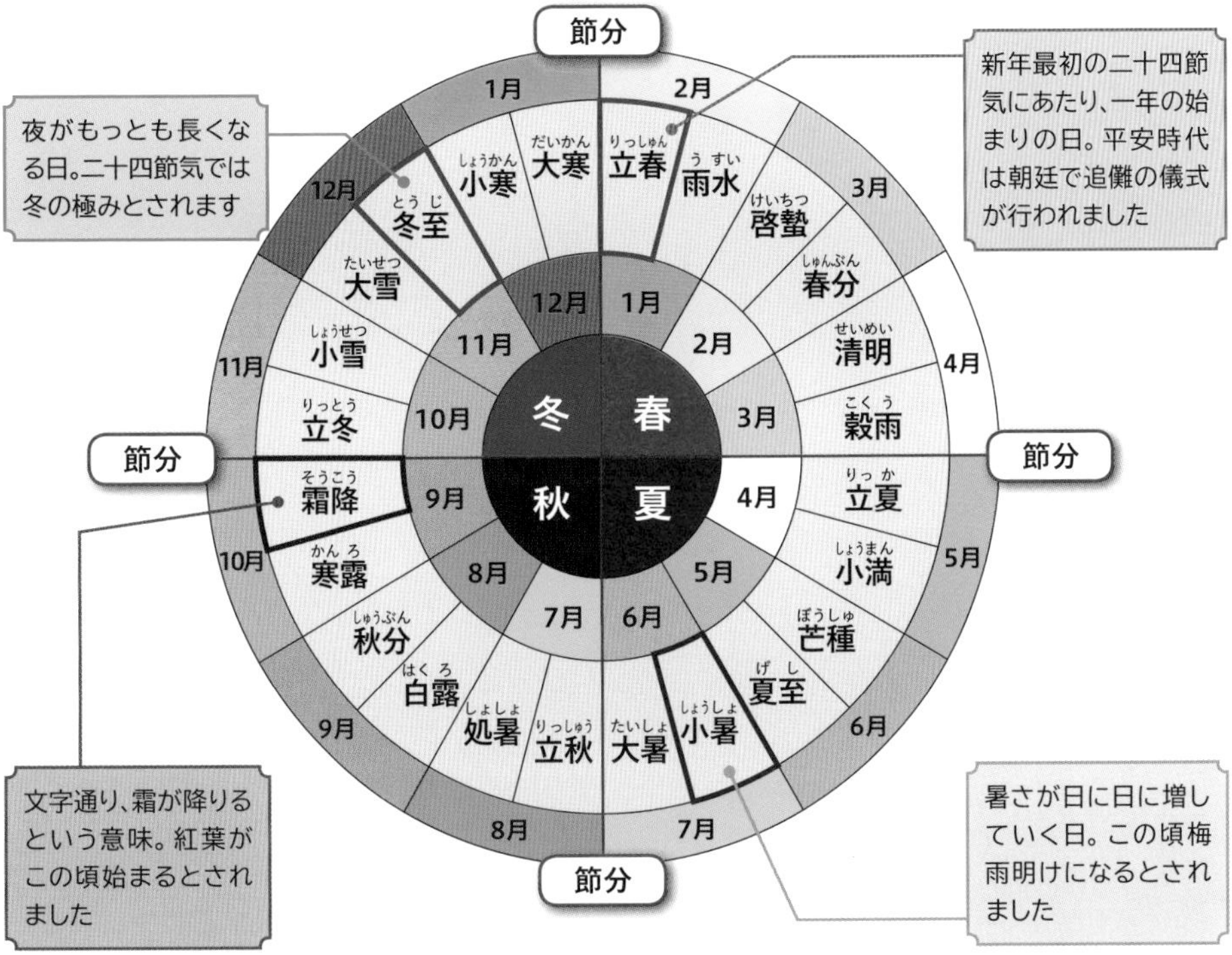

節分
節分
節分
節分
冬
春
夏
秋
1月
2月
3月
4月
5月
6月
7月
8月
9月
10月
11月
12月
1月
2月
3月
4月
5月
6月
7月
8月
9月
10月
11月
12月
立春《りっしゅん》
雨水《うすい》
啓蟄《けいちつ》
春分《しゅんぶん》
清明《せいめい》
穀雨《こくう》
立夏《りっか》
小満《しょうまん》
芒種《ぼうしゅ》
夏至《げし》
小暑《しょうしょ》
大暑《たいしょ》
立秋《りっしゅう》
処暑《しょしょ》
白露《はくろ》
秋分《しゅうぶん》
寒露《かんろ》
霜降《そうこう》
立冬《りっとう》
小雪《しょうせつ》
大雪《たいせつ》
冬至《とうじ》
小寒《しょうかん》
大寒《だいかん》
新年最初の二十四節気にあたり、一年の始まりの日。平安時代は朝廷で追儺の儀式が行われました
夜がもっとも長くなる日。二十四節気では冬の極みとされます
文字通り、霜が降りるという意味。紅葉がこの頃始まるとされました
暑さが日に日に増していく日。この頃梅雨明けになるとされました

鬼を追い払う追儺と豆まき

節分に行われた朝廷の儀式である追儺《ついな》と豆まき。これらが民間に広まり、現在の豆まきになりました。

【追儺】 方相氏《ほうそうし》が矛と盾を持って鬼を払う儀式。図のように、方相氏は4つ目の仮面をかぶっていました。

（国際日本文化研究センター所蔵）

【豆まき】 豆をまいて鬼を追い払う豆まきは江戸時代に民間に広まります。下の絵のように「福は内」とまかれた豆を回収しようとする姿もみられました。

（東京都立中央図書館特別文庫室所蔵）

お雛様の起源は厄祓いの呪具だった？

キーワード
▼雛祭り
▼上巳の祓
▼節供
▼流し雛

3月3日は上巳の日 水辺で不浄を祓う日だった

女の子の健やかな成長を願い、雛人形を飾ってお祝いする**雛祭《ひなまつ》り**。すっかり女の子の日として知られるお祭りですが、そもそもこの3月3日は3月最初の*巳《み》の日であり、**上巳《じょうし》**と呼ばれていました。

これは日本が大切にしてきた季節の変わり目である**節供《せっく》**のひとつです。そして3月の雛祭りは、1月7日の**人日《じんじつ》**（七草）、5月5日の**端午《たんご》**、7月7日の**七夕《たなばた》**、9月9日の**重陽《ちょうよう》**と他の節供とまとめて**五節供《ごせっく》**と呼ばれます。江戸時代、幕府によって五節供は祝日とされていました。

雛祭りは江戸時代から 今も流し雛を行う神社も

かつて中国では、3月3日に川などの水辺で酒を飲みかわし、不浄を祓う儀式が行われていました。日本にその風習が入ってくると、**上巳《じょうし》の祓《はらえ》**という儀式として行われるようになります。

これは人形で体を撫で、厄災を人形に乗り移らせて水に流すというもの。いわゆる**流《なが》し雛《びな》**の原形が行われるようになったのです。

本来ならこのように水に流されてしまう運命の雛人形。現代のように綺麗に着飾らせて家に飾るようになったのは、江戸時代以降の風習です。

やがて人形の数も、飾る段の数も増えていき、今のような雛人形へと変化。そして女の子の成長を祝う華やかなお祭りとして定着しました。

今でも淡嶋神社《あわしまじんじゃ》（和歌山県）や下《しも》鴨神社《がもじんじゃ》（京都府）をはじめ、各地で昔ながらの流し雛の神事を行う神社が存在します。

紙でできた人形を船に乗せて水に流すことが多いのですが、前述の淡嶋神社では、全国から奉納された雛人形数百体を船に積み込み、海へと流して神様の元に送る、本格的な流し雛の神事が行われています。

＊巳の日：日にちに十二支をあてがった際に、巳（ヘビ）となる日

五節供と神事

季節の節目に行われる神事を節供《せっく》と呼び、特に重要とされる5つの節供をまとめて五節供《ごせっく》と呼びます。

日付	節供	概要
1月7日	人日《じんじつ》	中国で1月1日から6日までは動物を占うのに対し、7日に人を占うことからこの名前に。日本では無病息災を願って七草粥を食べる日とされ、「七草」と呼ばれることもあります
3月3日	上巳《じょうし》	「桃の節供」とも呼ばれる3月で最初の巳《み》の日。当初は水辺の災厄を祓う日で、流し雛を川に流しました
5月5日	端午《たんご》	邪気を祓う菖蒲《しょうぶ》を身につける日。菖蒲が尚武《しょうぶ》（武を重んじる）に通じることから、男の子成長を願う日になりました（諸説あり）
7月7日	七夕《たなばた》	中国の牽牛織女《けんぎゅうしょくじょ》伝説が日本に入り、神事を行う日に。笹の葉に短冊を飾りつける風習は江戸時代に広まったものです
9月9日	重陽《ちょうよう》	陰陽道でもっとも縁起のよい数字（陽数）である9が重なることからこの名前に。菊の花びらを浮かべた酒を飲んで長寿を願います

雛人形の変遷

雛人形のルーツは朝廷の神事で使われた流し雛だとされます。雛人形を飾る風習は江戸時代頃から始まりました。

【流《なが》し雛《びな》】
成立：平安時代
朝廷の神事である上巳《じょうし》の祓《はらえ》で使われた人形。災厄を乗せて川に流します

【座雛《すわりびな》】 成立：江戸時代前期

江戸時代の初め頃にできた紙製の雛人形。それまで流すためにつくられた人形を家に飾る風習が生まれました

（東京国立博物館所蔵）

【雛人形《ひなにんぎょう》】
成立：江戸時代中期
現在一般的に知られている段飾りの雛人形は江戸時代中期に登場。雛人形を飾る女の子を描いた浮世絵も残っています

（京都国立博物館所蔵）

日本の伝統芸能の多くは神様への捧げ物だった？

キーワード
▼雅楽　▼流鏑馬
▼散楽　▼競馬
▼能

日本の伝統芸能は神社の境内で行われた

日本の**伝統芸能**のなかには、神様に捧げるための神事が由来のものもあります。

笛や太鼓、琴《こと》、琵琶《びわ》など日本の伝統楽器を使って奏でる音楽・**雅楽**《ががく》は、奈良時代から神社で演奏されました。

日本古来の踊りである**神楽**《かぐら》は、名の通り、神様に奉納するためのものです。奈良時代に大陸から伝わった**散楽**《さんがく》にルーツをもつ**能**《のう》は、南北朝時代に発展します。能の演目は5つのテーマに分けられますが、うち**一番**《いちばん》**目物**《めもの》と呼ばれる演目は、主人公が神様そのものです。このように芸能のなかには、神事や神社に関わって発展したものも少なくありません。

演劇の通称である**芝居**《しばい》という言葉の由来も社寺が関わっています。かつて能は神社や寺の境内《けいだい》で演じられ、観客は芝生に設けられた見物席につきました。この見物席が芝居で、やがて演劇そのものを芝居と呼ぶようになったのです。

流鏑馬、競馬、博打…多くの伝統が神事だった

演劇のほかにも、神社と縁のある日本の伝統芸能はたくさんあります。

馬に騎乗しながら矢で的を射る**流鏑馬**《やぶさめ》は、武士が戦勝祈願のために神様に奉納する神事でした。現在も、鶴岡八幡宮《つるがおかはちまんぐう》（神奈川県）など、流鏑馬神事を行う神社があります。

馬の速さを競う**競馬**《けいば》も元は神事でした。かつては「くらべうま」と読み、端午《たんご》の節供《せっく》に邪気を祓う儀式として行われました。

伝統芸能とは関係ありませんが、競馬の勝敗に金銭を賭ける**博打**《ばくち》も行われるようになります。平安時代の歌謡集『梁塵秘抄《りょうじんひしょう》』には、神様に祈願する博打うちの逸話が記されており、ギャンブルの勝敗をついつい神様に祈ってしまうのは、今も昔も変わらないようです。

神事として奉納された雅楽

日本の伝統音楽である雅楽は、古来より神事で奏でられる音楽でした。現在でも、神社で演奏会が行われることがあります。

【雅楽《ががく》】神事で奏でられた日本の伝統的な音楽。笙《しょう》（細い竹を束ねた管楽器）の和音が特徴的です

【舞楽《ぶがく》】雅楽を伴奏に舞う踊り。神社では雅楽とともに舞楽が奉納されることもあります

（東京国立博物館所蔵）

神事になった武芸

武士の台頭とともに、武芸もまた神様に奉納されるようになりました。

【流鏑馬《やぶさめ》】馬に乗りながら３つの的を射る競技。当たった的は縁起物とされています。

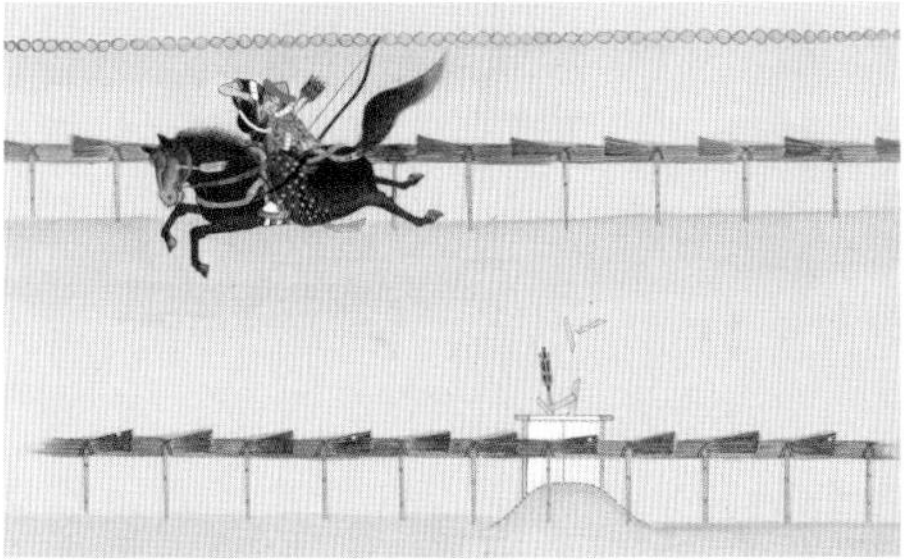

（国立国会図書館所蔵）

【競馬《けいば》】馬のスピードを競う競技。やがて端午《たんご》の節《せっ》供《く》に行う厄祓いの神事として定着しました。

（東京国立博物館所蔵）

神道にみる伝統のルーツ

相撲も神事だった

寺社の境内で行われた江戸時代の相撲。
（東京都立中央図書館特別文庫室所蔵）

日本の国技である相撲は、11代・垂仁天《すいにんてん》皇《のう》が、当麻蹶速《たいまのけはや》と野見宿禰《のみのすくね》に力比べをさせたのが始まりといわれています。最初はただ力比べをするだけだった相撲は、やがて勝敗で豊作の吉凶を占う神事になり、平安時代には「相撲節会《すまいのせちえ》」という宮中行事に発展しました。現在に伝わる神事相撲としては、大山祇神社《おおやまづみじんじゃ》（愛媛県）で奉納される一人相撲が有名です。神事の後、稲の精霊と三番相撲をとり、一番と三番は人間が負けて豊作を祈願します。

神棚とはどんなものでなぜ家に設置するのか？

キーワード
▼神棚
▼神札
▼神宮大麻
▼神饌

江戸時代に庶民に広まった家の中の小さな神社

引っ越したり家を新築したりした時、**神棚**《かみだな》を設置すべきか悩んだことがある方もいるかもしれません。そこで、神様を祀るための場所である神棚について考えてみましょう。

神棚が庶民の間に広まったのは、おそらく中世末期のこと。伊勢神宮（三重県）の御師《おし》という人々が、伊勢神宮の神札《しんさつ》の**神宮大麻**《じんぐうたいま》（⬇Ｐ49）を全国に配り歩いたことによります。

それを頂いた人々は、それを納める場所として神棚をつくるようになったといいます。神宮大麻は、現在では、伊勢神宮だけではなく、たいていの神社で頂くことができます。

神札は神様の**分霊**《ぶんれい》（⬇Ｐ84）ともいえる存在です。そのため、神棚は家や会社などの中で、**小さな神社の役割**を果たしているといえます。

神棚の設置で一番重要なこととは

神様に快適に過ごしていただけるように、神棚はどのように設置したらよいのでしょうか。

まず神棚を設置する場所は、明るく清浄な所を選びましょう。方角は東もしくは南向きがよいとされています。大人の目線よりやや高い位置に据えますが、米や水などの**神饌**《しんせん》をお供えするため、手の届く高さに設置した方がよいでしょう。

また神棚の上階を人が歩く場合は、神棚の上の天井に**「雲」**と書いた半紙を貼ることがあります。神様の上を歩くのは失礼とされるからです。

神棚を設置することで一番大切なのは、神饌をお供えし、拝すること。近年は住まいも多様化し、神棚を設置するのが難しい場合もあります。

最近ではさまざまな需要に応えるコンパクトでモダンなデザインの神棚も増えています。部屋に合うお気に入りの神棚を探してみてはいかがでしょうか。

神棚の祀り方

神棚《かみだな》は、明るくきれいな場所に祀りましょう。南向き、または東向きがよいといわれています。

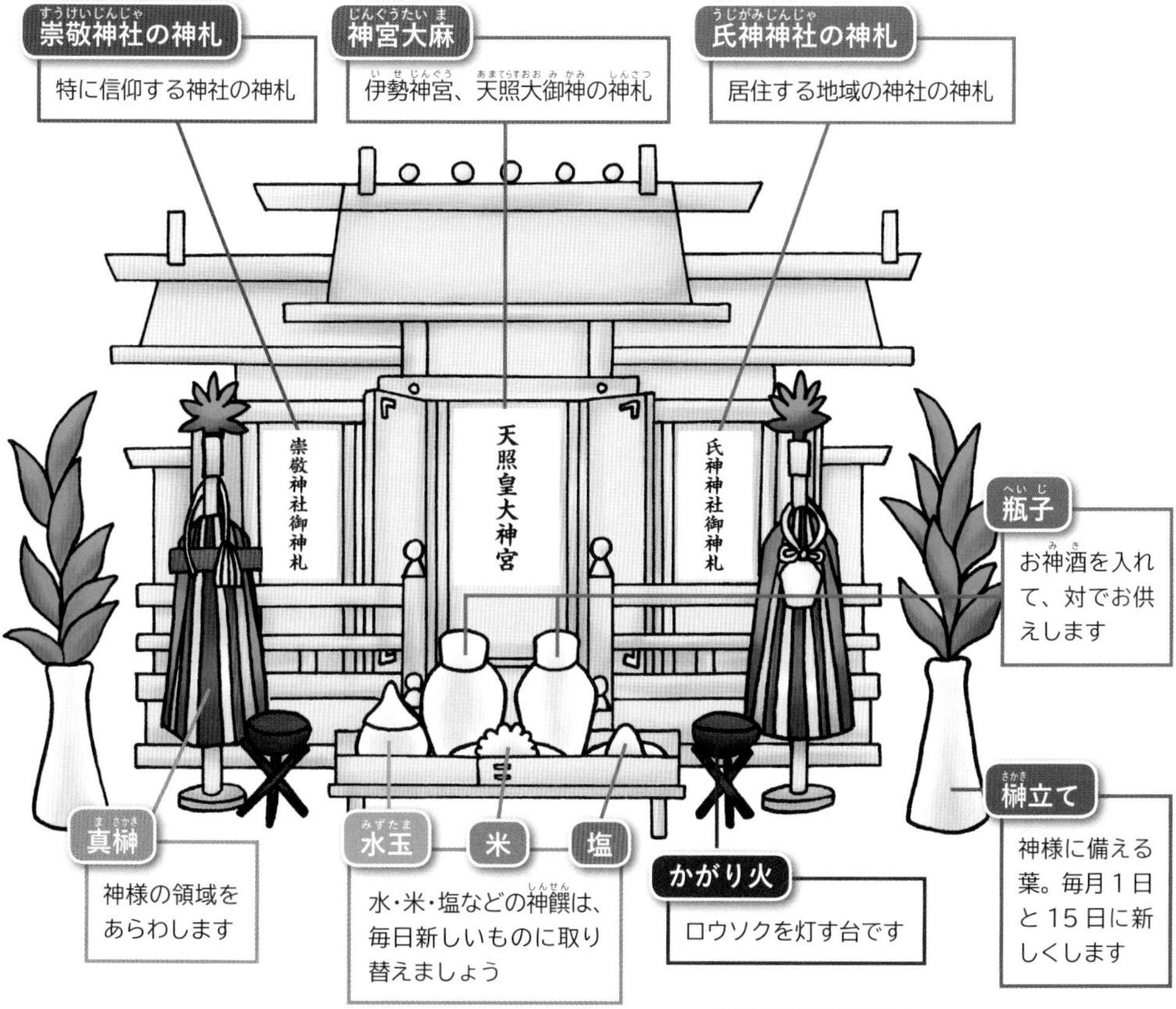
崇敬神社《すうけいじんじゃ》の神札
特に信仰する神社の神札
神宮大麻《じんぐうたいま》
伊勢神宮《いせじんぐう》、天照大御神《あまてらすおおみかみ》の神札《しんさつ》
氏神神社《うじがみじんじゃ》の神札
居住する地域の神社の神札
崇敬神社御神札
天照皇大神宮
氏神神社御神札
瓶子《へいじ》
お神酒《みき》を入れて、対でお供えします
榊立て《さかきたて》
神様に備える葉。毎月1日と15日に新しくします
真榊《まさかき》
神様の領域をあらわします
水玉《みずたま》
米
塩
水・米・塩などの神饌《しんせん》は、毎日新しいものに取り替えましょう
かがり火
ロウソクを灯す台です

神道にまつわるウワサ話

お供え物は食べてよいのか？

神様にお供えする食べ物や飲み物を、神饌といいます。日本の祭りでは、古くから神饌を供えて神様をもてなし、しばしば神様と人がともに食事をする、共食《きょうしょく》という風習があります。

また、祭事が終わったあと、お供え物の神酒《みき》や神饌を下げ、参加者が分け合って飲食することを直会《なおらい》といいます。そのため、神様へのお供え物はいただいても大丈夫なのです。

知井八幡神社
神饌田

神饌用の米を育てる知井八幡神社《ちいはちまんじんじゃ》（京都府）の水田。

工事の前に行う地鎮祭や途中で行う上棟式とは？

キーワード
▼地鎮祭 ▼鎮物
▼上棟式 ▼棟木

施主の幸せと発展を祈る地鎮祭

町を歩いていると、整地された宅地に注連縄《しめなわ》が張られているのを見ることがあります。これは**地鎮祭**《じちんさい》という祭事を行っているのです。

地鎮祭とは、土木工事や建設工事を行う前に、工事の安全や建物の無事、さらには完成した建物で生活する人々の幸福を願う儀式です。

まずは地鎮祭の準備として、これから建物を建てる土地に、葉のついた青竹を四隅に立て、注連縄を張って祭壇を設けます。その中心には神様の依代《よりしろ》となる**神籬**《ひもろぎ》（紙垂《しで》をつけた榊《さかき》の枝）を立てます。その後、お祓いや神様へのお供え、祝詞《のりと》の読み上げなどを行います。

その後、**苅初《かりぞめ》・穿初《うがちぞめ》・土均《つちならし》の儀式**が行われます。工事を依頼した施主《せしゅ》や工事関係者が忌鎌《いみがま》や忌鍬《いみぐわ》、忌鋤《いみすき》を用いて、草を刈ったり土を掘る（＝穿《うが》つ）動作を行い、初めて土地に手を入れます。これは地鎮祭独特の儀式で、神様に工事の開始を知らせるために行います。

最後に、地面に穴を掘り、神様への貢物である**鎮物**《しずめもの》を埋めます。これは、建物が完成したあと、そこで生活する家族や、活動する人々の安寧や発展を祈るための儀式です。

上棟祭を通じて建物の無事を祈願する

地鎮祭ののち建築工事が始まり、柱や梁などの基礎ができあがると、棟木《むなぎ》を上げる**上棟祭**《じょうとうさい》（**棟《むね》上《あ》げ式《しき》**）を行うことがあります。

棟木とは、屋根の最上部、長手方向にかける太い横木のことで、建物のなかでも特に重要なパーツです。ここに家屋や大工、その土地の守り神などをお祀りして、工事の安全や建物の無事を再度祈ります。

上棟祭は、鉄筋コンクリートのビルでも、主要な構造物ができあがった段階で行うことがあります。

地鎮祭の流れ

地鎮祭《じちんさい》はまず祭壇をつくるところから始まります。なお、儀式の流れや内容は地域によって異なります。

1	準備	宅地に祭壇をつくり、中央に神籬《ひもろぎ》を立てます
2	手水《てみず》	手を洗って身を清めます
3	修祓《しゅばつ》	神職が神前で祓詞《はらえことば》を奏上し、大麻《おおぬさ》ですべてを祓い清めます
4	降神《こうしん》	神籬に神様をお招きします
5	献饌《けんせん》	神様にお神酒《みき》などをお供えします
6	祝詞奏上《のりとそうじょう》	神職が工事の安全と建物の繁栄を願い、祝詞を奏上します
7	四方祓《しほうはらい》	土地を清め、米などを供えます
8	刈初《かりぞめ》	工事関係者が鎌を入れる所作を行います
9	穿初《うがちぞめ》	施主《せしゅ》が鍬を入れる所作を行います
10	鎮物《しずめもの》の埋葬	穴を掘り、鎮物を埋めます
11	玉串奉奠《たまぐしほうてん》	玉串を捧げます

地鎮祭で準備する祭壇。

地鎮祭独特の儀式

地鎮祭には初めてその地に手を入れる刈初《かりぞめ》と穿初《うがちぞめ》や、地面に神様への貢物を埋める鎮物《しずめもの》など、独特の儀式があります。

【刈初と穿初】

施主や施工者が、忌鎌《いみかま》や忌鍬《いみくわ》や忌鋤《いみすき》を使用して、草を刈ったり、土を掘る動作を行い、神様に工事の開始を報告します。

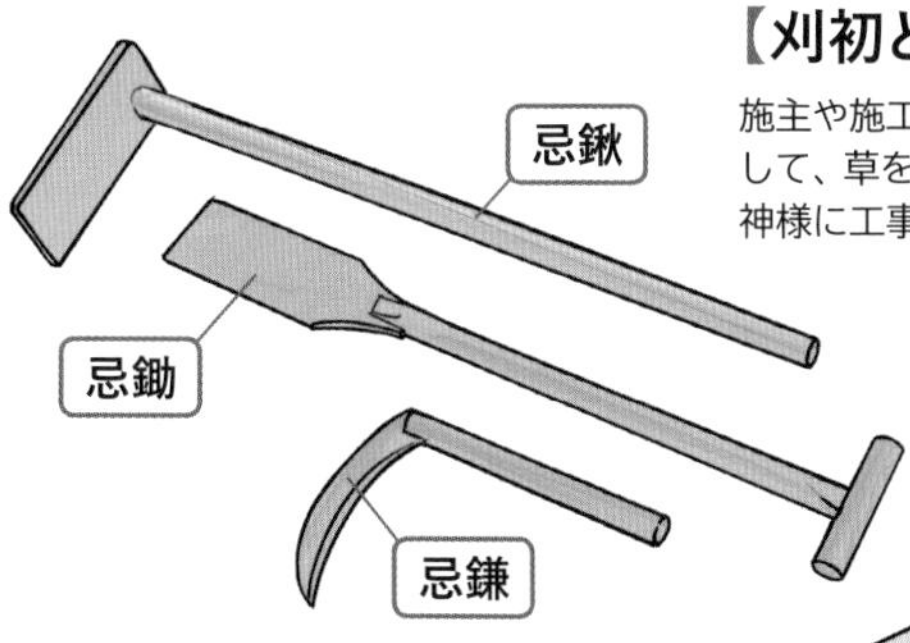

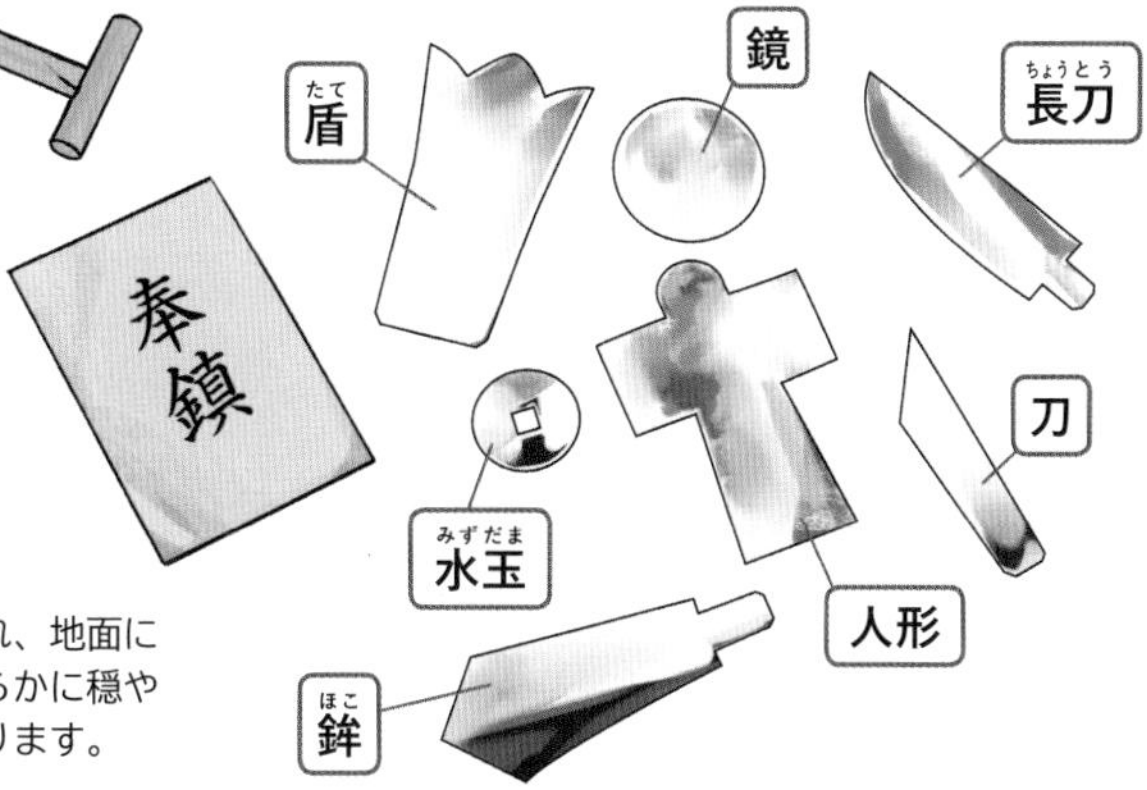

【鎮物の埋葬】

鎮物は神様への貢ぎ物といわれ、地面に穴を掘って埋めることで、安らかに穏やかにお鎮まりいただくよう祈ります。

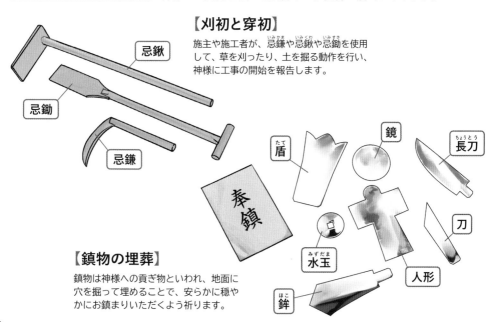

もっと知りたい！
神道豆知識

5

江戸時代にも神社巡礼ブームがあった？

神社を巡る巡礼は、平安時代から続く「蟻《あり》の熊野《くまの》詣《もうで》」といわれる**熊野詣**が有名ですが、本格的な巡礼ブームが訪れたのは、太平の世となり、庶民も経済的に豊かになった江戸時代です。「一生に一度はお参りに行きたい」といわれたのが**伊勢参《いせまい》り**で、多い時には、日本の総人口が3000万人だった時代に、年間400万人以上が参拝したといわれています。また伊勢参りと並んで人気があったのが「丸金《まるきん》か京六《きょうろく》か」といわれた、香川県の**金刀比羅宮《ことひらぐう》**と京都六条の東西の**本願寺《ほんがんじ》**への参拝です。江戸で大ブームとなったのが、富士山の頂上にある**浅間大社《せんげんたいしゃ》**を参拝する**富士《ふじ》詣《もうで》**で、富士登拝ができない女性やお年寄りのため、神社の境内《けいだい》などに、ミニチュアの富士山（**富士塚《ふじづか》**）がつくられるほどでした。

伊勢神宮の手前にある宮川《みやがわ》を描いた浮世絵。伊勢参りの参拝客であふれ返っています。（神宮徴古館所蔵）

付章

一度は訪れたい！

日本の神社30

日本には約8万社の神社があります。
そのなかから、日本人なら
一度は参拝しておきたい神社を、30社厳選。
その見どころをガイドします。

一度は訪れたい！
日本の神社30 MAP

25 白山比咩神社

11 富士山本宮浅間大社

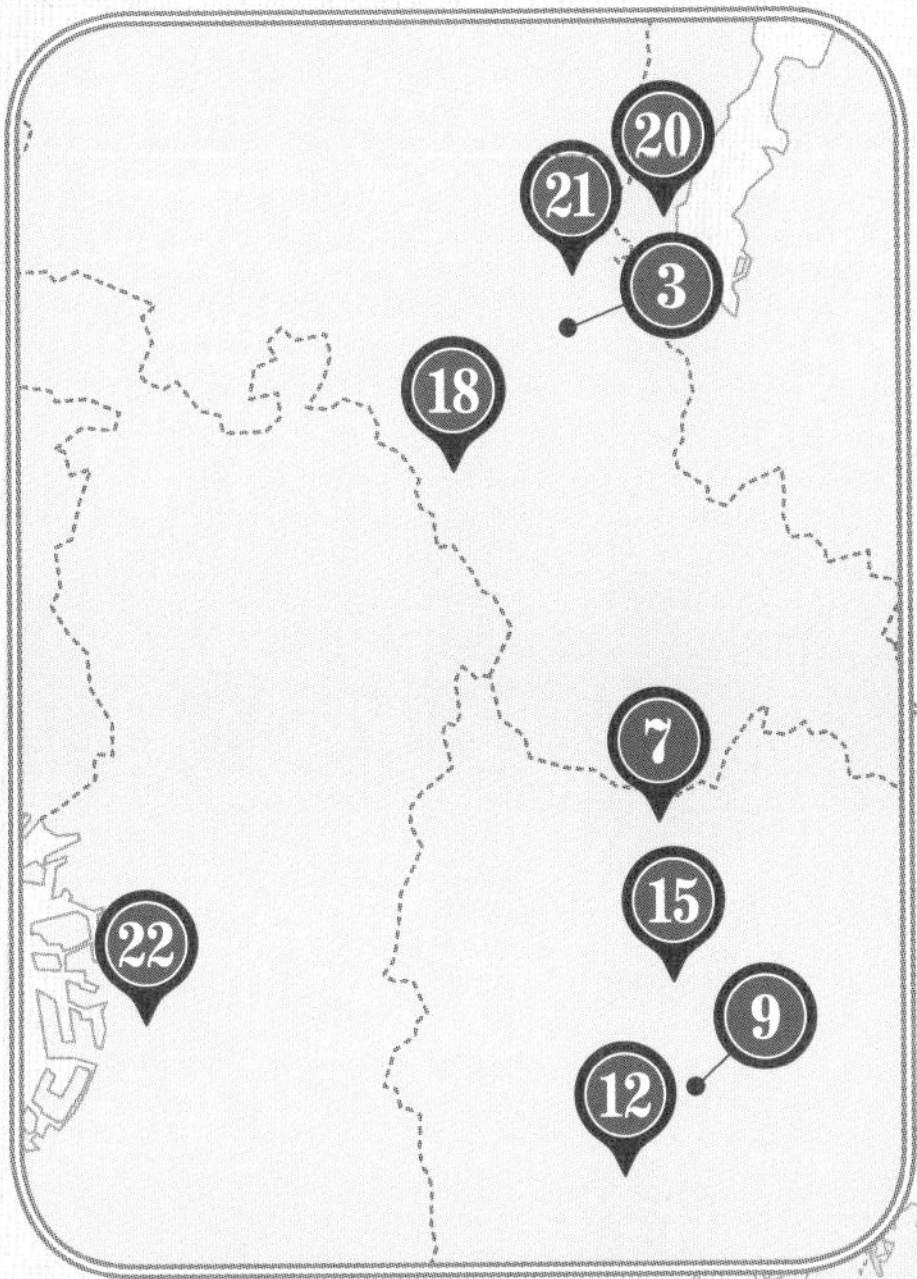

23 金刀比羅宮

10 霧島神宮

一度は訪れたい
日本の神社
1

日本の神社の中心

伊《い》勢《せ》神《じん》宮《ぐう》

【三重県】

祭神 皇大神宮（内宮）：天照大御神
豊受大神宮（外宮）：豊受大御神

所在地 皇大神宮（内宮）：三重県伊勢市宇治館町1
豊受大神宮（外宮）：三重県伊勢市豊川町279

アクセス 皇大神宮（内宮）：近鉄「宇治山田駅」からバスで約10分
豊受大神宮（外宮）：近鉄・JR「伊勢市駅」から徒歩約5分

▲伊勢神宮内宮の中心となる建物、正宮。正式には「皇大神宮」と呼びます。

日本全国の神社の本宗

伊勢神宮は全国の神社の**本宗**《ほんそう》（もっとも尊いとされる神社）と位置づけられています。正式名称は**「神宮《じんぐう》」**で、**皇大神宮**《こうたいじんぐう》（以下、内宮《ないくう》）と**豊受大神宮**《とようけだいじんぐう》（以下、外宮《げくう》）を中心に、伊勢市やその郊外に125社もの神社があり、それらをすべて含めて神宮といいます。

内宮には皇室のご先祖の神であり、日本人の総氏神《そううじがみ》でもある**天照大御神**《あまてらすおおみかみ》がお祀りされています。古来、天照大御神は天皇がいた大和《やまと》（現在の奈良県）の地に祀られていました。しかし第10代・崇神天皇《すじんてんのう》の頃、天照大御神をさらにふさわしい地にお祀りすることになり、**倭姫命**《やまとひめのみこと》によってこの美しい伊勢の地が選ばれました。そして、皇位のしるしの**「三種の神器《さんしゅのじんぎ》」**のひとつで、天照大御神が宿るとされる**八咫鏡**《やたのかがみ》を御神体として、内宮が創建されたのです。

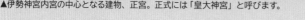

外宮には天照大御神のお食事をつかさどる神であり、食や産業の守り神である**豊受大御神**《とようけのおおみかみ》をお祀りしています。外宮から内宮の順にお参りするのが、一般的ならわしです。

国家の守護神として崇敬される伊勢信仰は、平安時代末期より全国に広がり、特に江戸時代は伊勢への巡礼**「お蔭《かげ》参り」**が大ブームになりました。現在、内宮の前には当時の鳥居前町《とりいまえまち》を再現した「おかげ横丁」という商店街が

◀伊勢神宮外宮の中心となる建物、正宮。2013年に行われた式年遷宮《しきねんせんぐう》の祭祀で新築されました。（神宮司庁提供）

あり、にぎわいをみせています。

また、伊勢神宮から少し足をのばすと**二見《ふたみ》興玉《おきたま》神社《じんじゃ》**があります。神社が面する二見浦《ふたみがうら》は古来、伊勢神宮参拝前に、海水を浴びて心身を清める場所でした。

二見浦の沖合約700メートルには、海の彼方より神が依りつくとされる**興《おき》玉神石《たましんせき》**があり、岩と岩に注連縄《しめなわ》が張られている**夫婦岩《めおといわ》**は、興玉神石と太陽を遥拝する鳥居とされています。

◀二見興玉神社の本殿。道開きの神と称《たた》えられる猿田彦《さるたひこの》大神《おおかみ》を、御祭神としてお祀りする神社です。倭姫命が伊勢を訪問するため二見浦に船を止めた時、猿田彦大神が海上に現れたことがこの神社の始まりです。
（二見興玉神社提供）

▶二見浦に浮かぶ奇岩、夫婦岩。
（二見興玉神社提供）

ココに注目！

日常と聖域をつなぐ 宇治橋《うじばし》

伊勢神宮の内宮には、参拝前に五十鈴川《いすずがわ》の清流で手を清められる場所「御手洗場《みたらし》」があります。この五十鈴川は倭姫命が衣服のすそを洗った伝説が残る川で、とても神聖なものだとされています。その五十鈴川にかかる宇治橋《うじばし》は全長101.8mの規模を誇り、橋の入り口と出口には大きな鳥居が設けられています。宇治橋は内宮の神域と日常空間をつなぐ架け橋として古くより愛され、式年遷宮の祭祀の際は境内のその他の建物とともに、新しくかけ直されています。

▼宇治橋の手前に立つ大鳥居は、伊勢神宮の玄関口。くぐる前に一礼するのがよいとされています。

一度は訪れたい
日本の神社
2

出雲《いづも》大《おお》社《やしろ》

古代より出雲に鎮座する縁結びの神様

【島根県】

祭神 大国主大神

所在地 島根県出雲市大社町杵築東１９５

アクセス ＪＲ「出雲市駅」からバスで約25分

▲拝殿は1953年に不慮の火災で一度焼亡するも、1957年に再建されました。（出雲大社提供）

大国主大神を祀る大社

日本最古の歴史書『古事記《こじき》』など、数多くの神話の舞台になった**出雲地方**。ここには神話と縁の深い神社が、今も至るところに御鎮座します。その中心が**大国主大神**《おおくにぬしのおおかみ》をお祀りする**出雲大社**（通称、出雲大社《いずもたいしゃ》）です。大国主大神は**「だいこくさま」**とも呼ばれ、全国の神社でお祀りされています。

大国主大神は、「豊葦原《とよあしはら》の瑞穂《みずほ》の国」と呼ばれる豊かな日本の国土をつくられた神様です。のちに、大国主大神は太陽の神である**天照大御神**《あまてらすおおみかみ》に国を譲るよう命じられますが、その条件として、天にもおよぶ高さの巨大な宮殿を建てることを提案。こうして造営された宮殿、**天日隅宮**《あめのひすみのみや》が、出雲大社のルーツだとされています。

10月を神無月《かんなづき》といいますが、出雲地方では**神在月**《かみありつき》といいます。これは、毎年陰暦の10月に、全国各地から八百万《やおよろず》の神々が出雲大社に集まり、人々のご縁を話し合う「神集《かみつど》い」が行われるからです（⬇Ｐ１３５）。

大国主大神は**縁結びの神**として知られていますが、これは『古事記』で恋多き男性として描かれていること、正妻をもったことも関係しているようです。

そのため出雲大社は縁結びのご利益があるとよく知られ、男女の縁はもちろん、さまざまな人と人との縁を結んでくれる神社とされています。

出雲地方には出雲大社のほかにも縁結びでよく知られる神社があります。そのひとつである**八重垣神社**《やえがきじんじゃ》は、大国主大神のご先祖にあたる**素戔嗚尊**《すさのおのみこと》と**稲田姫**《いなだひめ》をお祀りしています。

▲出雲大社を象徴する神楽殿《かぐらでん》の大注連縄《おおしめなわ》。長さ約13m、重さは約5tもの規模を誇るこの注連縄は、数年に一度新しいものにつけ替えられます。（出雲大社提供）

高天原《たかまのはら》から下った素戔嗚尊は、人々に災厄をもたらす八俣大蛇《やまたのおろち》を退治し、稲田姫と結婚しました。境内の森の奥には、稲田姫が鏡代わりに姿を映したという**鏡の池**があり、恋愛や結婚などのご縁が占えます。

▲素戔嗚尊と稲田姫を祀る八重垣神社。境内奥地には稲田姫を救い出した場所とされる佐久佐女《さくさめ》の森があります。

ココに注目！

古代出雲の権力の証拠？ 宇豆柱《うづばしら》

近年、出雲大社の境内の地中から、３本の巨木を束ねた巨大な柱、宇豆柱が発見され、かつてここに48mもの高さの本殿があった可能性が高まりました。発掘当初、この柱は伝説の古代出雲大社の本殿のものではないかと推測されました。残念ながらその後の調査で、この柱は鎌倉時代前半頃に造営された本殿を支えていた柱であったということが判明。しかし、出雲大社の近くの遺跡からは多くの銅《どう》剣《けん》や銅鐸《どうたく》（祭祀に使う釣り鐘のような道具）が出土し、実際に古代出雲には大きな勢力があったと考えられています。

▲出雲大社境内遺跡から出土した宇豆柱は、直径約3mもの大きさです。（古代出雲歴史博物館提供）

▲本殿の前に構える楼門は豊臣秀吉が病気の母を案じて造営しました。

一度は訪れたい
日本の神社
3

伏見稲荷大社《ふしみいなりたいしゃ》

「商売繁昌」で有名なお稲荷さんの総本宮

【京都府】

祭神 稲荷大神
所在地 京都市伏見区深草薮之内町68
アクセス JR「稲荷駅」より徒歩すぐ

全国の稲荷神社の総本宮

人々にもっとも親しまれている神社といわれているのが、「お稲荷さん」の通称で知られる五穀豊穣・商売繁昌の神、**稲荷大神《いなりおおかみ》**を祀る**稲荷神社**。全国に約3万社あるといわれている稲荷神社の総本宮が、**伏見稲荷大社**（京都府）です。

稲荷大神は農耕の神として崇められてきましたが、やがて殖産《しょくさん》の神、商売繁昌の神、あるいは屋敷神《やしきがみ》として祀られるようになります。

重要文化財に指定されている伏見稲荷大社の本殿。その中央には宇迦之御魂大神が祀られており、ほかに**佐田彦《さたひこ》大神《おおかみ》**（北座）・**大宮能売大神《おおみやのめのおおかみ》**（南座）・**田中大神《たなかのおおかみ》**（最北座）・**四大神《しのおおかみ》**（最南座）が祀られています。

伏見稲荷大社といえば、朱色に塗られた無数の鳥居《とりい》がまるでトンネルのように建ち並ぶ姿をイメージする人も多いでしょう。**「千本鳥居《せんぼんとりい》」**と呼ばれるこの神秘的な場所は、外国人観光客からも、「訪れたい日本の名所」と評されています。

これらの鳥居は参拝者が稲荷大神に感謝の気持ちを込めて奉納したもので、鳥居を通れば願いが「通る」、あるいは「通った」という意味があります。

伏見稲荷大社は稲荷山全体を境内としており、そこには数多くの**お塚《つか》**が建

▲伏見稲荷大社の千本鳥居。

てられています。

お塚とは稲荷大神の名前を刻んで奉納した石の祠《ほこら》のことで、お塚の数からもまた、人々の伏見稲荷大社への信仰の厚さがうかがえます。

また境内の随所でみられる狐は稲荷大神の神徳《しんとく》を人々に届け、また人々の願いを稲荷大神に伝える神使です。

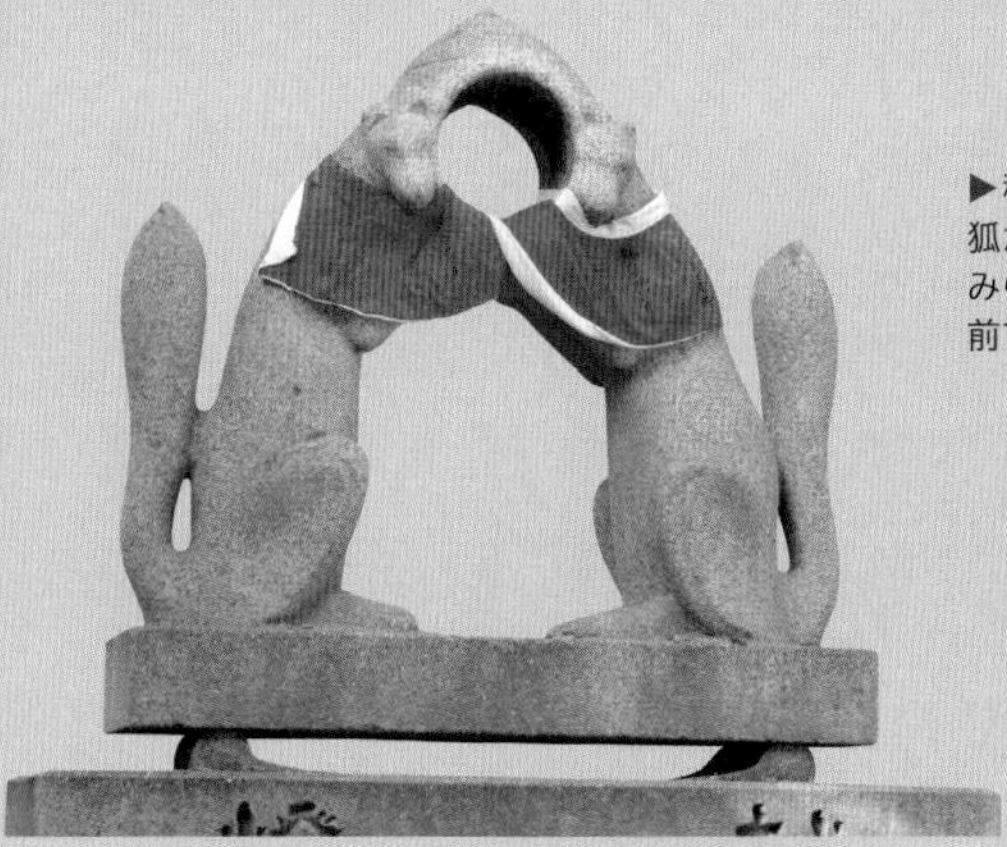

▲仲むつまじい狐。このほかにも境内には変わったポーズの狐や、神使いの特徴である白い狐など、さまざまな狐がみられます。

▶稲荷大神の神使である狐が境内のいたるところにみられます。写真は楼門の前で神社を守護する狐。

ココに注目！

山の全体が境内　稲荷山《いなりやま》

伏見稲荷大社の本殿そのものは稲荷山の麓にあるため意外と知られていませんが、伏見稲荷大社の境内は山全域にいたります。稲荷山は古くから「三ヶ峰《みつがみね》」と呼ばれ、山麓からそれぞれ三ノ峰《さんのみね》・二ノ峰《にのみね》・一ノ峰《いちのみね》と３つの峰からなり、頂上にあたる一ノ峰は標高約233mの高さに位置します。そのため稲荷山への参詣を「お山《やま》する」といい、山中には多くのお塚や鳥居が建立されています。

▼山頂にいたる途中の、「四つ辻」と呼ばれる場所からは京都市街を一望できます。

▲太宰府天満宮本殿の屋根は檜皮葺の技法が使われています。また、屋根の正面側面が急勾配になっているのが特徴。（太宰府天満宮提供）

学問の神様・菅原道真公を祀る

太《だ》宰《ざい》府《ふ》天《てん》満《まん》宮《ぐう》

【福岡県】

祭神 菅原道真公

所在地 福岡県太宰府市宰府4－7－1

アクセス 西鉄「太宰府駅」から徒歩約5分

天神となった菅原道真の伝説

太宰府天満宮は、**菅原道真公**《すがわらのみちざね》をお祀りする神社です。平安時代、幼い頃より学問に秀でていた道真公は、一流の学者・政治家・文人になり、宇多天皇《うだてんのう》より中央官僚に抜擢。天皇を助け、藤《ふじ》原《わら》氏《し》中心の政治から天皇中心の政治へと戻す政治改革を行いました。

また国情が不安定だった唐《とう》との交流（遣唐使《けんとうし》）を廃止し、国風文化の発展にも貢献。それらの実績により右大臣《うだいじん》に出世しましたが、左大臣《さだいじん》・藤原時平《ふじわらのときひら》の政略により、**無実の罪で大宰府に左《さ》遷《せん》**されました。

道真公は大宰府で厳しい生活を強いられ、数年後に亡くなりました。この時、亡骸《なきがら》を牛車《ぎっしゃ》に乗せて進むと、ある場所で牛が動かなくなったため、その地に埋葬されました。

都では道真公の左遷に関与した人々に次々と不幸が起こり、祟りだと恐れられました。そして道真公の無実が証明されると、**「天満大自在天神《てんまんだいじざいてんじん》」という神様としての位《くらい》**を贈られ、墓所の上に太宰府天満宮が造営。全国の天神信仰の中心地となりました。

創建当初の本殿《ほんでん》は兵火に見舞われたため、現在の本殿は戦国大名・小早川《こばやかわ》隆景《たかかげ》が造営したもの。築400年以上経った現在でも**檜皮葺《ひわだぶき》の流造《ながれづくり》の屋根**などが残存し、桃山時代の建築様式を伝

▲境内の心字池《しんじいけ》にかかる御神橋《ごしんきょう》。橋を端から端まで渡ることで身が清められ、本殿へ向かうことができるとされています。

えるものとして国の重要文化財に指定されています。

２０１９年、新しい元号が「令和《れいわ》」になった際、太宰府天満宮のある太宰府市が、**令和発祥の地**として注目を浴びました。令和の由来となった『万葉集《まんようしゅう》』に収められた歌の序文「初春の令《れい》月《げつ》、気淑《きよ》く風和《かぜやわら》ぐ」は、７３０年に、太宰府天満宮からもほど近い、**坂本八幡宮《さかもとはちまんぐう》**で開かれた宴で詠まれたものです。

▲▶大伴旅人《おおとものたびと》（右）の邸宅跡とされる坂本八幡宮（上）。旅人が自身の邸宅で開催した梅花の宴で詠んだ歌「初春の令月にして気淑く風和ぎ……」が元号「令和」の引用元。

（国立国会図書館所蔵）

ココに注目！

道真公を慕った　飛梅伝説《とびうめでんせつ》

菅原道真公が、藤原時平の虚偽の報告によって大宰府に左遷になった時、道真公は朝廷内の梅に、「こち吹かば　匂い起こせよ梅の花　あるじなしとて春な忘れそ」と詠いかけました。道真公を慕った梅は主人を追い、大宰府の道真公の元に飛んだといわれています。現在この梅の木は、「飛梅」と呼ばれ、御神木として祀られています。

（太宰府天満宮提供）

▼伝説の残る飛梅。太宰府天満宮の境内にはこのほかにも梅の木が植えられており、毎年1月から3月頃に見ごろを迎えます。

▲熊野本宮大社の本殿。右から２番目の社殿に家都美御子大神を祀ります。（熊野本宮大社提供）

一度は訪れたい
日本の神社
5

熊野信仰の中心となった霊山

熊《くま》野《の》三《さん》山《ざん》

【和歌山県】

祭神 熊野本宮大社：家都美御子大神
熊野那智大社：熊野夫須美大神　熊野速玉大社：熊野速玉大神

所在地 熊野本宮大社：和歌山県田辺市本宮町本宮
熊野那智大社：和歌山県那智勝浦町那智山1
熊野速玉大社：和歌山県新宮市新宮1

アクセス 熊野本宮大社：ＪＲ「紀伊田辺駅」からバスで約１２０分
熊野那智大社：ＪＲ「紀伊勝浦駅」からバスで約30分
熊野速玉大社：ＪＲ「新宮駅」から徒歩約15分

神仏両方の聖地・熊野三山

熊野三山とは、**熊《くま》野《の》本《ほん》宮《ぐう》大《たい》社《しゃ》、熊《くま》野《の》那《な》智《ち》大《たい》社《しゃ》、熊《くま》野《の》速《はや》玉《たま》大《たい》社《しゃ》**のことです。

熊野三山で中心となる神社が熊野本宮大社です。熊野本宮大社の社殿は、かつては熊《くま》野《の》川《がわ》・音《おとなし》無《》川《がわ》・岩《いわ》田《た》川《がわ》の合流点にある中洲、**大《おおゆの》斎《》原《はら》**にありました。

大斎原は、熊野本宮大社の祭神である**家《け》都《つ》美《み》御《み》子《この》大《おお》神《かみ》**が降り立ったという伝説が残る聖地です。明治時代に水害があったため社殿は山の中腹に移されましたが、今でも大斎原は旧社殿として、大きな鳥居が建てられています。

熊野三山は**仏教の聖地**としても知られ、平安時代末期には「極《ごく》楽《らく》浄《じょう》土《ど》への入口」といわれ、多くの皇族や貴族が熊野詣に訪れました。

熊野那智大社の真横には**那《な》智《ち》山《さん》青《せい》岸《がん》渡《と》寺《じ》**があり、神仏習合の名残を感じられます。

また、熊野那智大社からすぐのところにある**那智の滝**（⬇Ｐ86）は、高低差約１３３メートルと日本最大の滝としてよく知られています。この滝は熊野那智大社の別宮である**飛《ひ》瀧《ろう》神《じん》社《じゃ》の御神体**で、滝の水を飲むと長生きできるとされています。

熊野三山の残り一つ、熊野速玉大社は12代・景《けい》行《こう》天《てん》皇《のう》の時代につくられたといいます。熊野速玉大社の摂社、**神《かみ》倉《くら》神《じん》社《じゃ》には通称「ゴドビキ岩」**という巨石（⬇P82）が御神体として祀られています。この岩には熊野権現《くまのごんげん》が降臨したという伝説が残っています。

この熊野三山へと通じる参詣道が**熊野古道**《くまのこどう》です。かつては熊野詣の参拝者であふれかえり「蟻の熊野詣」といわれるほどでした。

熊野三山と熊野古道は古代より姿を変えていないことから、世界遺産に認定されています。

▲熊野本宮大社の旧社殿跡である大斎原には大きな鳥居が建てられています。（熊野本宮大社提供）

▲熊野三山をめぐる山道、熊野古道。大門坂《だいもんざか》から熊野那智大社へいたる石畳の道は、長い参詣道のなかでも特に古の姿を残しているとされています。

▼熊野速玉大社の本殿。境内には国宝の神像を納める熊野神宝館などがあります。

ココに注目！

導きの神使 八咫烏《やたがらす》

熊野本宮大社では３本足のカラス、八咫烏をモチーフにしたお札やお守りが授与されています。八咫烏は日本神話に登場する神の使いで、初代・神武天皇《じんむてんのう》が熊野から大和《やまと》（奈良県）を目指した際に、道案内をしました。現在、八咫烏はそのエピソードから導きの神としての側面を持っているほか、「ボールをゴールに導く」という願いを込めて日本サッカー協会のシンボルマークにも採用されています。

▶熊野本宮大社の境内にある八咫烏ポスト。ハガキの代わりに絵馬を投函して郵送できます。

▼八咫烏にあやかったサッカー守り。（熊野本宮大社提供）

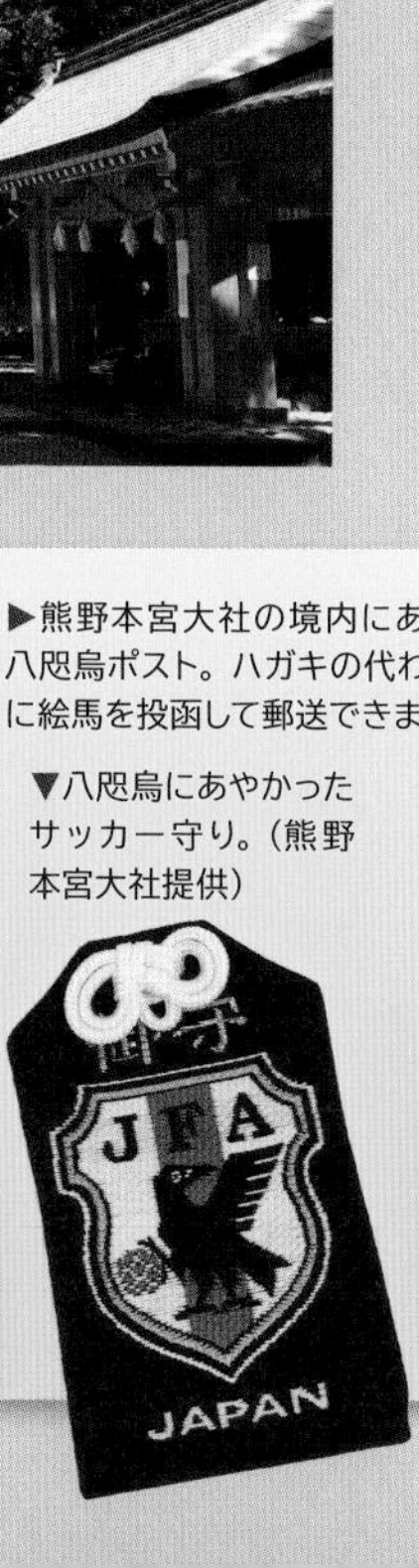

鹿《か》島《しま》神《じん》宮《ぐう》

武神・武甕槌大神を祀る

【茨城県】

祭神 武甕槌大神

所在地 茨城県鹿嶋市宮中2306-1

アクセス JR「鹿島神宮駅」より徒歩約10分

▲本殿・石の間・幣殿・拝殿の４棟からなる社殿は、徳川２代将軍・秀忠が寄進。

神武天皇を助けた最強武神

鹿島神宮の祭神の**武甕槌大神**《たけみかづちのおおかみ》は、天《あま》照大御神《てらすおおみかみ》の命を受け、**香取神宮**《かとりじんぐう》**の祭神の経津主大神**《ふつぬしのおおかみ》とともに出雲《いずも》の国に天下り、大国主神《おおくにぬしのかみ》と国譲《くにゆず》りの交渉を行いました。最強の武神といわれ、初代・神《じん》武天皇《むてんのう》の東征の際も、武甕槌大神が所持する**韴霊剣**《ふつのみたまのつるぎ》の力で助けたといいます。

国の守護神として、源頼朝《みなもとのよりとも》など多くの武将にも厚く崇敬されました。江戸時代には、奥宮本殿《おくみやほんでん》を徳川家康《とくがわいえやす》が、本殿などを秀忠《ひでただ》が奉納しています。

また、境内にある**要石**《かなめいし》は地震を起こす大鯰《おおなまず》の頭を押さえているという伝承があります。

ココに注目！

悪疫退散の剣

韴霊剣《ふつのみたまのつるぎ》

鹿島神宮の御祭神・武甕槌大神は悪疫を退け平和をもたらす剣・韴霊剣を佩刀《はいとう》(刀を腰に携えること)していると古くから伝わっています。神武東征の折、兵士たちは悪神の毒気に次々とやられてしまい、軍は壊滅状態になってしまいます。

しかし、武甕槌大神が神武天皇に授けた剣の力により兵士は力を取り戻し、神武軍は大和《やまと》を平定。神武天皇は武甕槌大神に感謝し、鹿島神宮を勅祭したと伝わっています。

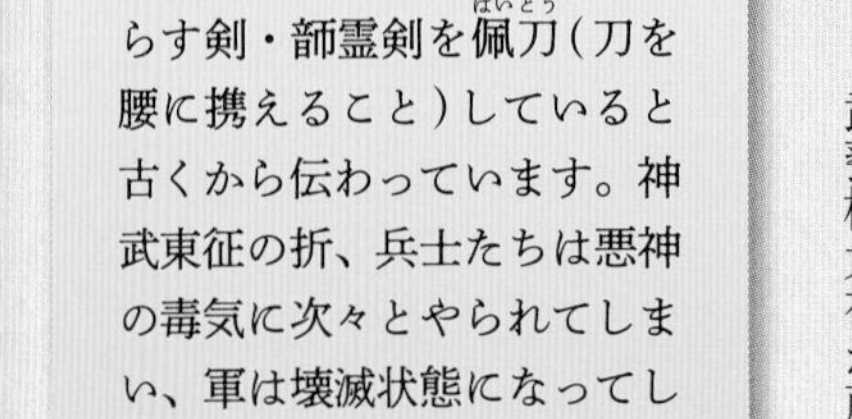

▲鹿島神宮に伝わる国宝、韴霊剣。(鹿島神宮提供)

一度は訪れたい
日本の神社
7

平城京の守護

春日《かすが》大《たい》社《しゃ》

【奈良県】

祭神　春日神（武甕槌命、経津主命、天児屋根命、比売神）

所在地　奈良市春日野町160

アクセス　「近鉄奈良駅」からバスで約11分

▲本殿の前に建つ中門《ちゅうもん》・御廊《おろう》は約10mの高さがあります。（春日大社提供）

国家の安泰・平和を祈念

最強の武神・**武甕槌命**《たけみかづちのみこと》を御蓋山《みかさやま》（春日山《かすがやま》）にお祀りしたのが始まりといわれている春日大社。一説では、武甕槌命は常陸国《ひたちのくに》の鹿島《かしま》から白い鹿に乗って来られたといわれています。そのため奈良公園一帯では**野生の鹿が神の使い**として大切にされています。

飛鳥時代後半、強い権力をにぎった豪族・**藤原氏**《ふじわらし》は春日大社を氏神とし、多くの神宝が奉納され、その点数と質の高さから「平安の正倉院《しょうそういん》」と称されています。

また、藤原氏ゆかりの藤の花が境内のいたるところに自生しています。

ココに注目！

奈良公園に生活する **神の使い・鹿**

奈良公園の鹿は春日大社の御祭神・武甕槌命のお使いとして大切に保護されています。春日大社の一角にある鹿苑《ろくえん》では子鹿が保護されているほか、鹿の角切りなど人と鹿との共存を維持するための伝統行事が行われています。

▼現在奈良公園には約1300頭の鹿が生活し、国の天然記念物に。

諏訪大社《すわたいしゃ》

諏訪湖の周囲に配された4つの社

【長野県】

祭神 建御名方神・八坂刀売神・八重事代主神

所在地 上社本宮：長野県諏訪市中洲宮山1

アクセス 上社本宮：ＪＲ「茅野駅」からタクシーで20分

▲諏訪大社上社本宮の幣拝殿。（諏訪フォトライブラリ提供）

日本最古の神社のひとつ

諏訪湖をはさみ南に**上社本宮**《かみしゃほんみや》と**上社前宮**《まえみや》、北に**下社春宮**《しもしゃはるみや》と**下社秋宮**《あきみや》と４つの社を持つ神社。国譲《くにゆず》りがきっかけで、諏訪の地にやってきたとされる大国主《おおくにぬしの》神《かみ》の息子・**建御名方神**《たけみなかたのかみ》が御祭神です。本殿《ほんでん》はなく、下社秋宮はイチイの木を、下社春宮は杉の木を、上社本宮は守屋山《もりやさん》を御神体とします。

鎌倉時代以降は武士の崇敬を受け、**武田信玄**《たけだしんげん》**が社殿**《しゃでん》**の造営**を行いました。

現在では7年ごとに行われる**御柱祭**《おんばしらさい》が有名で、豪壮かつ勇猛な男衆の姿が知られています。

ココに注目！

大迫力の御柱祭《おんばしらさい》

桓武天皇《かんむてんのう》の治世より行われてきた御柱祭。7年ごとに執り行われるお祭りは、重さ10t近い巨木を16本伐り出し、街道を人力のみで曳《ひ》き、上社・下社それぞれの四隅に建てていきます。御柱が次々と坂を下る木落《きおと》しや、川を渡る川越しは、男性の壮観な見せ場として圧巻。車もコロもなく、人力のみで曳いていく勇猛果敢な姿は見る人を熱狂の渦に巻き込みます。

◀御柱祭の見どころ、木落し。（諏訪フォトライブラリ提供）

一度は訪れたい
日本の神社
9

山そのものがご神体

大神神社《おおみわじんじゃ》

【奈良県】

祭神　大物主大神

所在地　奈良県桜井市三輪1422

アクセス　JR「三輪駅」から徒歩約5分

▲大神神社の拝殿。本殿はなく、拝殿を通して御神体の三輪山を拝みます。（大神神社提供）

物事をつかさどる大物主大神

奈良盆地にひときわ美しい円錐形の姿でそびえる、**三輪山**《みわやま》そのものが御神体。拝殿《はいでん》の奥に続く森は神聖な禁足地となっており、拝殿と御神体との間には、独特の形をした**三**《み》**ツ鳥居**《とりい》が設けられています。

御祭神の**大物主大神**《おおものぬしのおおかみ》は、すべての物事をつかさどる神様です。歴史書の『古事記《こじき》』などに、三輪山に御鎮座についての由緒をはじめ、いくつもの伝承が残ります。

現在でも酒造、医薬、厄除けなどの信仰を集め、毎年11月には酒まつりが執り行われています。

ココに注目！

全国の酒造関係者が参列する　酒まつり

大神神社の御祭神・大物主大神は酒造の神様としても知られています。『日本書紀』には、高橋活日命《たかはしのいくひのみこと》が大物主大神の助力を得て、「会心の美酒をつくることができた」と書かれています。この故実から、大神神社の御神木である杉を酒屋の軒先などに吊るす風習がうまれ、現在でも全国各地の酒屋・酒蔵で見られます。

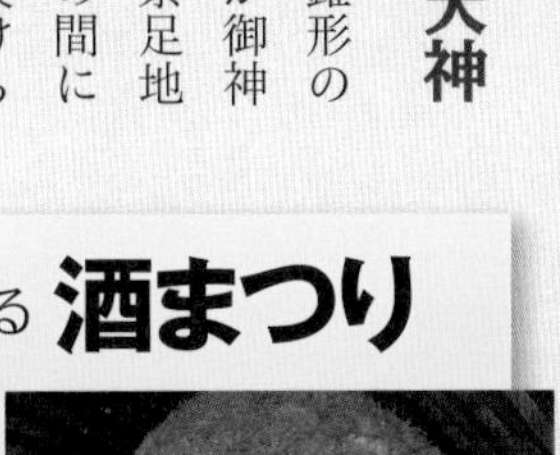

▲拝殿と祈祷殿に吊るされた大杉玉。酒まつりの前日に取り替えられます。（大神神社提供）

一度は訪れたい
日本の神社
10

天孫降臨の聖地
霧《きり》島《しま》神《じん》宮《ぐう》

【鹿児島県】

祭神 天饒石国饒石天津日高彦火瓊瓊杵尊

所在地 鹿児島県霧島市霧島田口2608−5

アクセス 「鹿児島空港」から車で約40分

▲高千穂の山頂に向かって配置される社殿は段違いに建てられているのが特徴。

日本を治めた瓊瓊杵尊

天照大御神《あまてらすおおみかみ》の孫・**瓊瓊杵尊**《ににぎのみこと》が皇位の印である**三種の神器**と稲穂を持って**高**《たか》**天原**《まのはら》から降臨した地とされる**高千穂**《たかちほ》**峰**《みね》。その麓に霧島神宮は鎮座しています。古代から高千穂峰に神社があったと伝わっており、平安時代の法令集『延喜式《えんぎしき》』にも「日向国《ひゅうがのくに》諸県郡《もろかたぐん》霧島神《きりしまじん》社《じゃ》」という記載が残っています。

大きな噴火などにより、社殿が炎上する災禍に遭ったこともありましたが、その都度再建されています。

現在の社殿は薩摩藩4代藩主・島津《しまづ》吉貴《よしたか》が寄進したもので、島津氏の崇敬が厚かったことがうかがえます。

ココに注目!

日本列島を生み出した

天逆鉾《あめのさかほこ》

高千穂峰の頂上には、いつからあるのかは不明ですが、天逆鉾が突き立てられています。天逆鉾とは、伊邪那岐命《いざなきのみこと》と伊邪那美命《いざなみのみこと》が混沌とした海のようなところに突き立てた矛で、その切先から滴った雫が小島になり、そこに降り立った伊邪那岐命と伊邪那美命によって、日本列島が生み出されたといわれています。

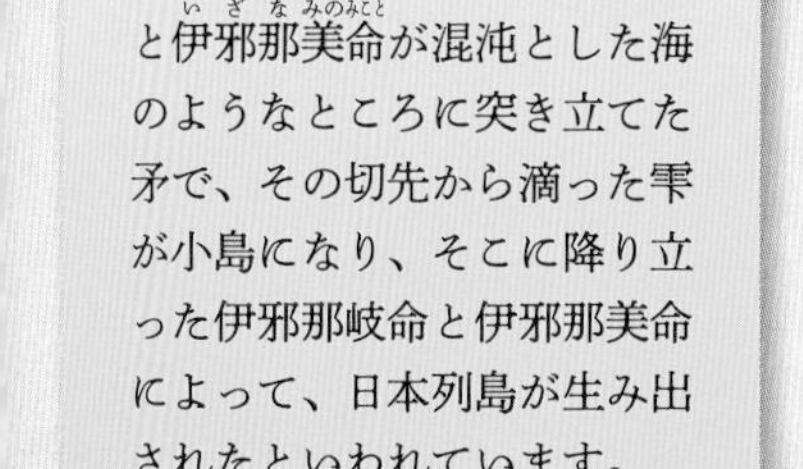

▲高千穂峰に突き立つ天逆鉾。

一度は訪れたい
日本の神社
11

富士山本宮浅間大社《ふじさんほんぐうせんげんたいしゃ》

富士山そのものが御神体

【静岡県】

祭神 木花之佐久夜毘売命（浅間大神）
所在地 本宮：静岡県富士宮市宮町1－1
アクセス JR「富士宮駅」から徒歩約10分

▲徳川家康が造営した拝殿。屋根は檜皮葺《ひわだぶき》、内側と外側に丹塗りを施し、本殿と同じ特徴をもちます。

御神木の桜が咲き誇る社殿

古くからの言い伝えによると、富士山の大噴火により、国内は長く荒れ果てた状態が続きました。これを憂いた11代・垂仁天皇《すいにんてんのう》により**浅間大神**《せんげんおおかみ》がこの地に祀られ、山霊《さんれい》を鎮めたのを起源としています。

御祭神は、山の神・大山祇神《おおやまつみのかみ》の娘で、天孫降臨《てんそんこうりん》の瓊々杵尊《ににぎのみこと》の妻となった**木花之佐久夜毘売命**《このはなのさくやひめのみこと》です。富士山のような美しい神とされます。また、木花という名から桜を御神木とし、境内には500本の桜が咲き誇ります。

ココに注目！

江戸時代に大流行した

富士講《ふじこう》

浅間大神が祀られ、噴火活動が収まると信仰のために富士山に登る人が増えました。特に江戸時代は富士講という組織がつくられ、皆でお金を出し合って代表者が富士山に登り、皆に神徳を分け与えました。神社などに富士山の溶岩石を使った富士塚がつくられ、富士山に登れない人々が塚に登ることもありました。

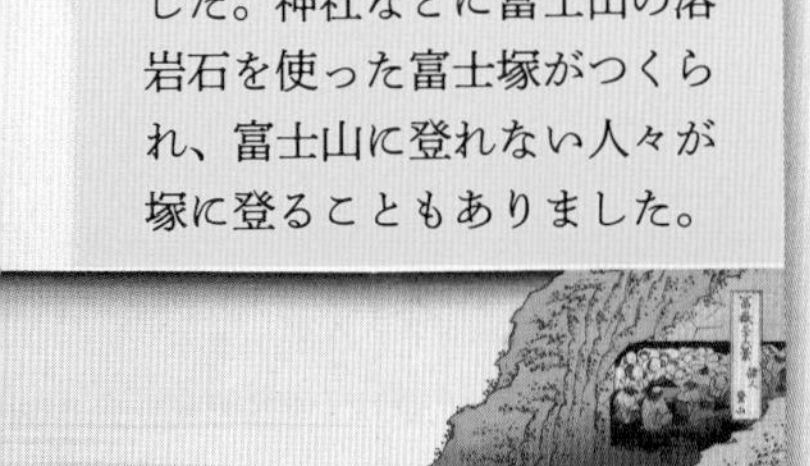

▲葛飾北斎作『富嶽三十六景』に描かれた富士講の人々。（メトロポリタン美術館所蔵）

橿《かし》原《はら》神《じん》宮《ぐう》

第1代天皇が即位した地に創建された神社

【奈良県】

祭神 神武天皇・媛蹈韛《ひめたたら》五十鈴《いすず》媛皇后《ひめこうごう》

所在地 奈良県橿原市久米町934

アクセス 近鉄「橿原神宮前駅」から徒歩約10分

▲畝傍山を背景に望む外拝殿《げはいでん》。干支が描かれた大きな絵馬が掲げられます。(橿原神宮提供)

日本建国の地・橿原

橿原神宮は**第1代・神武天皇《じんむてんのう》**が即位した場所とされる地に建てられた神社で明治時代に創建されました。神武天皇が東征を行い、**畝傍山《うねびやま》**の東南麓に橿《かし》原宮《はらのみや》を造営し、第1代天皇として即位したのは今からおよそ2680年前のことと伝えられます。明治期にその日が2月11日と定められました。橿原神宮では、その日に**紀元祭《きげんさい》**というお祭りを毎年執り行い、皇室の弥栄と国家の隆昌を祈念しています。神武天皇が崩御したとされる4月3日には、**神武天皇祭《じんむてんのうさい》**が執り行われ、地元では「神武さん」と呼ばれ親しまれています。

ココに注目!

親しまれる「神武さん」

神武天皇祭《じんむてんのうさい》

神武天皇が崩御したとされる4月3日に行われる神武天皇祭。古くより橿原の地では「神武さん」と呼ばれ親しまれてきました。2月11日の紀元祭と同様に大切なこの祭典は、国家の繁栄と、御皇室の弥《いや》栄《さか》、国民の安寧と健康長寿を祈願しています。

▼神武天皇祭で奉納される「浦安の舞」。(橿原神宮提供)

地名「大宮」の由来になった武蔵一宮
武蔵《むさし》一宮《いちのみや》氷川《ひかわ》神社《じんじゃ》

【埼玉県】

祭神 須佐之男命・稲田姫命・大己貴命

所在地 埼玉県さいたま市大宮区高鼻町1－407

アクセス JR「大宮駅」から徒歩約15分

▲武蔵一宮氷川神社のシンボル、楼門。（武蔵一宮氷川神社提供）

多くの武将から愛された神社

東京都・神奈川県・埼玉県を中心に約280社ある**氷川神社の総本社**。埼玉県の「大宮」の地名は氷川神社が鎮座していることに由来します。

歴史は古く、12代・景行天皇《けいこうてんのう》の治世、その子で武をつかさどる英雄・**日本**《やまと》**武尊**《たけるのみこと》が戦勝祈願をしたと伝えられます。それゆえ足利《あしかが》氏、徳川《とくがわ》氏等多くの武士から厚い信仰を受け、社殿の再建や造営が行われました。

明治《めいじ》時代に首都が東京に遷された際、明治天皇は氷川神社を**武蔵国**《むさしのくに》**の鎮守**《ちんじゅ》と定め、天皇自ら神社へおもむき、祭儀を執り行いました。

ココに注目！

横浜のシンボル 氷川丸《ひかわまる》

神奈川県横浜市の山下公園に係留されている氷川丸。みなとみらい地区におけるシンボルとして有名なこの客船の名前は氷川神社が由来とされ、船内の神棚には氷川神社の御祭神を祀っています。さらに船内の装飾には、氷川神社の神紋である八雲《やくも》を用いて、日本とアメリカを結ぶ巨大客船として約30年間活躍。11年間で太平洋を146回も横断しました。

▲みなとみらい地区に係留される氷川丸。

熱田神宮《あつたじんぐう》

三種の神器のひとつ草薙神剣が鎮座

【愛知県】

祭神 熱田大神

所在地 愛知県名古屋市熱田区神宮1-1-1

アクセス 名鉄「神宮前駅」から徒歩約3分

▲熱田神宮の本宮。この中心に熱田大神を祀る本殿があります。（熱田神宮提供）

神話の英雄たちゆかりの剣

三種《さんしゅ》の神器《じんぎ》のひとつ、草薙神剣《くさなぎのみつるぎ》を御神体とします。草薙神剣とは、須佐之男命《すさのおのみこと》が八俣大蛇《やまたのおろち》を退治した際に大蛇の尾から見つかり、日本武尊《やまとたけるのみこと》の東征の際にも、危機を救ったといわれる神剣です。

御祭神の**熱田大神《あつたのおおかみ》**とは、この草薙神剣を御霊代《みたましろ》として宿られる天照大神《あまてらすおおみかみ》のことをいいます。

織田信長《おだのぶなが》も熱田神宮を厚く崇敬し、桶狭間《おけはざま》の戦いの前に熱田神宮で戦勝を祈願、今川義元《いまがわよしもと》軍に大勝しました。信長がお礼に奉納した**信長塀《のぶながべい》**が、今も熱田神宮境内《けいだい》にあります。

ココに注目！

皇位継承のみしるしとなる

三種の神器

三種の神器とは、迩迩芸命《ににぎのみこと》の天孫降臨《てんそんこうりん》の際、祖母にあたる天照大神が授けた八咫鏡《やたかがみ》・天叢雲剣《あまのむらくものつるぎ》（草薙神剣）・八尺瓊勾玉《やさかにのまがたま》のことをいいます。天照大神の子孫が受け継ぐ皇位のみしるしとされ、歴代天皇に受け継がれてきました。

▲天照大神の和魂《にぎみたま》を祀る徹社《とおすのやしろ》。（熱田神宮提供）

一度は訪れたい
日本の神社
15

石《いその》上《かみ》神《じん》宮《ぐう》

多くの剣を奉る物部氏ゆかりの神社

【奈良県】

祭神 布都御魂大神
所在地 奈良県天理市布留町384
アクセス JR「天理駅」から徒歩約30分

▲白河天皇《しらかわてんのう》が寄進したとされる拝殿《はいでん》。国宝に指定されています。（石上神宮提供）

数々の剣が社宝として伝来

飛鳥時代の豪族・**物部《もののべ》氏《し》ゆかりの神社**。国譲《くにゆず》りや国土平定に功績のあった聖剣・**韴霊《ふつのみたま》（布都御魂大神《ふつのみたまのおおかみ》）**を祭神とします。歴史書『延喜式《えんぎしき》』が著された時期には、武器のもつ霊威を信仰する思想があり、**多くの剣が奉納**されたといいます。

中世以降、興福寺《こうふくじ》の勢力拡大に伴い衰退していましたが、明治期に再興。その際、多くの玉・剣・鉾《ほこ》とともに、**鉄製内反《うちぞり》素《そ》環頭《かんとう》大刀《たち》**が出土し、それを韴霊として本殿《ほんでん》に祀っています。ほかにも百済《くだら》より献上されたとする**七支刀《しちしとう》**も現存しています。

ココに注目！

伝説の宝剣 七支刀

歴史書『日本書紀《にほんしょき》』に著されている、百済《くだら》より献上された「七枝刀《ななつさやのたち》」。これにあたると考えられている七支刀には刀身に60字余の銘文《めいぶん》が刻まれ、369年に製造されたと考えられています。その形は独特で6つの枝刃をもっているのが特徴です。

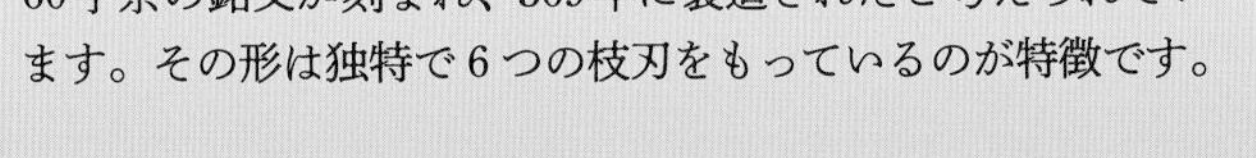

▲左右に3つずつ枝状の刃がつく、世にも珍しい形状の剣です。　（石上神宮提供）

皇室・国家を守護する 宗《むな》像《かた》大《たい》社《しゃ》

【福岡県】

祭神 市杵島姫神・湍津姫神・田心姫神

所在地 辺津宮：福岡県宗像市田島2331

アクセス JR「東郷駅」からバスで約12分

▲市杵島姫神を祀る辺津宮。本殿と拝殿は重要文化財に指定されています。（宗像大社提供）

交易を護る三柱の女神

天照大御神《あまてらすおおみかみ》から生まれた三女神の**市《いち》杵島姫神《きしまひめのかみ》・湍津姫神《たぎつひめのかみ》・田心姫神《たごりひめのかみ》**を、それぞれ辺津宮《へつぐう》（本土）・中津宮《なかつぐう》（大島）・沖津宮《おきつぐう》（沖ノ島）にお祀りし、この三宮を総称して宗像大社といいます。日本と大陸の間にある**玄界灘《げんかいなだ》に鎮座**し、海外との外交や貿易を、古くから守護しています。

沖津宮が鎮座する沖ノ島は、**「神宿る島」**ともいわれ、4世紀から9世紀のものを中心に、約8万点もの祭祀の品が出土。そのほとんどが国宝に指定されています。

ココに注目！

日本各地で祀られる 宗像三女神《むなかたさんじょしん》

宗像三女神は宗像大社を総本宮として、日本全国にお祀りされています。宗像の神社は日本で5番目に多いといわれ、そのほとんどが日本から大陸に向かう経路に沿ったところにあるといわれています。神奈川県の江島神社《えのしまじんじゃ》や、広島県の厳島神社《いつくしまじんじゃ》も、三女神をお祀りしています。

▲宗像三女神を祀る江島神社。（藤沢市観光協会提供）

▲八幡大神・比売大神・神功皇后の三神を祀る上宮。（宇佐神宮提供）

一度は訪れたい
日本の神社
17

宇《う》佐《さ》神《じん》宮《ぐう》

全国に4万社ある八幡様の総本宮

【大分県】

祭神 八幡大神・比売大神・神功皇后

所在地 大分県宇佐市南宇佐2859

アクセス JR「宇佐駅」より車で約10分

広く親しまれる鎮守の神

宇佐神宮は752年、**八幡大神《はちまんおおかみ》・比《ひ》売大神《めおおかみ》・神功皇后《じんぐうこうごう》**を御祭神として創建されたと伝えられます。八幡大神は15代・応神天皇《おうじんてんのう》の御神霊《ごしんれい》とされています。

奈良の大仏建立《こんりゅう》に際して、八幡大神は「協力する」と託宣《たくせん》し、実際に大仏に塗る金の鉱脈が発見されました。また称徳天皇《しょうとくてんのう》の寵愛《ちょうあい》を受けた僧の道鏡《どうきょう》が皇位を狙い、宇佐神宮の神託を利用すると、**和気清麻呂《わけのきよまろ》**が「道鏡を天皇にすべきでない」と**宇佐神宮の神託《しんたく》**を天皇に正しく伝え、皇統が守られました。

ココに注目！

元祖・働く母

息長帯姫命《おきながたらしひめのみこと》

神功皇后(息長帯姫命)は14代仲哀天皇《ちゅうあいてんのう》の皇后で、応神天皇の母にあたります。天皇の熊襲《くまそ》(南九州)征伐に随行しますが、天皇が崩御されたため、その意志を継いで熊襲を従わせ、続けて海を越えて新羅《しらぎ》・百済《くだら》・高句麗《こうくり》も従わせました。これを三韓征伐《さんかんせいばつ》といいます。その際、神功皇后は応神天皇を懐妊中だったといわれています。

▼熊襲征伐より帰陣した神功皇后。（国立国会図書館所蔵）

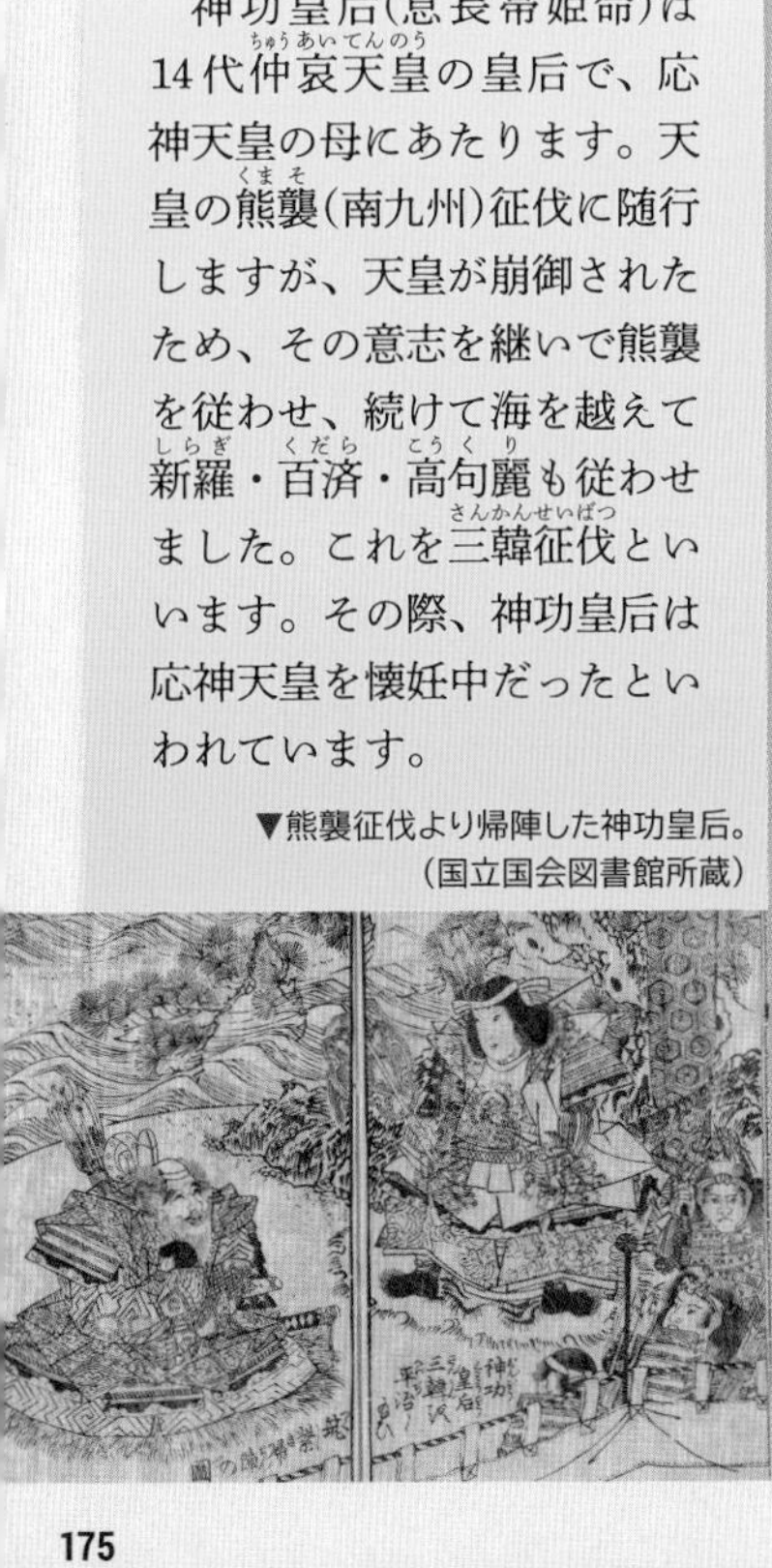

石《いわ》清《し》水《みず》八《はち》幡《まん》宮《ぐう》

平安京を守護した源氏の氏神

【京都府】

祭神 応神天皇・比咩大神・神功皇后

所在地 京都府八幡市八幡高坊30

アクセス 京阪「石清水八幡宮駅」から参道ケーブル下車徒歩約5分

▲社殿前にそびえる南総門は少し西側を向いています。（石清水八幡宮提供）

創建以来の由緒深い石清水

石清水八幡宮が鎮座する男山《おとこやま》は、**京の都の裏鬼門《うらきもん》**にあたり、鬼門にあたる比叡山延暦寺《ひえいざんえんりゃくじ》とともに、都の守護、**国家鎮護の社**として崇敬されました。朝廷からは伊勢神宮《いせじんぐう》に次ぐ第二の宗廟《そうびょう》として崇敬を受けています。

武士からは必勝の神として崇敬され、源氏《げんじ》一門は、八幡大神《はちまんおおかみ》（三祭神の総称）を氏神《うじがみ》としました。源義家《みなもとよしいえ》は石清水八幡宮で元服《げんぷく》、自らを**「八幡太郎《はちまんたろう》義家」**と名乗りました。さらに源頼義《よりよし》は石清水八幡宮の神霊《しんれい》を由比郷《ゆいごう》に奉り、源頼《より》朝《とも》が社地を移し整備したのが鎌倉《かまくら》の鶴《つるが》岡八幡宮《おかはちまんぐう》（神奈川県）です。

ココに注目!

千年以上の歴史

石清水祭《いわしみずさい》

三大勅祭《ちょくさい》の１つである石清水祭は、863年、清和天皇の御世に石清水放生会《ほうじょうえ》と称し、生きとし生けるものの平安と幸福を願う祭儀として始まりました。948年以降は勅祭として斎行され、舞楽《ぶがく》や神輿《みこし》などが加わり、荘厳なものになっていきます。戦乱の世には中断、明治初期には神幸の儀が廃絶されることもありましたが、明治天皇が旧儀復興を仰せられ、現在にいたります。

▼石清水祭の夜に行われる御祭神の渡御。（石清水八幡宮提供）

鶴《つるが》岡《おか》八《はち》幡《まん》宮《ぐう》

鎌倉の街づくりの中心となった神社

【神奈川県】

祭神 八幡神（応神天皇・神功皇后・比売神）

所在地 神奈川県鎌倉市雪ノ下2－1－31

アクセス JR「鎌倉駅」から徒歩約10分

▲鶴岡八幡宮の楼門。御本殿はこの門をくぐった先にあります。（鶴岡八幡宮提供）

源氏の勝利を導いた八幡神

源頼義《みなもとのよりよし》が奥州を平定して鎌倉《かまくら》に帰参した際、**源氏の氏神《うじがみ》として戦勝を祈願**した八幡神《はちまんしん》を、由比《ゆい》ケ浜《がはま》辺《べ》に祀ったのが始まりです。子孫の**源頼朝《よりとも》**が源氏再興の旗揚げをした際、現在の地に遷《うつ》し祀られ、**武士道精神のよりどころ**として厚く崇敬されました。

頼朝は、京都の朱雀大路《すざくおおじ》になぞらえ、由比ヶ浜海岸から鶴岡八幡宮までおよそ2キロメートルにわたり、一直線に若宮大路《わかみやおおじ》を整え、これが鎌倉の街が発展するきっかけとなりました。

ココに注目！

騎射三物のひとつである

流鏑馬《やぶさめ》

平安時代から鎌倉時代に成立した武芸を磨くための稽古法、犬追物《いぬおうもの》・笠懸《かさがけ》・流鏑馬。そのうちのひとつである流鏑馬は、鶴岡八幡宮で神事として行われています。源頼朝が天下泰平、国家安穏を祈願し催したのを起源とし、御家人たちが弓馬の技を神前で披露する場となりました。以降800年以上、その伝統を受け継ぎ、毎年9月の例祭で今も執り行われています。

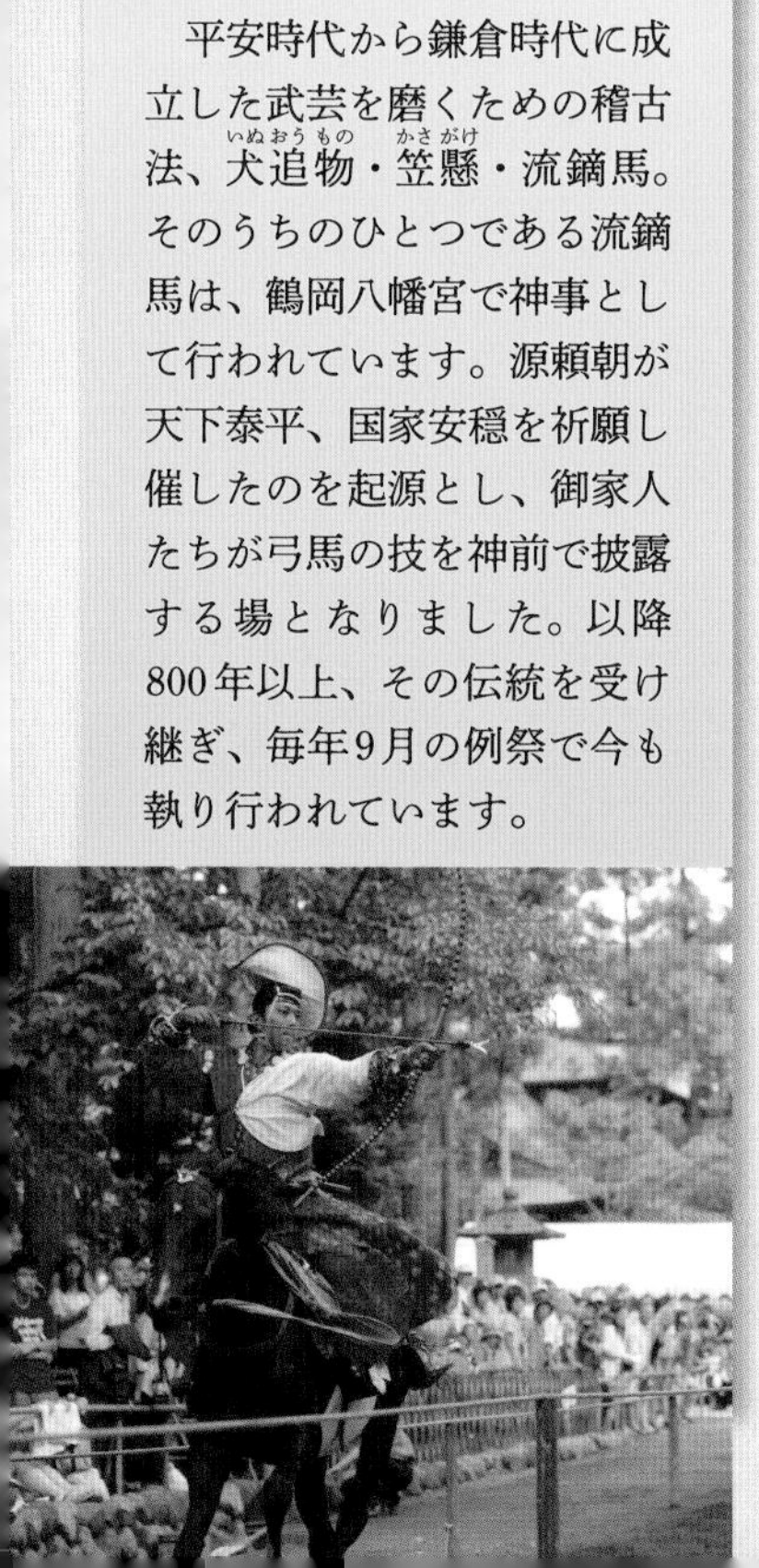

◀鶴岡八幡宮で行われる流鏑馬は３枚の的を射貫きます。（鶴岡八幡宮提供）

一度は訪れたい
日本の神社
20

日《ひ》吉《よし》大《たい》社《しゃ》

平安京の鬼門を守った厄祓いの神社

【滋賀県】

祭神 日吉大神

所在地 滋賀県大津市坂本5－1－1

アクセス 京阪「坂本比叡山口駅」から徒歩約10分

▲東本宮エリアの樹下宮（左）と東本宮（右）。（びわこビジターズビューロー提供）

豊臣秀吉も信仰した神社

古くから琵琶湖《びわこ》を望む**比叡山《ひえいざん》の神**として信仰された日吉大社の「ひえ」の神は、天台宗《てんだいしゅう》の開祖・最澄《さいちょう》によって延《えん》暦寺《りゃくじ》が創建されると**土着神《どちゃくしん》としての地位を確立**しました。

平安京遷都《へいあんきょうせんと》の際、この地が都の北東、つまり鬼門《きもん》（災厄の入り口）にあたることから、都を守る社とされました。以来**「山王《さんのう》さん」**と呼ばれ、厄除けの大社として崇敬されています。

日吉大社の神の使いは猿とされていますが、豊臣秀吉《とよとみひでよし》は幼名を日吉丸といい、あだ名も猿であったことから、特に厚く崇敬したといわれています。

ココに注目!

山岳信仰と合わさった

山王信仰《さんのうしんこう》

山王《さんのう》とは、大己貴神《おおなむちのかみ》や大山《おおやま》津見神《つみのかみ》などの日吉大社に祀られている神々の総称・日吉《ひよし》大神《おおかみ》の別名で、日吉大社は別名「山王権現《さんのうごんげん》」とも呼ばれています。日吉大社より勧請《かんじょう》を受けた山王信仰に基づく神社は、日吉神社・日枝《ひえ》神社・山王神社と呼ばれ、全国に約3800社あるといわれています。

▲山王信仰を象徴する屋根のついた山王鳥居。

一度は訪れたい
日本の神社
21

八《や》坂《さか》神《じん》社《じゃ》

災厄や疫病を取り除く祇園祭の舞台

【京都府】

祭神　素戔嗚尊・櫛稲田比売・神大市比売命・八柱御子神ほか

所在地　京都市東山区祇園町北側６２５

アクセス　京阪「祇園四条駅」から徒歩約5分

▲八坂神社本殿。1654年に再建され、重要文化財に指定されています。

災厄を治める「祇園さん」

「祇園《ぎおん》さん」として親しまれ、**素戔嗚《すさのおの》尊《みこと》**を御祭神としています。877年に疫病が流行った時、八坂神社にあった祠《ほこら》の祟りではないかとされたので祈ったところ、疫病が治まったといわれています。武家からも厚い信仰を受け、豊臣秀吉《とよとみひでよし》は、母・大政所《おおまんどころ》の病気平癒を祈願し焼失していた大塔を再建。さらに徳川将軍《とくがわしょうぐん》家4代・家綱《いえつな》の時、現存する社殿が造営されました。

山鉾《やまほこ》巡礼でも知られる壮麗な**祇園祭《ぎおんまつり》**は、1100年続く八坂神社の祭礼です。7月の1ヵ月間、全国の災厄の除去を祈ります。

ココに注目！

1100年の伝統をもつ **祇園祭**

山鉾で有名な祇園祭は、古くは「祇園御霊会《ぎおんごりょうえ》」と呼ばれていました。疫病が流行した際に66本の鉾《ほこ》を立て、祇園の神を神輿《みこし》でお迎えし、災厄の除去を祈ったことを由来としています。以来、田楽《でんがく》や猿楽《さるがく》等の演芸が催されるなど規模が拡大、賑やかなお祭りになったのです。

▼祇園祭はユネスコ無形文化遺産に登録されています。

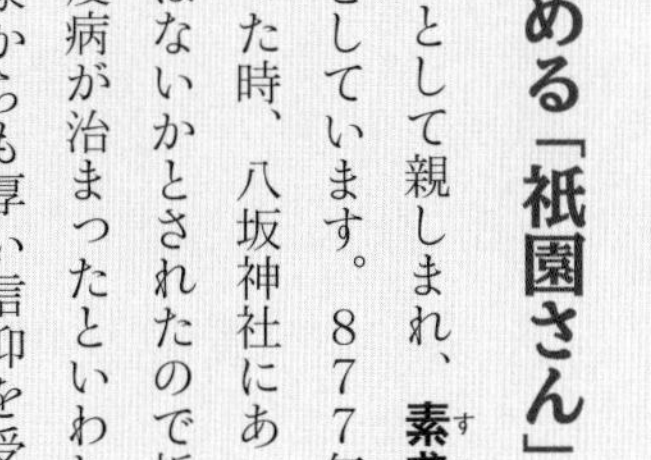

住《すみ》吉《よし》大《たい》社《しゃ》

航海の安全のため遣唐使も祈願

【大阪府】

祭神 底筒男命・中筒男命・表筒男命・神功皇后（息長足姫命）

所在地 大阪市住吉区住吉2−9−89

アクセス 南海「住吉大社駅」から徒歩約3分

▲住吉大社本殿。4つの本殿はすべて1810年につくられたものです。

海中から生まれた住吉三神

歴史書『日本書紀《にほんしょき》』によると、**神功《じんぐう》皇后《こうごう》**の御世に難波《なんば》の地に創建されたとする住吉大社。朝廷からも**航海の守護神**として崇敬され、遣唐使《けんとうし》も住吉大社に参拝してから出航したといわれます。

海外とは外交や貿易だけでなく、文化的な交流もあることから、**あらゆる産業を守護する神**ともいわれています。

祭神は伊邪那岐命《いざなきのみこと》の禊ぎの際に誕生した禊祓《みそぎはらえ》の神でもあり、住吉大社の夏祭りの住吉祭は**「おはらい」**と呼ばれ、大阪はもとより、日本全国をお祓いするといわれています。

ココに注目!

独特の建築様式

住吉造《すみよしづくり》

神社の本殿の建築様式は多種多様ですが、住吉大社の建築様式は住吉造という独特なものです。屋根が古い様式の直線であるなど、大嘗祭《だいじょうさい》の時の建物と似ていることから、伊勢神宮《いせじんぐう》の神明造《しんめいづくり》や出雲大社《いづもおおやしろ》の大社造《たいしゃづくり》と同じように、最古の神社建築様式だといわれています。

▼底筒男命《そこつつのおのみこと》、中筒男命《なかつつのおのみこと》、表筒男命《うわつつのおのみこと》、神功皇后をそれぞれ祀る本殿が建てられています。

一度は訪れたい日本の神社 23

「こんぴらさん」でおなじみ

金《こ》刀《と》比《ひ》羅《ら》宮《ぐう》

【香川県】

祭神 大物主神・崇徳天皇

所在地 香川県琴平町892-1

アクセス JR「琴平駅」から徒歩約20分

◀本殿までは785段の階段があります。

長い石段の先の宮

「こんぴらさん」の呼び名で親しまれる神社。江戸時代には金比羅《こんぴら》参りが大ブームに。一生に一度はお参りに行きたいと、庶民の憧れの巡礼地でした。瀬戸内海を見渡す海上交通の要所・**琴平山**《ことひらさん》の中腹に、**海上の守り神・大物主神**《おおものぬしのかみ》を祀っています。**長い石段が有名**で、本殿まで785段、奥社まで1368段あります。

一度は訪れたい日本の神社 24

平家ゆかりの海上神社

厳《いつく》島《しま》神《じん》社《じゃ》

【広島県】

祭神 市杵島姫命・田心姫命・湍津姫命

所在地 広島県廿日市市宮島町1-1

アクセス JR「宮島口駅」からフェリーで約10分

▲満ち潮のときは大鳥居が海上に浮かんでいるよう。

海上に浮かぶ大鳥居

日本三景のひとつ、**安**《あ》**芸**《き》**の宮島**として有名です。

海上の守護神、**市杵島**《いちきしま》**姫命**《ひめのみこと》**・田心姫命**《たごりひめのみこと》**・湍津姫**《たぎつひめ》**命**《みこと》の三女神を祀り、平《たいらの》清盛《きよもり》によって現在の壮麗な姿に修造されました。

海の中に立つ朱塗りの大鳥居《おおとりい》や、**海上に建てられた社殿**など、他に類をみない独創的な設計で、貴重な平安時代の建築様式を今に伝えます。

白《しら》山《やま》比《ひ》咩《め》神《じん》社《じゃ》

白山を信仰する北陸鎮護の大社

【石川県】

▲檜造りの優美な外《げ》拝殿《はいでん》。その後ろに直会殿《なおらいでん》、拝殿、幣殿《へいでん》、本殿が一直線に並びます。

和合の神を祀る北陸の大社

白山比咩神社は、**日本三名山**に数えられる**白山《はくさん》を御神体**とします。

717年に越前《えちぜん》（現在の福井県）の僧侶が初めて白山を登拝して以降、**白山信仰**は急速に全国に広まり、加賀《かが》（現在の石川県）には馬場《ばんば》が設けられ、多くの人で賑わいました。

御祭神の**白山《しらやま》比咩大神《ひめのおおかみ》**は別名「**菊理《くくり》媛尊《ひめのみこと》**」と呼ばれる女神で、『日本書紀《にほんしょき》』では対峙する伊《い》弉《ざ》諾尊《なきのみこと》と伊《い》弉《ざ》冉尊《なみのみこと》夫婦の仲裁役を務めています。

水の恵の神といわれていますが、実際に白山山系の水の恵みは、北陸東海540万人の命の水となっています。

祭神　白山比咩大神（菊理媛尊）、伊弉諾尊、伊弉冉尊

所在地　石川県白山市三宮町二105−1

アクセス　JR「鶴来駅」から車で約30分

ココに注目!

雪を頂く霊峰　白山

石川・福井・岐阜・富山の4県にわたってそびえる白山は、古くから信仰のある山で、富士山・立山とともに日本三名山に数えられています。雪を頂いて白く輝く姿は「白き神々の座」とされ、全国から信仰を集めました。

▼白山開山1300周年を記念し改築された奥宮の祈祷殿《きとうでん》。

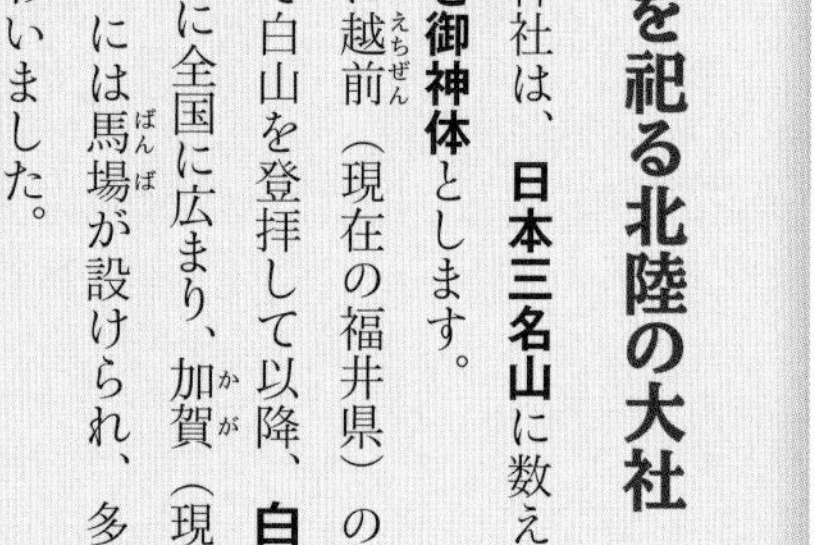

一度は訪れたい
日本の神社
26

修験道・山岳信仰の聖地

出《で》羽《わ》三《さん》山《ざん》神《じん》社《じゃ》

【山形県】

祭神 月読命、伊氏波神、稲倉魂命、大山祇命、大己貴命、少彦名命

所在地 山形県鶴岡市羽黒町手向字手向7

アクセス JR「鶴岡駅」からバスで約50分

▲羽黒山、月山、湯殿山の三神を合祀した祭殿。（出羽三山神社提供）

三山をめぐる「奥参り」

出羽三山とは羽黒山《はぐろさん》・月山《がっさん》・湯殿山《ゆどのさん》の総称で、修験道《しゅげんどう》（⬇P86）の聖地です。それぞれに神社があり、羽黒山の出羽神社《でわじんじゃ》に伊氏波神《いではのかみ》、月山の月山神社《がっさんじんじゃ》に月読命《つくよみのみこと》、湯殿山の湯殿山神社《ゆどのさんじんじゃ》に大山祇命《おおやまつみのみこと》などをお祀りしています。

出羽三山は今もなお、神仏習合《しんぶつしゅうごう》を色濃く残しており、羽黒山は現世を救う観音菩薩《かんのんぼさつ》、月山は極楽をつかさどる阿弥陀如来《あみだにょらい》、湯殿山は永遠の命を象徴する大日如来《だいにちにょらい》と、3人の仏が各山に宿っているとされ、出羽三山を巡ることを「生まれ変わりの旅」と呼ぶことがあります。

ココに注目!

羽黒山 由良八乙女伝説《ゆらやおとめでんせつ》

出羽三山の開祖・蜂子皇子《はちこのおうじ》は592年に宮中を逃れ、佐渡を経て由良の浜にたどり着きます。そこには容姿端麗な8人の美女がおり、皇子が声をかけると逃げて隠れてしまう。その際に翁が現れ、「東の方角に大神の鎮座する山がある」と言いました。山への道中道に迷ってしまった皇子を3本足の大烏が羽黒山の阿久岳《あくだけ》へと導いたのです。この言い伝えにより由良の浜を「八乙女の浦」、「羽黒山」と名づけられました。

▶羽黒山にある国宝の五重塔。（出羽三山神社提供）

一度は訪れたい
日本の神社
27

鹽《しお》竈《がま》神《じん》社《じゃ》

東北地方を守護してきた神社

【宮城県】

祭神　塩土老翁神・武甕槌神・経津主神

所在地　宮城県塩竈市一森山1－1

アクセス　JR「本塩釜駅」から徒歩約15分

▲唐門を入って正面の左右宮拝殿。左宮に武甕槌神《たけみかづちのかみ》、右宮に経津主神《ふつぬしのかみ》を祀ります。

東北を守ってきた製塩の神

大変古くからある神社で、主祭神の**塩土老翁神**《しおつちのおじかみ》は人々に製塩法を教えた神とされています。

奈良時代には、国府《こくふ》と鎮守府《ちんじゅふ》を兼ねる**多賀城**《たがじょう》**を守護する神社**だったとされ、東北鎮護・海上守護・陸奥国《むつのくに》一之宮として重んじられました。

武家社会となってからも陸奥国総鎮《むつのくにそうちん》守《じゅ》として、奥州藤原氏《おうしゅうふじわらし》や仙台藩主・伊《だ》達氏《てし》の崇敬は厚く、**伊達氏の歴代藩主は大神主**《おおかんぬし》**を務めました。**現在毎年7月10日に執り行われている例祭も社殿の造営も4代藩主・綱村《つなむら》から5代・吉村《よしむら》の時期に整えられたものです。

ココに注目！

博識の神

塩土老翁神

鹽竈神社に祀られる塩土老翁神は、『古事記』『日本書紀』の説話にも登場します。釣り針をなくし困っていた山幸彦《やまさちひこ》に塩土老翁神は船を与えワダツミの宮に案内します。また国土平定を行った、武甕槌神《たけみかづちのかみ》と経津主神《ふつぬしのかみ》に鹿島と香取《かとり》の道案内をしたのが塩土老翁神で、シャチ（鮫）に乗って海路を渡ったと伝わっています。

▼経津主神を祀る香取神宮（千葉県）。

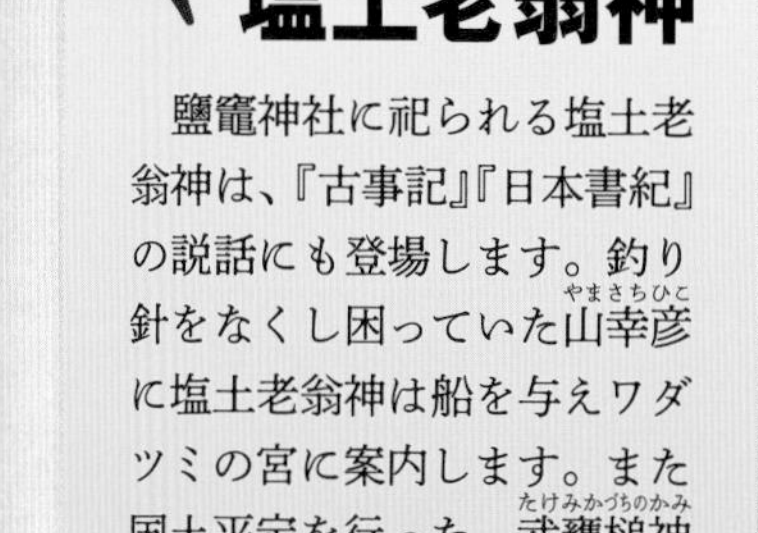

一度は訪れたい
日本の神社
28

東照大権現・徳川家康を祀る神社

日《にっ》光《こう》東《とう》照《しょう》宮《ぐう》

【栃木県】

祭神 徳川家康公

所在地 栃木県日光市山内２３０１

アクセス ＪＲ「日光駅」からバスで約5分

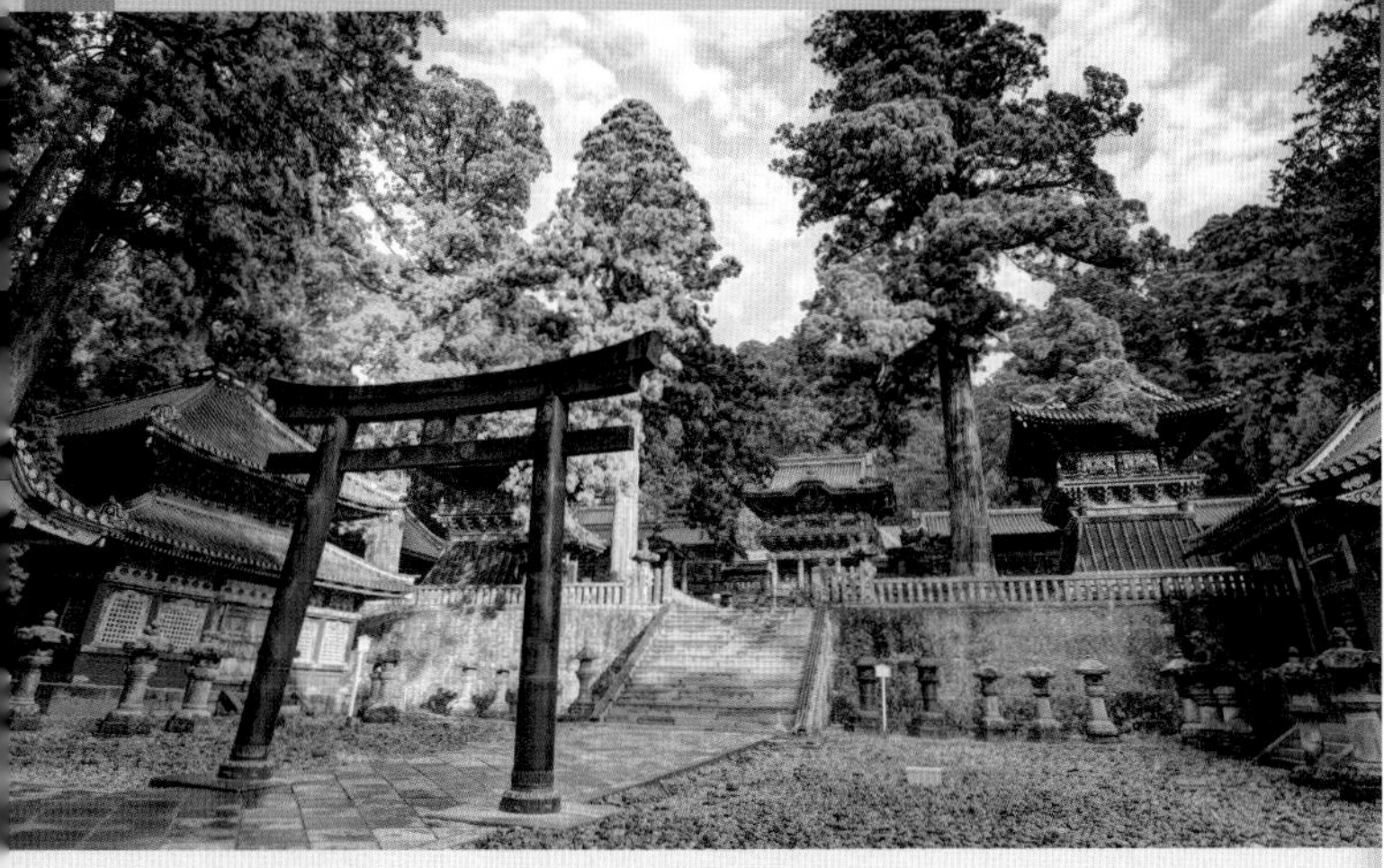

▲石鳥居を通り、1つ目の鳥居から望む陽明門。

江戸の守護神になった家康

「東照大権現《とうしょうだいごんげん》」こと**徳川初代将軍・徳《とく》川《がわ》家康《いえやす》を祀る神社**です。家康は戦国乱世を平定し江戸時代２６０年にわたる平和と文化の基礎を確立しました。

境内《けいだい》には多くの名建築がありますが、なかでも極彩色彫刻で彩られた国宝の**陽明門《ようめいもん》**は、日本でもっとも美しい門だといわれています。

日光の地が選ばれたのは、夜になると真上に**北極星**が輝くことから、北極星を背に、江戸幕府と日本の平和と安泰を守る意味があるといわれています。

ココに注目！ 豪華絢爛な
陽明門

江戸文化の粋を集めて創建された日光東照宮は、36軒51棟もの建造物が、国宝を始めとする文化財の指定を受けています。なかでも豪華絢爛な陽明門は、1636年に徳川家光《いえみつ》によって建てられたものですが、2017年に大修理が終わり、当時の美しい姿が蘇りました。

▲2017年に修繕を終えた陽明門。

一度は訪れたい
日本の神社
29

神《かん》田《だ》神《じん》社《じゃ》

明神様と親しまれる江戸の総鎮守

【東京都】

祭神 大己貴命・少彦名命・平将門命

所在地 東京都千代田区外神田2−16−2

アクセス JR「御茶ノ水駅」から徒歩約5分

▲1934年当時としては珍しい鉄骨鉄筋コンクリート造の社殿。（神田神社提供）

天下人も愛した明神様

東京の中心地、神田・日本橋・秋葉原・大手町・丸の内などの総氏神《そううじがみ》。**「明神《みょうじん》様《さま》」**の名で親しまれ、江戸三大祭りにも数えられる**神田祭《かんだまつり》**でも有名です。社伝によると、730年に大己貴命《おおなむちのみこと》（＝大国主神《おおくにぬしのかみ》）の子孫・**真神田臣《まかんだおみ》**により創建されたとあります。

平安時代に乱を起こした**平将門《たいらのまさかど》公**が祀られていることでも有名で、戦国時代には、太田道灌《おおたどうかん》などの武将に崇敬されました。また、徳川家康《とくがわいえやす》が関《せき》ヶ原《はら》の戦いに挑む際に必勝を祈願し勝利。以降、その日は縁起のよい日として祭礼を絶えず執り行うよう命じました。

ココに注目！

将門公の首を祀る 将門塚《まさかどづか》

神田明神をはじめ、東京都内には将門公を祀る地がいくつかあります。なかでも、将門公の御首《みしるし》が祀られる大手町の将門塚が知られています。武士の先駆けとして民衆に愛された将門公は今なお親しまれ、そして畏れられる存在なのです。

▲毎年９月には将門塚例祭が行われています。（神田神社提供）

一度は訪れたい
日本の神社
30

明《めい》治《じ》神《じん》宮《ぐう》

100年の森と明治天皇

【東京都】

祭神 明治天皇、昭憲皇太后

所在地 東京都渋谷区代々木神園町1-1

アクセス JR「原宿駅」から徒歩約1分

▲銅板葺《どうばんぶき》屋根の外拝殿《げはいでん》。2019年に屋根の葺替えが完了しました。

国民の願いで創建された神社

明治天皇《めいじてんのう》が崩御された時「御神霊《ごしんれい》をお祀りする神社を創建したい」という声が沸き上がりました。国内外から1千万円（現在の価値で約2千億円）の浄財と10万本の樹木が献納され、11万人もの青年奉仕団による奉仕により、1920年に**広大な杜《もり》を有する明治神宮**が創建されました。

広大な杜は70万平方メートルの面積をもち、社殿《しゃでん》の南側には御苑《ぎょえん》が整備され、**昭憲皇太后《しょうけんこうたいごう》**のために植えられた花菖蒲《しょうぶ》が見事に咲き誇ります。

ココに注目！

都心の静かな **永遠の杜**

明治神宮が造営される前までは、代々木一帯は荒れ地のような景観でした。明治天皇と昭憲皇太后をお祀りし、人々が祈りを捧げる場として「永遠の杜」がつくられると、美しい常緑の杜が広がりました。樹木の多くは椎《しい》や樫《かし》、楠《くすのき》などの照葉樹で、戦時中の空襲でも大きな被害を受けることなく、人々の避難場所にもなったのです。また、杜の生物相を学術的に調査したところ、都内では珍しい動植物の報告がされました。

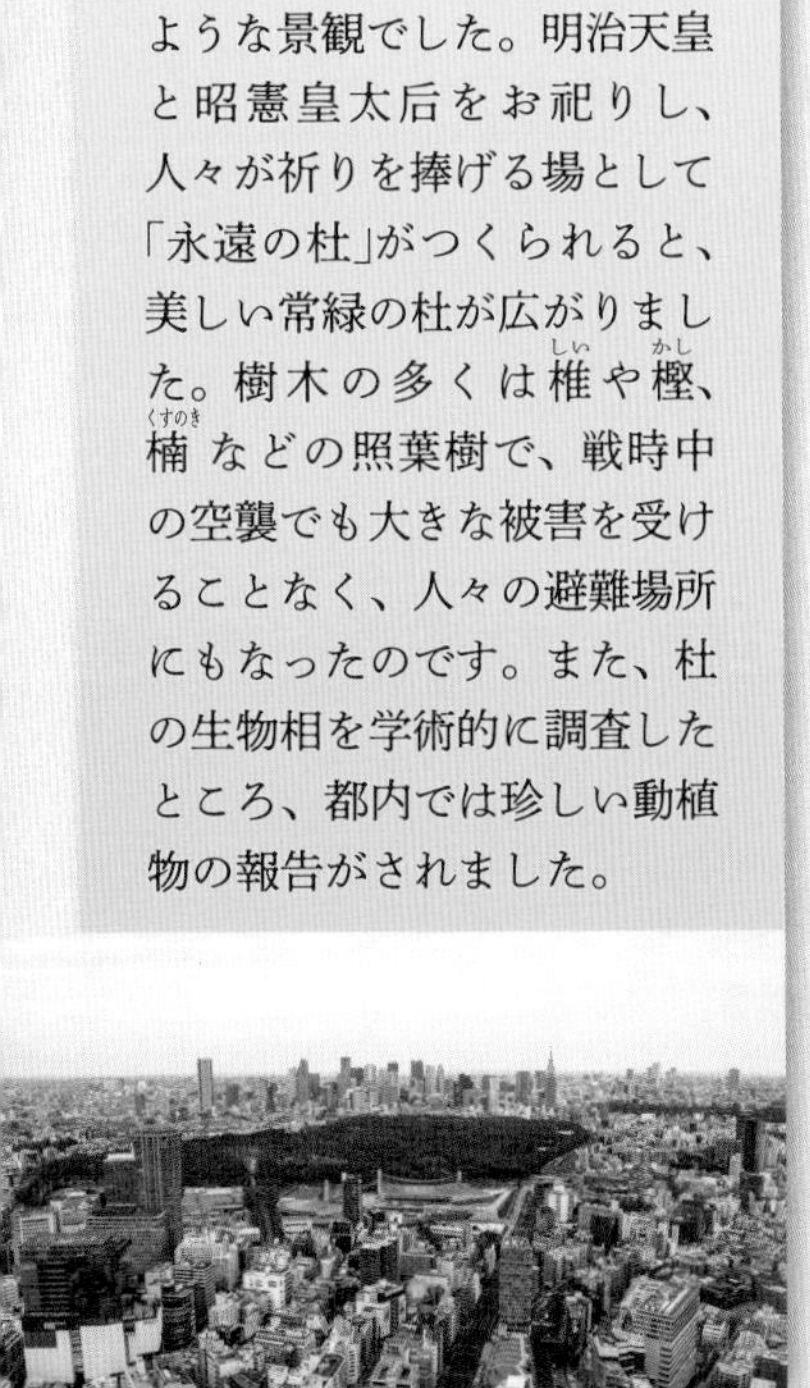

▲新宿副都心のなかにある祈りの杜。

た

主要参考文献

國學院大學日本文化研究所編『神道事典』（弘文堂）
神社本庁教学研究所監修『神道いろは　―神社とまつりの基礎知識―』（神社新報社）
平藤喜久子『神社ってどんなところ？』（筑摩書房）
平藤喜久子『日本の神様解剖図鑑』（エクスナレッジ）
平藤喜久子『NHK 趣味どきっ！福を呼ぶ！ニッポン神社めぐり』（NHK 出版）
平藤喜久子『NHK 趣味どきっ！幸せ運ぶ！ニッポン神社めぐり』（NHK 出版）
松村一男・平藤喜久子・山田仁史編『神の文化史事典』（白水社）
井上順孝『図解雑学　宗教』（ナツメ社）
茂木貞純監修『日本人なら知っておきたい！図解神道としきたり事典』（PHP 研究所）

画像提供元

あきる野市五日市郷土館／浅草神社／愛宕神社／熱田神宮／石上神宮／出雲大社／石清水八幡宮／磐船神社／宇佐神宮／宇和島市商工観光課／大豊神社／大宮八幡宮／大神神社／岡崎神社／男鹿なび／岡山県立美術館／岡山県立図書館／帯廣神社／鏡野町立図書館／橿原神宮／鹿島神宮／春日大社／株式会社ポイ探／烏森神社／神田神社（神田明神）／岸和田市／来宮神社／貴船神社／熊野速玉大社／熊野本宮大社／公益財団法人大阪府文化財センター／公益財団法人宮崎県観光協会／公益社団法人青森観光コンベンション協会／公益社団法人島根県観光連盟／皇學館大学／皇學館大学佐川記念神道博物館／高台寺／江東区広報広聴課／高野山大学／護王神社／金神社／國學院大學研究開発推進機構／国際日本文化研究センター／国立公文書館／国立国会図書館／櫻木神社／静岡県観光協会／静岡県立中央図書館／島根県立古代出雲歴史博物館／写真 AC ／白山比咩神社／神宮司庁／神宮徴古館／深大寺／諏訪大社／諏訪地方観光連盟／太宰府天満宮／竜之口電子町内会編集委員会／秩父市役所産業観光部観光課／鎮守氷川神社／津島神社／鶴岡八幡宮／出羽三山神社／東京大学史料編纂所／東京大神宮／東京都立中央図書館特別文庫室／徳島眉山天神社／日光二荒山神社／博多祇園山笠振興会／八大神社／羽田神社／びわこビジターズビューロー／藤沢市観光協会／二見興玉神社／古峯神社／メトロポリタン美術館／やまなし観光推進機構／三重県観光連盟／三重県総合博物館／御金神社／三嶋神社／三峯神社／武蔵一宮氷川神社／宗像大社／本居宣長記念館／薬師寺／早稲田大学図書館／ ColBase（東京国立博物館、奈良国立博物館、京都国立博物館、九州国立博物館）／ photolibrary ／ Pixta ／ Shutterstock

さくいん

あ

監修者 **平藤喜久子**（ひらふじ きくこ）

1972年山形県生まれ。國學院大學教授。専門宗教文化士。専門は神話学・宗教学。主な著書に『日本の神様 解剖図鑑』『世界の神様 解剖図鑑』（ともにエクスナレッジ）『いきもので読む、日本の神話』（東洋館出版）『日本の神様と楽しく生きる』（東邦出版）、『神社ってどんなところ?』（筑摩書房）、『カラー版 神のかたち図鑑』（白水社・共編）などがある。

編著者 **かみゆ歴史編集部**（かみゆれきしへんしゅうぶ）

中村蒐、速川令美、重久直子、滝沢弘康

「歴史はエンタテインメイト!」をモットーに、ポップな媒体から専門書まで編集制作を手がける歴史コンテンツメーカー。ジャンルは日本史全般、世界史、美術史、宗教・神話、観光ガイドなど。主な編著に『マンガ 面白いほどよくわかる! 古事記』『写真と図解でわかる! 天皇〈125代〉の歴史』（西東社）、『日本の信仰がわかる 神社と神々』（朝日新聞出版）、『日本の神様と神社の謎100』（イースト・プレス）、『日本の神社 完全名鑑』（廣済堂出版）などがある。

デザイン	佐々木容子（カラノキデザイン制作室）
DTP	株式会社センターメディア
図版制作	株式会社ウエイド
イラスト	月邸沙夜、中山将平、ハヤケン・サレナ
執筆協力	飯山恵美、さなださな、冨松智陽、野中直美、森田季節

カラー版《ばん》 一番《いちばん》よくわかる 神社《じんじゃ》と神々《かみがみ》

監修者	平藤喜久子
編著者	かみゆ歴史編集部
発行者	若松和紀
発行所	株式会社 西東社
	〒113-0034　東京都文京区湯島2-3-13
	https://www.seitosha.co.jp/
	電話　03-5800-3120（代）

※本書に記載のない内容のご質問や著者等の連絡先につきましては、お答えできかねます。

ISBN 978-4-7916-2963-3